羅門著

# 創作心靈的探索與透視

文學叢刊

文史哲出版社印行

# 前言

這本書是我將多年來評介海內外詩人作家的文章所彙編的；也是我在詩的創作之外，從事評論所寫的第七本論文集。

這本書，論及的作家大多是兩岸的名作家。其中有現代也有後現代的創作思想風貌；除在批評過程中，談論作者的藝術表現技巧與語言運作的特殊功能；更重要的，是著重作者在作品中所呈現一己內在生命結構與內涵思想及其精神層面的深廣度與屬於個人特殊的創作形象，別人所不易取代，這也就是我一向在強調作品不能不具有高明與新創性的藝術表現技巧的同時，更重視作者在作品中所意圖向人類宣示的主體性思想，是否具有特殊感人的震撼力與持久下去的永恆性；而事實上，這也是我站在自己「第三自然」的美學理念世界中，所特別強調與重視的。我一直認爲再高明的藝術技巧，永遠都是爲「美」的人類世界與生命工作，若背離，技巧將淪爲耍巧，同其他的賣藝者沒有二樣；我們要探索的，是透過藝術技巧去找到那潛藏在生命與事物深層世界的奧祕與眞實之「美」。

是故這本書是我在不同的時空環境，進入書中那廿多位作家不同的創作內心世界與情境去探索與考察的部份實錄，也同時構成我在詩創作之外，另一些可記存下來的成果。當然，在最後我也必須感謝文史哲出版社彭正雄先生，他出版這本書，使我半世紀從詩中走過來，凡是心血流過的，都不遺漏的保留下來，爲我整體的創作世界與行庫，又多出一部份儲存內容而增加它存在的豐富度。其中也例外收進幾篇同詩與藝術有關的論談文章及訪問稿，那是基於思路有同向性與順道，搭上便車的，一併請關心我的讀者文友批評指教。

# 創作心靈的探索與透視　目　次

## ——評介海內外詩人作家二十五家

前言……………………………………一

1

⊙高行健獲諾貝爾獎的思想主力線……………三
⊙序美藉詩人卜納德(PLATTHY)《秋舞》詩集……………九
⊙展現立體的美感空間——評介詩人卞之琳的〈音塵〉……………一七
⊙詩人馮至的《十四行集》——一部喚醒人類對生命省思的啓示錄……………二六
⊙談詩人艾青詩創作的風貌……………三九
⊙詩人余光中《紫荊賦》詩集發表會講評……………四八
⊙讀詩人張健《鳳凰城》有感……………五四
⊙序詩人陳鵬翔《多角城》詩集……………五九
⊙序詩人張錯《死亡的觸角》詩集……………六七

◉序女詩人淡瑩《單人道上》詩集……七三

2

◉序詩人林耀德《一九九〇》詩集——向詩太空發射的一座人造衛星……八一
◉讀凌雲夢的〈林耀德詩作初探〉有感……九七
◉立體掃瞄林耀德詩的創作世界——兼談他後現代創作的潛在生命……一〇七
◉林燿德海洋詩的想像世界……一四九
◉世紀末的音爆——序詩人杜十三《石頭悲傷而成爲玉》詩集……一六〇
◉序詩人蕭蕭《凝神》詩集——扛著「現代」與「後現代」走向廿一世紀……一六四
◉概觀短論羅青——台灣後現代詩創作的旗鑑……一七六
◉概觀短論碧果——射向「超現實」原鄉的一顆藝術衛星……一七九
◉向內凝視的詩人——蘇紹連……一八二
◉用詩投射生命的詩人陳寧貴——兼談他的〈洗臉記〉……一九〇
◉握住兩面鏡子的詩人林野……一九七
◉序詩人方明的《瀟灑江湖》……二〇二

3

◉序菲華女詩人謝馨《波斯貓》詩集……二〇九

◉序菲華詩人和權《落日藥丸》詩集……二二二
◉序女詩人筱曉《印象》詩集……二三三
◉序女詩人白葦《白衣手記》詩集……二四四
◉序大陸詩人楊森《夢是唯一的行李》詩集——直接與生命對話的詩人……二五二
◉序《雲逢鶴詩選集》……二五七

4

◉內在深層世界的連鎖引爆線……二六五
◉圖象詩的探視與追索……二七三
◉詩眼看高行健抽象水墨畫……二九五
◉向世界藝術大師布郎庫斯(BRONCUSI.P)致敬……二九九
◉心靈訪問記（續稿一）……三〇五
◉心靈訪問記（續稿二）……三一三
◉心靈訪問記（續稿三）……三三一
◉回應一篇圖罵人出名的文章……三三九
◉羅門研究檔案……三五五
◉羅門從詩中走來獲得的『最』……三六七

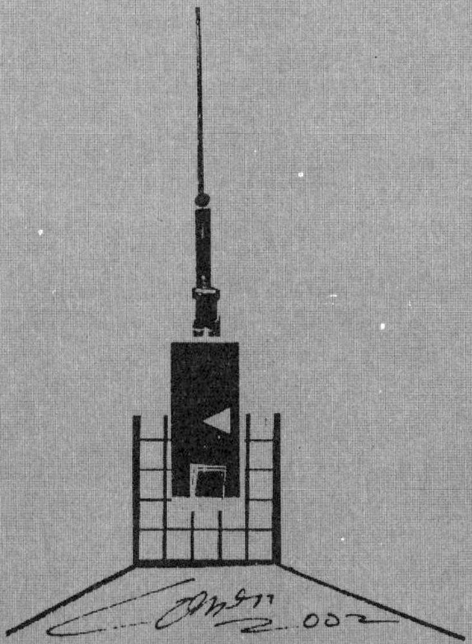

完美是最豪華的寂寞

羅門

# 高行健獲諾貝爾獎的思想主力線

## ——高行健獲獎對從事文藝創作者，確具有高度的啓示與激化作用

首先我必須說，百年來終於有一位華人獲諾貝爾文學獎了，應是全世界華人的光榮，值得大家慶幸的事，或許有人認爲華人作家，像魯迅與沈從文早該獲這項文學獎，但這並不影響高行健、因他也同樣確實具有獲獎的條件，而獲得此獎的事實與殊榮。

我敢斷言高行健之所以獲諾貝爾文學獎，是因爲他已超出所謂優秀、傑出與著名的作家，而成爲確實具有大才華大思想（智慧）與大功力，以及生命觀、世界觀與宇宙觀的國際級大作家。

接下來我想從高行健內在生命架構中，切實找出他之所以能獲得諾貝爾文學獎的思想主力線。

一、單從他敢說出「一個人的聖經」這句震驚世界與上帝天堂的話，就不能不引起文學界與思想界的驚視。尼采從哲學思想說出「上帝已死」，人自己成了上帝；高行健從文學思

想推出自己的聖經來探視生命存在於眞實、完美與永恆中的動向，便自然使我們推想高行健的文學生命與思想世界，是建構在有自我覺識與突破力的高層思想層面上；同時因其中又蘊含有東方較圓融的道家精神，避免過激的衝突性，便也因而轉化成超越中帶有內斂的東方式的尼采精神，爲文學帶來新的思想光源，放出異彩，我猜想這是諾貝爾獎評審委員會注意的。

二、不同於耍聰明與取巧的作家，他是屬於智慧型的作家；在時空中，他不斷追蹤探索那無論是「美」在痛苦、孤獨、寂寞、無望、悲劇或歡樂中的眞實生命，他是以「生命」來寫作，創造的是活生生的「生命」，不是智識與學問的思想標本；同時他有確實的能力，能將智識學問以及經驗內化爲思想，進而轉化爲智慧，再昇華爲「美」的生命的思想，而使一己的文學創作，爲全人類在哲學、科學、宗教、政治、歷史……等所有的學問之外，創造了一門更值得珍視的「美」的「生命」的學問。是故，他已是另一個「美」的生命的造物主，當然也是諾貝爾獎評審委員樂於看到的。

三、相對於在媒體與熱鬧場合忙進忙出打知名度的所謂知名作家，相對於鄉愿勢利的眞眞假假作家，他是超離現象面，抓住本質存在將自我深藏在心底成爲獨來獨往的無限自由任放的眞實作家。他疏離文藝團體，是因爲寫作的是他自己，文藝團體不會替他寫作，雖然不參加活動，一般人會寂寞，但高行健身爲大作家，他強大的意志與內心的內化力，可將寂寞乃至孤獨昇越到自我精神更凝聚、靈視更明銳的「孤寂」之境，去觀看潛藏在深層世界中更精彩奇妙的事物，去瞭望更廣闊無限的生命存在的景觀。這樣的專注、這樣的執著面對純我，面對人與文學的絕對精神，都的確是高行健（乃至任何作家）圖邁向諾貝爾獎之途應隨身帶的。

四、相對於不徹底了解文學與藝術對人類存在有絕對與永恆價値而不將生命全部付出的那些名作家，高行健在專一追索探視文學藝術的光芒中，找到了「個人的聖經」，發現生命存在的動向與終極指標，抱持著宗教性眞摯的情懷與絕對的信念，以文學與藝術來追蹤生命，來解讀自己、人的世界；全心專一於「個人的聖經」中的覺識、悟知與啓示，將自己徹底的從「官場」與「商場」以及鄉愿勢利的現實中超離，投入純正文學藝術的心靈磁場，散發出相對於上帝天堂的生命之光；他的這種緣自高思維、高解度對文學與藝術的自我付出，確有如投射出去的物體，被地心吸力吸住不放，其落點，當然也是朝著諾貝爾獎的方向。

五、相對於沒有大心境致抱持狹窄意識觀念與困禁在各種有制約性的主義流派中的作家，高行健是打破古今中外以及有形無形的各種框架、超脫與開闊到全然自由自主而成爲具有大心境大格局的大作家，如果我們認爲前者，是在「鳥籠」與「鳥店」裡飛的鳥，則高行健便是將自由開闊的天空當「鳥籠」，把遠方飛成一隻不停地飛的鳥，當然也是飛往諾貝爾獎所在地的大方向。由於「大方向」有一個「大」字，便就指明是給有大思想與大智慧的作家來走的；只聰明耍巧、賣文弄墨、缺乏大氣度的作家，便只是走小家之氣的小方向。這是大家都明白的常識問題，世界上哪裡會有沒有崇高山頂的大高山；會有沒有深度海底的大海洋。同時當「現代」商業、消費、流行、浮面所氾濫的淺盤式「次文化」，一再切除人內在世界形而上的思想深度、廣度與高度，高行健在「現代性成了當代病」的那篇文章中，對當前沒有中心、價值失控、道德淪喪、精神空乏、心靈劣質化的缺乏人文思想的現代文化現象，予以強烈的抨擊，指控人存在的危機……於嚴肅的反思中，看清人類生命以及精神思想存在價值的導向，重新尋求建構人類具有深廣度的內在生命世界。由此可看出高行健是具有關懷人類存在「向上提昇」的文學大觀念大思想；不是流行的隨波逐流者；不是來貨照收成爲沒有自己工廠的文學代理商與跟班；而是確實具有自己特殊的心靈創作廠房，並且創造出令人瞻目的「一個人的聖經」與有思想極高點的「靈山」，在特別吸引住諾貝爾獎評審委員們的眼光。

六、相對於沒有大才華的作家，高行健無論是在對生命與一切存在的探索、對創作的藝術表現技巧與語言媒體的運作，所呈現的精深、銳力與特殊非凡的能力，使作品在「思想」與「美學」的雙向發展上，均有卓越的表現。過去我在論文中一再說，沒有才華，從事文學藝術，的確等於大肥子跑百米，矮子打排球，死啃書本與苦練，都很難有什麼好結果。當然有才華，沒有專誠與執著的毅力，又對藝術與文學不忠，甚至鄉愿勢利反而斷送創作的生命；而高行健有才華更珍視才華與不斷努力，不中途背離對文學藝術創作的信念，這種眞摯始終如一的表現與做法，自然是趨向成功之路的做法，也是接近諾貝爾獎的做法。

除了上述的幾點是導使高行健獲得諾貝爾獎的思想主力線，我認爲較這些更重要的，是他較一般知名作家更切實、更純粹與更絕對的將在時空中不斷探索的自我生命，於沉思默想與清醒的「痛」覺中，都是「心歷其境」確實且徹底的到達「生命的思想」而非只是「書本思想」的位置；這也就是說，他是以「生命」來創作；將脈膊與心臟放在時鐘的齒輪上，把「血溶入墨水」來創作，不是站在生命的深層世界之外，只靠學問思想與技巧，來裝配成沒有生命實質性與感人深度的帶有塑膠味的美麗的文學標本。事實上，高行健順從潛伏在他內心中的「一個人的聖經」背負起自己所構架的十字架，始終孤行在時空茫茫的座標上，步步驚心的踏過歲月無數凋落的花葉、踏過流血的彈片、踏過在戰亂中逃亡的土地、踏過陰暗在苦難中的歲月、踏過流落在異地的深沉懷憶、踏過中國文化歷史濃厚的鄉愁、踏過西方機械文明的進步與動盪、踏過「現代性成爲當代病」的惡質化與亂成一團的無奈感、踏過冷酷現實層層阻力以及壓力與打擊過來的內心傷口與挫折感、踏過肉眼看不見的血淚所流過的心路歷程……，而這些潛藏在高行健內在生命深處的眞實體驗與感受，於內化、深化與轉化成文學與藝術深厚豐富的思想精華與資源時，我們便不難想見高行健創作精神的世界，已擁有類似「核能」發電廠般發出強光的「鈾」，而確實成爲具有潛在思想威力與震撼性以及能光亮入諾貝爾獎殿堂的世界級大作家；這當然不同於在創作生命世界裡，只擁有「火力」與「風力」發電力的那些名作家。我如此說，便是在確認，無論世界如何變，媒體如何新，古今中外所有大的作家，絕不能沒有大的生命力、大的思想力與大的技巧功力，這個大方向是永不會變的，高行健獲諾貝爾獎，也是離不開這個永不變的大方向。

最後我想特別說的，是從以上的言談中，我們可清楚地看到高行健確實是一個純粹有自我性、獨創性的思想型大作家，他不像有些作家甚至名作家仍庸俗勢利在通連「商場」與「官場」的不明地帶；他始終單純執著的潛進文學與藝術所引發的心靈磁場，去感觸那不可抗拒的「生命思想」之「美」。這種「美」，對人的存在，除了死亡，它是最具威脅的力量，它甚至是人與世界最佳的內容以及構成上帝生命實質的東西。至於高行健，透過文學與藝術的覺知，始終抱持著較誰都強求的自由，當大多數人仍宿命性地將「自我」解體，變成現實勢利社會框架裡的存在材料之際，他歸返原本的自我，且將自己塑造與象徵成那隻自由的「鳥」，畫在他水墨畫所畫的那座「十字架」上(註)望著無限的時空與渾然的永恆之境，此刻他作為人的存在，透過文學與藝術超越中的「美」，似乎也同時獲得較諾貝爾獎更珍貴更有價值的獎品——那是造物與「上帝」頒賜給他做為眞正藝術家的通行證與信用卡，至於口袋裡的護照證件名片與戶頭支票，那都只是附帶的東西了。

註　見寫有我序言的《高行健繪畫特展畫冊》（亞洲藝術中心二〇〇〇年十二出版）

# 序美藉詩人卜納德(PLATTHY)《秋舞》詩集

——卜納德後來曾任（一九七六年）在美國召開的第三屆世界詩人大會主席

『那個永不在憂愁中吃他麵包的人，那個永不消磨子夜哭泣等待明天的人，他不認識你啊！上帝的全能』，這是詩人歌德的聲音，這聲音連續地被詩人卜納德逃亡異域的流浪腳步踏響了——他深深地了解到印度詩人奈都夫人的話：『以詩的悲哀征服生命的悲哀』，去成爲一個對痛苦靈魂沉思默想的詩人。

在此我們不必將『秋舞』這本詩集勉強推入現代藝術過於嚴格的世界裡去進行透視與批判，因爲那樣會使一件原不屬於這一藝術體系裡的作品，顯不出光彩來。還是讓它就站在它自己原來感人的位置上，以別種異彩去把我們迷住吧。在藝術本身確實不該設有任何固定圍界的自由創作天地裡，『秋舞』它畢竟是那麼幽美且流露著眞情地在我們的心靈裡邊，舞出感人至深的舞步，使我們一動情便很可能受它感動而淌出眼淚來。在「驛站」一詩中，他表露自己流亡生活的痛苦感受時，毫無矯飾地像滿杯的酒，滿了便自然地流出來。

每一站都像里程碑
向我走來，而我的故鄉便背我走去
像揮鞭的騎者趕著他的馬
千萬種悲傷把我追逐到天堂

這些詩句雖缺少現代藝術表現的前衛感，但仍因他的直接表現，充滿了眞情實感，故給於讀者心靈的負擔確是夠重的。在這裡我們深深地感到在詩人筆下的每一粒字，都是以心血換來的。詩人卜納德他自從被迫向國外逃亡，像一隻漂鳥，過著無限期的流浪生活，這種痛苦，對於他今後的生命，絕不會放鬆，相反地將會隨著他多愁善感的逐漸被深秋景象所淒然了的中年人的心境，而益爲加深，並且直接地影響到他的藝術生命與創作。

從他這本詩集的大部份作品看來，他顯然不是幽閒派的水仙詩人，也不是故弄玄虛雕蟲小技的詩人；他的詩是被動亂的戰爭年代深深地傷害與放逐的性靈的沉痛的聲音，他不像這一代的許多作家，諸如卡繆、艾略特與卡夫卡等人，普遍地感染到現代人冷漠與被割離的絕望症與虛無病所形成的痛苦。他的痛苦是植根在人類傳統悲劇性的眞實的感受中，由於對土地、生命、青春以及愛所產生強烈的熱愛與追戀所引起——自從他被迫遠離自己的祖國，再也回不到他童年時代遊玩的湖畔，再也不能重吻他青年時代戀人的臉頰，因此他被迫在精神上成爲流浪的吉卜賽人，成爲一個背負著創傷靈魂的行吟詩人。在他透明可見的哀愁裡浮動著一個深沉與凝重的痛苦的遠景。於是在「秋舞」詩中他寫著：

在那幾乎無聲無息的秋天的落葉聲中
我們的生命越來越不眞實

在「維也納的音樂會」一詩中他寫著：

這是秋天，這世界的美麗還能停留多久呢
我不知道，別人會借我的眼睛看見

這些迫使詩的永久性在訴諸於情感力量的動人的句子，不但表明了詩人卜納德對空間有著嚴重的鄉愁，對時間亦然。他的心靈好像一直患上了極敏感的季節病，內在總是接受痛苦的指引，去在詩中將那個哀思愁想的沈重世界交出來，使任何一個嚐過流浪滋味的讀者都難免受到感動引起共鳴而黯然神傷。

大致上卜氏的作品是比較具象與富於實感的。他雖也有浪漫詩人的熱情，但並不像拜倫那樣「噴火」，而是具有相當的保溫性，使那熱情在比較溫和的活動中形成爲一種向內迴盪的情緒，慢慢地將我們帶入他的詩境；他呈現給我們的，不是驚心動魄的交響，也不是微妙的形而上的奧祕，而是柔和的情感的序曲與明麗生動且深沉的生命景象，帶有親切的畫面與可愛的音韻，諸如他的作品「澄清的古銅色的天空」、「波士頓公園之夜」、「在米蘭先生花園的早晨」、「華盛頓的鄧巴頓公園」、「午後在舊金山」、「埃菲爾鐵塔」、「旅程」……等詩便都具有上述的這些特色與優點。於是當我們試著從現代詩向卜氏的詩走去，那情形頗像從宴會正在進行的喧鬧的現代型大客廳裡走出來，走到一塊仍遺留有傳統色調與情韻的露台上，面臨著那清新幽美可愛的情景，而難免感到一種微醉。事實上，卜維德正是善於創造情景的卓越詩人——因景生情，因情生景，便是他身爲行吟詩人在詩境裡活動的兩組主要互動齒輪。在『秋舞』詩集中，他傑出的表現，便也是以眞實動人的情景，去產生出生命強烈的氣氛，將我們靈魂的動向封鎖，使我們在他情感的張力中被牽住，而跟著它旋轉了。

從卜氏的大部份作品看來，他可說是一位才情相當橫溢的詩人，但由於流亡的痛苦，收歛了他奔放的笑聲與豪氣，他變得沉鬱了。他不能像那帶有巨響的瀑布般奔瀉，他只能吹響那感人心弦的短笛，將生命的影子投在流浪的遠方——，朝鮮半島的蘋果園曾留芳在他的鞋上，富士山的雪景曾凍結他的痛苦在眼裡，臺灣的九月曾秋意過他的行程，呂宋島的夏夜曾溶化他的苦戀在弄情的吉他聲裡，曼谷的風情曾吹入他失眠的夢境，威尼斯的水光曾攝下他流亡的愁容，巴黎的鐵塔曾伴著他落暮的影子，維也維的琴聲曾困他在一座苦憶的城裡，倫敦的霧曾使他更迷茫了生命的方向，古羅馬的斷柱曾令他感到歲月的衰老與破碎，自由神像在紐約海港裡曾向他招手說：「這裡可能是你的第二故鄉了」，而布達佩斯那出生他的故土，便離他更遠了，像被拋出地球之外，留他在痛苦的回憶中；世界躺在他痛苦的回憶裡，每一片葉子，每一寸土地，便都顯得哀傷與愁苦。卜氏可說是我們人類有史以來在地球上被迫遠離祖國流浪得最遠的一個行吟詩人了——從中東到遠東，從遠東到歐洲到美洲，他流動的視境像五彩繽紛的輪盤旋轉著，他流浪的心靈也像五彩繽紛的輪盤旋轉著，可是他總是壓不著故土的景色，對不準童時幸福的夢境。他像是一個輸光的賭者茫然地坐上一輛不知從哪裡開來也不曉得要開往何處去的車上。世界是陌生的，他看來較卡繆筆下的「異鄉人」更爲具體與實在了。因此詩人卜納德不像勃郎寧夫婦是站在愛情的光輝下寫詩的，也不像波特萊爾等人是站在生命顫慄的凄光中寫詩的，更不像那些有祖國有白蘭地與女人而仍覺得人生謊謬的詩人；他好像是生活在一種不可更變別人想像不到的苦思中，他的筆已成爲雕刻他流浪的苦難生命形象的雕刀。在「自畫像」詩中他寫著：

山一般高的前額，尖細的下巴
他這樣的臉經常被強調地畫成
一雙鹿眼
以及他永恆的愁苦

在他眞摯樸實與精練的筆下，我們的感覺確被一個沉重且具體的陰影低壓著，而認爲他的大部份同圓心活動的作品，都是共同去迫現與指控一個是人類良知與智慧所共識的苦難世界，使上帝知道了這種長期隱藏在流亡心靈中的憂情，也會感到不安的。『秋舞』這本詩集，便是偏入這一個特殊方向上去獲得它強大的回響。

在藝術技巧方面，雖然有些詩，他表現得過於直接，流於散文化，缺乏詩人里爾克將事物置於沉思中的耐性，以及放過了許拜威艾爾所謂的萬物在不可見中所引起的交感；然而由於他大部份的作品都有著眞實的心靈感受作憑據，流露著眞情實感，而且非常自然地構成，多少也彌補了上面的那些缺失。我們一開始曾認爲卜氏的詩可不必勉強送入現代藝術的X光透視室，那是基於他大部份的作品尚缺乏那方面的屬性；正像我們臺灣出產的香蕉，它仍是一種美好的水果，但卻不宜拿到日本去種。其實他這本詩集中確也有不少作品仍是具有現代詩奧秘的象徵特質與傾向的，譬如在「秋舞」詩中的：

我們雖知烈而純的白蘭地
仍由腐化的果實製成
貧血或高血壓
所不能完成　我們知道可由
那幾乎無聲無息的秋天的落葉聲
來完成……

又如在「豎琴」一詩中的：

他底長髮，每一攝都是
一組諧音。有時她清脆的聲音如
樹林黃昏的寧靜，但有時像
沉思，一首午後的歌
一位軟禁的女人深居於琴絃裡，

時常被人從音色叢中雕塑出來

這種經過壓縮與轉化且具有抽象性的向內表現，可說是已達到了現代詩的高度要求。此外，他集子中的「幻影」「小提琴」以及數首串聯的短詩，也都多少是與現代詩有著血緣關係的。當「現代」與「非現代」已不能作爲論斷一首詩好壞的絕對準則時，我覺得卜氏的詩是有翻譯成中文的價值的，我之所以同意將他的作品譯介過來，並非因他被目前美國出版界稱譽爲是美國文學史上少數獲得不凡聲名的詩人（如今他已是入美國籍的匈牙利詩人），而是我認爲他是當代世界上相當不凡與值得敬佩的一個行吟詩人，他的聲音曾響過幾十個自由國家的土地；他對人類、對自然、對愛情、對自由與人道、對藝術與詩以及對他的祖國……都懷著深切與眞摯的愛，在苦難中使生命開出甜美的花果，正如故詩人覃子豪在他四十六年訪問臺灣時，所寫的送別詩中稱讚他說：「你不是飄泊的雲雀，而是一隻啼血的布穀……」。後來詩人余光中與女詩人蓉子都曾譯過他的作品。他出版有著作十餘册之多。他不但是詩人而且是劇作家、政治家與教授，曾代表他的祖國參加過在菲舉行的SEATO會議，以及歷年在世界各地召開的國際筆會與四處講演。

二年前他來信希望我能幫助將他的作品譯成中文在臺灣出版，可是由於我的英文幫不了這個忙，我不敢答應他。直至今年年初，我遇到了在政大與臺大讀外文系且從事文學創作的三位詩人，他們很願意從事此項翻譯工作，於是經過將近十個月的時間，在他們三位——林綠、王潤華與淡瑩小姐的積極努力下，終於將這本詩集送往中文印刷機上去。這譯本能如期在本年底出版，實在還得感謝譯者林綠，因爲其他兩位參加此項工作的朋友，都畢業離臺返馬來亞去了，只有林綠一人仍分擔在印刷過程中最令人感到麻煩的瑣事。我能想像得到這本書出來，除了卜納德本人以及我們這幾位辛勞的朋友都將感到欣慰與興奮外，我們的讀者，多少也會感到一分榮幸的，因爲他的作品充實了我們的詩壇。

在此謹祝福詩神永遠守護在他流浪的旅途上，同時祝福他和美籍秀雅的瑪利安娜小姐婚後，愛情與詩都將一同在歲月裡撫慰著他那曾深深地受到損傷的靈魂。

（完稿於五十五年（一九六六）十一月台北）

# 展現立體的美感空間

## ——評介詩人卞之琳的〈音塵〉

### 音塵

卞之琳

綠衣人熟稔的按門鈴
就按在住戶的心上；
是游過黃海來的魚？
是飛過西伯利亞來的雁？
「翻開地圖看，」遠人說。
他指示我他所在的地方
是那條虛線旁那個小黑點
如果那是金黃的一點，
如果我的坐椅是泰山頂，
在月夜，我要猜你那兒，
準是一個孤獨的火車站。
然而我正對一本歷史書。
西望夕陽裡的咸陽古道，
我等到了一匹快馬的蹄聲。

（一九三五）

在未動筆寫本文之前，先對卞之琳先生將畢生的努力，奉獻給文學，並在詩的創作以及從事翻譯與教學上，獲得顯著的成就與大家的讚揚，表以敬意。

我一直認爲作一個眞正的詩人與藝術家必須對存在的內外世界，具有深入的「觀察力」與「體認力」、強大的「感受力」與「轉化力」以及能將一切推上「美」（註一）的巔峰世界的「昇華力」，方能確實進具有深度與生命內涵力的創作世界，而卞先生便是眞正具有這種能力的詩人。

僅看這首詩的題目，卞先生不用「音訊」，「音息」而用「音塵」，可見卞先生的才識及其內在精深的探索力與透視力，是有深見與非凡的，其實卞先生在此早就用了藝術大師畢加索三百六十度的掃瞄與立體觀念，來使「音訊」「音息」等平面說明的語意轉變成具有多面性與立體感的語言架構。

因爲「音塵」的「塵」字，用來表現親友分散，遠隔在天涯海角兩地間，由漠遠距離所產生的牽念，是具有對情思活動的接應力與擴張性的，「塵」是易於消失又能不斷浮現的存在體，雖飄渺不定，但又於隱約中無所不在，那不但意味人存在於隔別的時空中，所迷漫的無限思念與懷憶的入音響，而且也使整個宇宙生命存在的時空，進入蒼茫，產生莫明的愁念。

可見卞先生在標題中用這個「塵」字，既精闢又傳神，已首先建立起詩中由掛念懸念思念想念遙念所構成同全詩相互應的一座「美」的「情感建築」。

如果詩人與藝術家，確是像我三十多年來一直所認爲的，他是人類精神世界的科學家，則卞先生使用「塵」字這個語言元素，所爆發的精神威力與幅面，便是至爲高強與廣闊的。

在詩開始的前面兩句：「綠衣人熟稔的按門鈴／就按在住戶的心上」，作者從平常的生活實況與經驗中，提昇潛在中的感觸，進入妙境，是奇特且具貼切感的，至於在藝術表現手法上，由「具象」到「抽象」，所使用的轉移鏡（「按門鈴」／「按住戶的心」），精準的定點著落，眞是活像芭蕾鞋尖，落定在美之動點上。

接下來的兩句：「是游過黃海來的魚？／是飛過西伯利亞來的雁？」更是順心得意。作者使海闊天空，構成隔離中廣闊的立體空間造型世界，確是富於深思的，因爲信既暗喻是「魚」是「雁」，上述的思念、掛念，懸念，遙念……便不能不在心中無限的游來游去，飛來飛去了，若詩就如批評家們所共認的——詩是潛藏中的奧境與眞境，則這個眞境與奧境，便都呈現在作者寫此詩精深的靈視中。

再接著下來，在下面的幾句詩中：

翻開地圖看」，遠人說。
他指示我他所在的地方
是那條虛線旁那個小黑點
如果那是金黃的一點，
如果我的坐椅是泰山頂
在月夜，我要猜你那兒
準是一個孤獨的火車站。

作者將地圖虛線上所定位的「小黑點」，視爲「金黃的一點」，先使地圖無邊「廣闊的面感」與一「小黑點」構成空間強烈對比的張力，然後在無形中，假想那個「小黑點」因是友人所在地，遂變成奪目的「金黃的一點」，佔據整個被注視的空間，形成鏡頭中由「黑」變爲「金黃」的具有暗示性的移情狀況，像這樣確使卞先生在詩中具現他精確與卓越的轉化與造型能力。

尤其是他在整個因分離而展開廣闊的想像空間裡，以三百六十度的搜瞄鏡，將牽動著思念的「小黑『點』」、「金黃的一『點』」、「我的坐椅是泰山頂『點』」與「你那兒準是孤獨的火車站（也是旅途的始終『點』）……等具「系列性」的『點』的造型，展列進來，已是使用了現代「簡約藝術(MINIMA ART)」的表現手法，而建立起詩思活動連鎖「系列性」與「立體感」的空間架構；也無形中使卞先生成了以文字媒體來創作屬於空間觀念的造型藝術家。

同時在「我的坐椅是泰山頂……／你那兒是一個孤獨的火車站」這兩句詩中，不但導致「空間」與「物象」，在觀照與對等的平行活動實力中，達到雙拼性的存在實況；而且是一方面運用現代硬邊藝術(HARD-EDGE ART)邊線明銳精準與結實般的語言線條，刻劃出具高刻度的意象效果；一方面也已用上著重「質感」表現的現代新寫實(NEWREALIS M)技巧，探入內在的深層，抓住實境，去表現作者坐在「月夜」那使人無限地入思遐想的時空狀態中，想到遠方的友人。此刻，自己的「坐椅」是「泰山頂」，被遙望思念的友人那兒，是「孤獨的火車站」，這種直指式的「新寫實」，豈止於外在的形體，當整個廣漠的時空，只留下兩個孤單地遙遙相望的「點」，在萬籟俱靜的月夜，即使不叫讀者進入「獨的寒江雪」那樣孤寂荒寒的境界；也將世界帶入那至爲漠遠與冷深的沉思空間，實在是令人有返冥無來往千載之感了。

至此，我們若進一步追索詩語言媒體，在通過意象所使用「比」的表現手法來看，則蘇東坡的「好風似水，明月如霜」，同卞先生的「我的坐椅是泰山頂，你那兒是孤獨的火車站」，於彼此所創作的情境中，卞先生非但具有蘇東坡在「比」的明喻中所呈現「物象」與「物境」的「美」的意態，而且因卞先生在「比」中透過較具驚異性與跨耀式的聯想，並引進超現實的有關質素，便使詩更流露出「心象」與「心境」的美的意涵，加強詩的思維層次與語體語態的新創性。

緊接著下來，是與前面語言活動空間看似分開然仍疊合在同一空間架構內的三句詩：

然而我正對一本歷史書，
西望夕陽裡的咸陽古道，
我等到了一匹快馬的蹄聲。

眞是文人夜裡手離不開書本，而在詩的設想中，那又是一本能銜接以往憶念情懷的「歷史書」，這本書正又暗中與古詩「天淨沙」裡的「……古道西風瘦馬／夕陽西下／斷腸人在天涯」的別離情景，有所串通，像這樣能不步步拓展詩的境域，而表明這確是作者在藝術表現技巧上的一種機智的策劃與妙計。

同時上面這三句詩，所構成情思活動的特殊畫面，在同整首詩相互動的構成上，已無形中活用了現代藝術美學中相當引人重視的「組合藝術(COLLAGE ART)表現手法，以建立起詩境多面性影像的疊現效果，更值得一提的，是卞先生能有機地將古詩「天淨沙」的意涵，語態與結構模式，站在創造者的地位，採取類似藝術大師畢卡索「破壞後的重建」觀念，甚至以目前「後現代(POST MODERN)」的解構觀點，予以解體，將其中有機的「卓越性」提昇與轉化到能適應當代人內心活動的情況，並確實創造與表現出新詩語言與結構在運作上新的勢能與秩序。

單從這首詩來看，我們已可看出卞先生確是一位具有創造力的詩人，至少留給我這樣的深刻印象：

①如果從批評家強調的「始境、情勝也。又境、氣勝也。終境、格勝也」的三境層觀之，則卞先生應是建立有一己自然，自如，平易近人且具有親和力的「風格」的詩人，也就是屬於創造高境層高「格」調的詩人。

②如果詩人被認爲是語言的藝術家，則卞先生所運用的語言線條，已顯有繪畫與造型的創作能力。

③如果說詩人在創作中應具有突破力，能從舊傳統中去創造新的傳統，則卞先生在詩中已有所表現了。

④如果詩人與藝術家確像我在廿多年前大膽地宣示的：「他們是拿到「上帝」的通行證與信用卡的；他們是另一個「造物主」；能以自由開放的心胸，將人生的種種體認，將書本上的學問知識，乃至將古、今、中、外的時空範疇與世界上所有已出現過的藝術流派等等，都只被視爲素材與媒體，在創作時，都能將它們壓縮溶化入「永恆」的一瞬間，然後將絕對的「我」放進去，去主宰與引發新的生命誕生，並使之進入理想的「美」的活動軌道……」，則卞先生在這首詩中，也有所表現了。

⑤如果認爲詩有「變」與「不變」的雙面性，尤其是在物質文明高度發展的都市型生活空間裡，人被「高速度」、「物質化」與「行動化」幾乎全部佔領，人存在於不斷的變化世界中，生命像用了便拋的「寶麗龍塑膠瓶」；並高喊「存在與變化」，人的內心世界便因而由空靈變爲靈空；精神的「形而上」活動，被現代文明「形而下」的下降氣流，壓到冷漠的現實底層，詩如何能「不變」地將人類的內心世界再度提昇到與永恆存在的基型世界，有所連繫？在此我們在卞先生的詩中，不但已看到他從舊詩傳統中突破，創造新傳統，所達到的「存在與變化」的「變」性；而且也達到內心進入永恆存在感覺的「不變性」；這也就是說，卞先生這首詩，已進入我近年來特別在「後現代情況」興起時提出的：「詩人不只是在爲『存在與變化』的時代創作；更應爲已容有『存在與變化』的『前進中的永恆』」世界創作，像杜甫李白的許多詩，像其他藝術家——如樂聖貝多芬的音樂、梵谷、畢加索的畫、米開蘭基羅、康利摩爾的雕塑……等，都是已進入『前進中的永恆』世界中的創作者，當然卞先生的

詩，也大多是站在這一較理想的創作導向上。不然，卞先生這首詩，也必定與三十年代的不少新詩，一起沉淪，成爲過去，但事實上，卞先生這首詩，放在經過數十年不斷探索，實驗與有所完成的台灣現代詩之中，相對照來看，仍有其可看，可讀與可思性，仍保持有現代詩尤其是現代藝術所特別強調的某些現代感，前衛性與創新性。

最後附帶想在本文中說的，是正當卞先生創作六十週年、八秩華誕，有心人袁可嘉教授爲卞先生策劃編印「卞之琳的成就」這部具有歷史意義的書，實在是一件盛事，本人也以這篇拙作，採取精點式的對卞先生靈思慧質的創作生命世界，誠摯表示出內心的一份敬意。

想起去年十一月初與青年詩人林耀德赴大陸巡迴演講，在北京，由古繼堂先生在東方大飯店安排的那一次盛大晚宴上，見到坐輪椅來的前輩詩人艾菁，也看到卞先生儒雅眞摯溫和的文人風采，但他們都已進入風燭之年，歲月該如何回首？往事該如何回憶？席間詩人艾菁半開玩笑的說：「卞之琳啊！你說了那麼多口音不清的話，我能聽懂一句就好了……」，卞先生也文質彬彬的回答說：「艾青兄，你能把聽懂的那一句，留在心頭裡，我也滿意了……」，引起席間的謝冕教授、袁可嘉教授、古繼堂、高瑛、晏明、雷霆等作家都會心的笑了，的確他倆那幾句率眞純摯的對話，仍一直回響在我的心中，像詩一樣散發著感人的力量，直至現在，卞先生親和，自然可尊可敬的詩人風範仍歷歷在目。

【註】一：本文所提到的「美」非屬形態上的美，而是屬於精神內涵上的美；就「大美」，因此，連痛苦、寂寞、虛無、悲劇精神，在詩人與藝術家經高度的轉化與昇華力量，

都能變成一種屬於生命的莊嚴的「美」的存在，因此詩人馬拉美曾呼喊人類向美致敬，杜斯妥也夫斯基曾無意中說過「美將拯救這個世界」，我本人也曾在廿年前說：「由詩與藝術所創造的美的心靈，如果死亡，太陽與皇冠也只好拿來紮花圈了，如果這個世界眞的有『天堂』，詩與藝術所展開內心的美感空間便是造天堂最好的地段；詩人與藝術家畢生爲「美」工作……因爲我在此處所指稱的「美」，是「大美」，故已涵蓋了「眞」與「善」的力量。

# 詩人馮至的《十四行集》

## ——部喚醒人類對生命省思的啓示錄

前些日子，一早起來，內心忽然頓悟了一項眞理，便從床上爬起來執筆就寫：

「『人』生出來，最可悲的，是沒有能力保持住『生命』，而將之不斷被解體變爲現實存在的『材料』；同樣，做爲一個文學家與藝術家，如果只抓住一大堆可觀的文學與藝術的『材料』，而不能使文學與藝術靠近生命與進入生命，他在最後是註定要失敗的。」

最近重讀前輩詩人馮至四十二年前寫的〈十四行集〉。便深深體會他詩中的世界，正好展現了我上述的眞理。他是能保持住「生命」而活在覺醒中的人；他不是像那許多被解體變成現實存在的「材料」的可悲的人，他是以「生命」來寫出有「生命」思想內涵的詩的詩人；他不是爲賣弄技巧而寫出與「生命」存在無關的詩的詩人。因此他的人，是活在「生命」中的人；他的詩，是寫在「生命」中的詩；因而便不能不使我們覺知到「他的人」與「他的詩」的存在，都已呈示出具肯定性的價値與意義，而爲讀者所樂見與敬重的。

讀完〈十四行集〉中廿七節的十四行詩，我產生的整體觀感，可分兩方面來談：第一方面，是詩人本身在詩中所展現的精神內涵世界及個人所呈示的特殊創作風貌；第二方面，是詩人在美學理念中所表現的藝術形式、技巧以及語言活動的功能與實力。

**(一)詩中所展現的精神內涵世界與個人較特殊的創作風貌**

從他在這詩集所寫的序中：「……從歷史上不朽的精神至無名的村童農婦、從遠方的千古的名城，到山坡上的飛蟲小草、從個人的一小段生活，到許多人共同的遭遇，凡是與我生命發生深切的關連的，對於每件事物，我都寫出一首詩……在紛雜而不眞實的社會中，迫切的要求是『給我狹窄的心／一個大的宇宙』……等」，我們便不難看出，他試圖突破現實框架，以純然與眞實的自我的「狹窄的心」，透過巨視與宏觀的思想力量，由小我通往「大的宇宙」，以臻至生命廣遠與永恆的存在；同時在序文與詩的雙重印證下，我們更可清楚地看出，他在內心世界中，採用了三百六十度的掃瞄鏡，跨越歷史、時空與內外世界的界線，已掌握到那透過生存眞實體認所擁有的多面性的廣闊豐富的創作題材，以及那多向性地展示的創作精神境域，並且在詩中綿綿不絕地流露出對生命與生活充滿了無限的熱愛、關懷、憐憫、同情、憶念、夢想，及在溫和與平靜中，所產生的覺悟、信望、憂念、嚮往、讚美與膜拜之情，都是能引人進入沉思默想與深深的感動中。甚至覺得他這本充滿了哲思的〈十四行集〉，已是一部喚醒人類對存在省思的「生命啓示錄」。

……

我們讚頌那些小昆蟲
牠們經過了一次交媾
或是抵禦了一次危險，
便結束牠們美妙的一生。
……

詩中對生命瞬息的生死現象，產生的讚嘆與憐憫之情，是靈敏深微且令人深思與帶有哲理的。

……
我們安排我們在這時代
像秋日的樹木，一棵棵
把樹葉和些過遲的花朵
都交給秋風，好舒開樹身
伸入嚴冬；我們安排我們
在自然裡，像蛻化的蟬娥
……

詩中表現生命遵循自然的法則，從呈現到隱沒至永恆存在之覺悟，於內心虔誠的順從中，是懷有無限的信望的。

你秋風裡蕭蕭的玉樹，
是一片音樂在我耳旁
……
又是插入晴空的高塔
在我的面前高高聳起，
……
我把你看成我的引導
祝你永生，我願一步步
化身爲你根下的泥土。

詩中透過對大自然玉樹的崇高存在的生命形象之觀照，表現出內心對理想存在的仰望讚美，嚮往與膜拜之情，是專誠深切與至爲執著的。

……
不曾辜負了一個名稱

但你躲避著一切名稱，
過一個渺小的生活，
不辜負高貴和潔白，
默默地成就你的死生。
……
一切的形容，一切喧囂
到你身邊，有的就凋落，
有的化成了你的靜默
……」

詩中對堅持不被聲名左右、活在原本中的崇高聖潔的生命，是更表現出強有力的信念、讚揚與具肯定性的生存價值。

……
一個寂寞是一座島
一座座都結成朋友。
當你向我拉一拉手，
便像一座水上的橋
……
當你向我笑一笑，
便像是對面島上
忽然開了一扇樓窗。
……

詩中對在憶念中浮現的寂寞世界，所透露出生命與生命間的關愛，是出奇地令人感到無比的驚異、美妙、歡愉與不可思議的。

……
像整個的生命都嵌在
一個框子裡，在框子外
沒有人生，也沒有世界。
我覺得他們好像從古來
就一任眼淚不住地流
爲了一個絕望的宇宙。
……」

詩中對於生存在宿命性的悲苦中的生

命，處於絕望無助的困境，所表現的同情與關懷之心，是深切得無法說出來的。

……

是一個舊日的夢想，
眼前的人世太紛雜，
想依附著鵬鳥飛翔
去和寧靜的星辰談話。

……

如今那舊夢卻化作
遠水荒山的隕石一片。」

詩中表現一個從紛雜人世中飛越而去，做著「依附鵬鳥飛翔」「和星辰談話」「……化作遠水荒山的隕石……」的夢，像這樣超以象外又重新成象的夢，而且是成爲同大自然原本景象連爲一體的夢，能不較現實又多了一層眞實，能不使人追求與嚮往，能不被視爲內心的卓越的創作！？

你的姓名，常常排列在
許多的名姓裡邊，並沒有
什麼兩樣，但是你卻永久
暗自保持住自己的光彩；

……

如果這個世界能夠復活，
歪扭的事能夠重新調整。

詩中表現出超越中的我以及企求活在不被歪扭的眞理中，是確切與堅定的。可見作者不但對人生把持一己的信念，而且「有能力保持住生命」，把握自我，不致於背離良知，也不致於被紛亂的人世掩沒而迷失自己。

……

望著你爲了我們的時代
牠被些愚蠢的人們毀壞，
可是牠的維護人卻一生

被摒棄在這個世界以外
你有幾回望出一線光明，
轉過頭來又有烏雲遮蓋，
……

詩中表現人一直重複活在不能完全避免的錯誤與危機中，而堅持眞理的人，有時竟是「被摒棄在這個世界以外」的孤獨者，這一不可奈何的荒謬的存在事實，的確驚動了所有具有良知良能的覺醒的心靈。

……
你的貧窮在閃鑠發光
像一件聖者的爛衣裳，
就是一絲一縷在人間
也有無窮的神的力量。
一切冠蓋在牠的光前
只照出來可憐的形象。」

詩中表現在「貧窮」與「冠蓋」之間的相對存在，給於前者以更多同情與關注，並深一層探索存在的眞實價值，是具有特別的觀物角度與高超的睿智的。

……
我們走過無數的山水，
隨時佔有；隨時又放棄，
彷彿鳥飛翔在空中
牠隨時都管領太空，
隨時都感到一無所有
什麼是我們的實在？
從遠方什麼也帶不來，
從前面什麼也帶不走。」

詩中表現人生「從無到有」「從有到無」的境界，引起內心的感悟，是高妙絕妙與神妙的。

我們並立在高高的山嶺

化身為一望無邊的遠景，
化成面前的廣漠的平原，
化成平原上交錯的蹊徑。
……
我們的生長，我們的憂愁
是某某山坡的一棵松樹，
是某某城上的一片濃霧；
……

詩中借鏡從變化多端的大自然景象，反映出生命的各種存在形態與情境，不但發揮高度的聯想力，而且引人對存在產生深思、遠想與無限的感懷。

……
我們只依稀地記得在黃昏時
來的道路，便算是對牠的認識，
明天走後，我們也不再回來。
……
我們在朦朧的原野上認出來
一棵樹，一閃湖光；牠一望無際
藏著忘卻的過去，隱約的將來。」

詩中對生存時空無法掌握的流變狀態，引起內心產生莫明的憂思與悵然之情，是深沈與具有感染力的。

……
十年前的山川
念年前的夢幻
都在雨裡沉埋。
四圍這樣狹窄
……
像個古代的人；
『給我狹窄的心
一個大的宇宙』」

詩中表現一個被外在現實世界圍壓逐漸縮小的自我生活空間，反而在內心中企求生存具有宏觀思想的「一個大的宇宙」，這便說出了生命永遠朝向自由廣闊的無限世界探索之信望，是不會受阻止的，是一具有啓示性的宣告。

……

終日在些靜物裡
我們不住地思慮；

……

言語裡沒有歌聲
舉動裡沒有舞蹈，
空空問窗外飛鳥
爲什麼振翼凌空。
只有睡著的身體
夜靜時起了韻律，
空氣在身內遊戲

……

詩中表現生命受限制在物性與體能的陰冷狹窄的存在空間中，所發出的質疑與無聲的控訴，是強有力與尖銳的。

……

走一條生的，便有些心慌
怕越走越遠，走入迷途，
但不知不覺從樹疏處
忽然望見我們住的地方
像座新的島嶼呈在天邊。
我們的身邊有多少事物
向我們要求新的發現」

詩中表現人類生命在向前探索、發展與創造，所呈示的前衛性、創新性與難免產生一些驚疑，是至爲自然與不能不如此的。

……

向何處安排我們的思想，
但願這些詩像一面風旗

把住一些把不住的事體。」

詩中在最後，終於宣告在人類生存與思想的廣闊世界裡，但願詩被看成一種高超與絕對的指引力，「像一面風旗」，能「把住一些把不住的事體」，使超越現實與超以象外的無限存在的境域，突被有限，不斷展現，成爲更廣闊更豐富的存在的眞實。

從以上不斷列舉的詩例中，可看出那是一連串提出的有效的證據，用以說明馮至前輩確是如本文一開始就認爲的：他是對生命充滿無限關愛與信望的詩人；他是進入生命無限地自由開放的廣闊繁富的世界去探索，去沈思默想與以生命來寫詩的詩人。從他一直繞著多層面的生命情境，所創作的詩中，我們更可認明他是一位懇切、曠達、胸襟開闊、具有良知良能、深厚的同情心與人道精神以及呈露哲思、靈悟與智慧性的詩人。同時在他詩中所表現的種種（包括題材、思想與語言等），尙可看出他特別建立起一己至爲潔淨、明朗、樸實、自然、自如、平易中見含蓄、有眞情深意且富哲思與啓示性的創作風貌——他始終採用不偏不倚、不緩不急、自足自律、順乎本性、平易近人、怡淡閒適、中得心源的中和平靜的平常心，來面對創作的生命世界；至於偏激、濃烈、狂熱、繁複、詭異、艱澀、矯情、做作與過於渲染誇張的一切現象，都無法見容於他單純中見繁富、明朗中見眞情實意、平靜中納萬動與直指人心的詩境。

**㈡詩中所表現的藝術形式技巧與語言活動功能實力。**

作者在創作中，採用十四行詩的固定形式，一般情形，都難免構成對詩有約束力的框架，呈現某些呆板與機械性的現象，影響詩自由伸展的機能。但詩人馮至卻能以他內在自然流露的生命原力，將有形框架的約束力溶解，使「形式」與詩的情思內涵達到相渾和的作用，而「形式」，便不但讓詩的內外世界；獲得多一層的有形的美的包裝；而且也使「形式」活過來，活在有形的美的生命內涵之中，這應是詩人馮至在處理十四行詩手法高明的地方。難怪評論家李廣田在論〈十四行集〉時予以佳評：「由於牠的層層上升，而又下降漸漸集中而又解開，以及牠的錯綜而又整齊牠的韻法之穿來而又插去」，這些話，正說明了馮至使用的十四行詩的固定形式，並沒有限制詩的思想活動，反而有助凸現他詩思在活動中起伏變化的有秩序與層次感的脈動效果。

在技巧表現上，他雖大多採用順暢的白描手法，但詩思活動並不受阻在那偏於說明性的兩度平面空間裡，淪爲散文化，而是在平易與明朗的訴說過程中，透過內在的觀照，賦以象徵的暗示作用，使詩思由有限的平面說明，轉化爲無限的立體感知，獲得詩的意境：像「我們安排我們在這時代／像秋日的樹木，一棵棵／把樹葉與些過遲的花朵／都交給秋風，好舒開樹身／伸入嚴冬……」、「你秋風裡蕭蕭的玉樹……／我把你看成我的引導／祝你永生、我願一步步化身爲你根下的泥土」、「……／像整個的生命都嵌在／一個框子裡，在框子外／沒有人生，也沒有世界……／就一任眼淚不住地流／爲了一個絕望的宇宙」、「當你向我拉一拉手／便像一座水上的橋／當你向我笑一笑／便像是對面島上／忽然開了一扇樓窗」、「我走過無數的山水，／隨時佔有，隨時又放棄，／彷彿鳥飛翔在空中，／牠隨時都管領太空，／隨時都感到一無所有」、「我們並立在高高的山巔／化身爲一望無窮的遠景……／我們的生長，我們的憂愁／是某某山坡的一棵松樹，／是某某城上的一片濃霧」、「……山川／……夢幻／都在雨裡沉埋……／給我狹窄的心／一個大的宇宙」、「哪條路，哪道水，沒有關連，／哪陣風，那片雲，沒有呼應；／我們走過的城市，山川／都化成了我們的生命」、「不要覺得一切都已熟悉／到死時撫摸自己的髮膚／生了疑問這是誰的身體？」、「我們只依稀地記得在黃昏時／來的道路，便算是對牠的認識／明天走後，我們也不再回來」、「向何處安排我們的思想？／但願這些詩像一面風旗／把住一些把不住的身體」……等這許多詩行，都是能一再證實我以上對他技巧表現所做的認定。同時站在經過四十年發展與進步的台灣現代詩壇上，回過頭來看，還是含有現代感、新思維與創作性的作品，詩人馮至已能實踐現代詩所特別強調的創作精神——就極力表現一切存在、潛藏中的耐人思索與尋味的奧祕的眞境，也就是穿越詩語言表層說明的意義世界，深入那透過象徵暗示作用，所揭露的非說明性的只能憑聯想與感知所領悟的詩的意涵世界，以把握詩的實質。

更値得一提的是他在當時不但已能透過抽象掌握新的實感，並能使用具緣發性的超現實表現技巧，使詩思從兩度平面空間轉化進入立體無限超越與渾成的N度活動空間——像詩中的「去與寧靜的星辰談話……／如今那舊夢卻化成／遠山荒水的隕石一片」、「未來的死亡，像一段歌曲／歌聲從音樂的身上脫落／歸終剩下了音樂的身軀／化作一脈的青山默默」「他們常爲了學習／怎樣運行／怎樣隕落，好把星秩序排在人間，／便光一般投身空際」、「我們安排我們在這時代／像秋日的樹木，一棵棵／把樹葉與些過遲的花朵都交給秋風，好舒展樹身，／伸入嚴冬……」……等都是在潛意識中，更深一層展開生命活動廣闊的空間視野與豐富的思想內涵，將之同目前台灣現代詩壇的詩相對照，它仍不致像三十年代的許多詩有過時之感。事實上，已抓住了「前進中的永恆」，而不會在「存在與變化」的年代中消失。因爲他用生命寫詩；他的詩是活在人類內心中的詩，是一部生命的啓示錄，具有存在的啓示性。

其實，他也是一位相當注重藝術表現的詩人，除了以上談到的，如採取「十四行」詩有規劃的活的藝術形式，以及運用白描技巧，透過帶有象徵暗示性與超現實緣發性的作用，獲得詩思深層世界的豐富蘊涵，達到創作預期的表現效果；同時他以組合藝術(ASSEMBL AGE ART)觀念，將多面性與多層次的內外情景，於沉思默想中，在轉動的靈視鏡頭下，一幕幕很穩妥地安裝在廿七組所架構成的「十四行」集的結構體系中，形如一座廿七層高的心象建築，看來相當精緻可觀，再仔細的觀察，他在語言活動空間的安排上，也例外的已運用到現代藝術的立體空間觀念，使之呈現凸出的造型與實體感。如「我們的生命像那窗外的原野」與「一望無邊地在我們窗外展開」兩句詩，本應是連在同一節詩中，但它們被分開，放在前一節末與後一節頭，看來似不連貫，但內在被看的生命「原野」，卻因被分開的兩節詩的空間，便凸現出「原野」存在的「遼闊」的造型與實體感來，而結果是兩句從「平面」空間被分開的詩，卻進一步連結在更富實力的「立體」空間裡，同樣的，如「就是與我們的用具的中間」與「也生了千里萬里的距離」這兩句，分開放在兩節詩的尾與首，也是以詩節分開的空間，來凸現詩內在所欲表現的「千里萬里的距離」的漠遠的立體空間造型與實體感。除此，他尚具有使視覺空間轉化進入聽覺空間的藝術統化力，如「你秋風裡蕭蕭的玉樹（視覺）／是一片音樂在我耳旁（聽覺）」，便是將視覺空間與聽覺空間打通，拓廣詩思的活動空間，獲得更寬廣的詩路與詩境。

說到此，我們應該是可以了解到馮至前輩的（十四行集）之所以在四十二年後，仍對我們內心有感應力與引發力的原因所在；同時也可以有理由說出，馮至前輩他不只是以生命、以心血溶入墨水來寫詩的詩人，也是一位以文字來從事詩創作的藝術家。

記得一九八八年十一月初同詩人林燿德前往北京大學演講，曾往訪馮至前輩，他詩人的形象、文人的氣度與長者的風範，迄今仍歷歷在目，仍一直引起我內心的敬慕與懷憶，在當時曾答允日後會寫一篇有關馮至前輩詩創作的感評文章，這篇「詩人馮至的十四行集」，便是依心願所寫的，並由衷對馮至前輩在三十年代對中國新詩奠基與開拓所付出的奉獻精神，表以敬重之意。

# 談詩人艾菁詩創作的風貌

此文是爲艾菁先生在北京開的研討會所寫的論文

詩人艾菁在中國詩壇上的聲譽是海內外文壇所熟悉的，他的創作生命，通過不斷的戰亂與苦難的歲月，詩中所發出血與淚的聲音以及生命的吶喊與內心的掙扎，是至爲強烈與充滿了存在的信望與期盼的；詩可說是他突破生存層層阻力的一種始終堅持的可見的力量。

如果說詩人里爾克，是將世界潛入內心深處去沈思默想的詩人，詩人梵樂希是將世界推入象徵的無限朦朧美與奧祕感中的詩人，詩人阿拉貢是在潛意識的超現實狀態中探索與捕捉原本眞實世界的詩人，詩人陶淵明與王維是將世界從內心轉化與昇華進入「南山」與「山色有無中」的形而上精神境界的詩人，詩人馮至與卞之琳是將世界放在沈靜、平和、收斂以及具有觀照與深意的美感與情境中去思索的詩人……則詩人艾菁他便是採取了與他們有所不同的創作方向，他有點接近美國詩人惠特曼的奔放雄偉與壯闊，充滿了戰鬥的意志，向前衝進的精神：懷著對生命、對生活、對土地、對民族、對世人的關愛與熱望；他眞摯、狂熱、抑制不止的激情與生命原力，往往總是像瀑布般以宣洩與掩蓋的形勢，向現實世界施展直率與坦然的披露，並帶著強有力的批判與抨擊、歌頌與讚美，凸現出詩創作可見的社會功能與價值觀，是獲得批評界重視的。至於從詩與藝術的純粹性來看，或許會有人覺得艾菁的詩，採取散文手法與較明朗的表現策略，於達到可讀可感的確定效果時，仍難免有些「露白」的情形，多少涉及到詩的純質問題，這應是保留有讓讀者來思考與討論的空間。

整體看來，詩人艾菁顯然是一位情感充沛、生活體驗豐富、思想空間開闊、創作題材廣博、極富現實感與生命力的詩人，在他大部份的詩中，我們可感到一種向前推進的動力與強勢，而被迫對其所傳達的一切，產生有關的回應。同時他使詩在生活中顯示出可爲的啓導作用與使命感，讓詩在「廣義」的「文以載道」的創作空間中，建立起存在的價值與意義，是應該於強調詩與藝術的純粹性時，同樣值得重視與關注的。

……
他們爲保衛土地
從不曾屈辱過一次，
他們死了
把土地遺留給我們——
我愛這悲哀的國土，
它的廣大而瘦瘠的土地
帶給我們以淳樸的言語
與寬闊的姿態，
我相信這言語與姿態
堅強地生活在大地上
永遠不會滅亡，
我愛這悲哀的國土，
古老的國土
——這國土
……

這段詩，雖有「露白」之處，但其中不少直率眞摯與具有潛力與變力的語言，在表現出對國土的愛，仍是至爲深切強烈與感人的；而絕非一般詩人採用散文的「平塗」手法，能達到的效果。

像這種類似的表現，在他以九個詩章所寫的那首「光的讚歌」的長詩中，表現得更爲充份與切實，甚至可由此看出艾菁詩創作較獨特與偏重的主導向。

如「光的讚歌」詩中，一再歌頌「光」的偉大面——

於第一節詩：

……
世界要是沒有光
等於人沒有眼睛
航海的沒有羅盤
打槍的沒有準星
不知道路邊有毒蛇
不知道前面有陷阱
……
世界要是沒有光
看不見奔騰不息的江河
看不見連綿千里的森林
看不見容易激動的大海
看不見像老人似的雪山
要是我們什麼也看不見
我們對世界還有什麼留戀
……

這節詩顯是從意念中，直敘出讚揚「光」存在於生命與大自然中的偉大面。

於第五節詩：

……
光把我們帶進了一個
光怪陸離的世界：
X光，照見了動物的內臟
激光，刺穿優質同板
光學望遠鏡，追蹤星際物質
電子計算機把我們推到了二十一世紀
然而，比一切都更寶貴的
是我們自己的銳利的目光
……
看見一切事物的底蘊
一切事物內在的規律
一切運動中的變化
一切變化中的運動
一切的成長和消亡
……

這是採取雙向鏡頭將潛藏在物體與人體中的神奇的「光」，直射在被歌頌的多向生命存在層面上，並揭露「光」無比的魔幻性與潛在的「光」能；同時更強調將「人」做爲主體存在所放射的生命之光，值得重視。

於第六節詩中：

光從不可估量的高空
俯視著人類歷史的長河
不少醜惡與無恥
隱藏在光的下面
……
甚至光中也有暗
甚至暗中也有光
……
穿過了漫長的黑夜
人類的前途無限光明、永遠光明

仍是以明朗的直敘手法，讚美「光」是一種超越與永恆的存在，始終照明著歷史以及光明與黑暗的人生。

於第七節詩中：

每一個人都是一個生命
人世銀河星雲中的一粒微塵
每一粒微塵都有自己的能量
無數的微塵匯集成一片光明
……
假使我們是一支蠟燭
也應該「蠟炬成灰淚始乾」
即使我們只是一根火柴
也要在關鍵時刻有一次閃耀
即使我們死後屍骨都腐爛了
也要變成磷火在荒野中燃燒
……

是將「光」直接移轉到單一的人體裡來，比照宇宙的銀河星雲之存在，來讚美生命中的「光」，「光」中的生命，都是閃閃亮亮、值得珍視的，甚至看出死亡的生命，也發「光」……可見詩人賦給「光」以永恆存在的意念，是深入的，是有微觀與宏觀思想的。

從這首長詩所摘要的部份詩例中，除了可證實本文在開始對詩人艾菁所做的印象式感評，已獲得接近實際的認證；同時我們若再繼續看他寫的那許多不同題材的長詩——如「透明的夜」、「蘆苗」、「巴黎」、「馬賽」、「大堰河——我的褓姆」、「黎明」、「死地」、「雪落在中國的土地上」、「北方」、「吹號者」、「獻給鄉村的詩」、「風的歌」、「黎明的通知」、「致亡友丹娜之靈」、「古羅馬的大門技場」……等，更可證實他確是一位穿越不同時空環境與不斷介入現實生活擁有豐富人生體驗與廣闊創作題材以及對一切抱持信望熱愛，不被生存擊倒的戰鬥型詩人；以果斷、確實、清晰與強有力如打BOX直擊要害的直敘式語言，來經營出並非一般詩人所能展現的大銀幕的演出、以及呈現出他雄偉壯闊、氣象萬千、意態縱橫、剛勁有力且同生存息息相關的詩風。

既然如此，詩人艾菁的大部份詩作，便都大多採取向外噴射(out put)的手法，產生波瀾洶湧與抑制不住的熱動力與推壓力，像大海刮風，森林起火般；但他也畢竟寫了不少抑制激情直射、透過意象程序的富於意趣的短詩。

如在「煤的對話」詩中：

你住在哪裡？
我住在萬年的深山裡
我住在萬年的岩石裡
你的年紀——
我的年紀比山的更大
比岩石的更大

你從什麼時候沈默的？
從恐龍統治了森林的年代
從地殼第一次震動的年代
你已死在過深的怨憤裡了麼？
死？，不，不，我還活著——
請給我以火，給我以火！

此詩在「對話」中，不但「對」出了石頭永久存在的根性與質感；同時在意象中，也暗示與對照著「人」的存在。因此在語言平塗與直敘的表層下，尚埋藏有思想與生命的「結晶體」。

如在「樹」詩中寫的：

一棵樹，一棵樹
彼此疏離地兀立著
風與空氣
告訴著它們的距離

但是在泥土的覆蓋下
它們的根伸長著
在看不見的深處
它們把根鬚糾纏在一起

此詩在「由外向內」「由內向外」的雙向直敘中，將衆樹的存在，透過意象與象徵的作用，影射在生命整體存在的關連性與不可分割性，是溢流出生之覺識以及深遠的良知良能與愛的。

如在「礁石」詩中寫的：

一個浪，一個浪
無休止地撲過來
每一個浪都在它腳下
被打成碎沫、散開……

它的臉上和身上
像刀砍過的一樣
但它依然站在那裡
含著微笑，看著海洋……

作者透過生命深層世界的體認以及人與自然的觀照，刻劃出帶著樂觀精神突破悲劇情境的存在狀況，是感人且具有詩的思考力與藝術表現的手法。

如在「酒」詩中寫的：

她是可愛的

具有火的性格

水的外形
她是歡樂的精靈
哪兒有喜慶
就有她光臨
她眞是會逗
能讓你說眞話
掏出你的心
……

你可要當心
在你高興的時候
她會偷走你的理性
不要以爲她是水
能撲滅你的煩憂
她是倒在火上的油
……

這些詩句，雖仍是採用直敘與明朗的一貫技巧，但也的確將「酒」隱藏中的巧妙、微妙、奇妙與奧妙之境，以帶有「暗示性」的語言幾乎全部的透露出來；同時也可見作者對物理空間與心理空間的透視能力與表現能力，是相當確實與深入的。

又如在「回聲」詩中寫的：

她躲在峽谷
她站在山崖上
你不理她
她不理你

你喊她，她喊你
你罵她，她罵你
千萬不要和她吵嘴
最後一聲總是她的

這首詩是特別運用至爲平易的口語與直敘手法進行的；同時也使用了現代藝術中的「簡

約」(minimal)表現技巧，除達到詩的單純與精巧之美，也把「回聲」寫得相當的傳神。可見作者以詩眼觀察事物的機智與深微能力是非凡的。

綜觀以上所列舉的詩例中，我們可進一步、更清楚地發現詩人艾菁在詩中所展現的屬於他個人的創作風貌：

・顯然他是一個在浪漫的激情中見知性、在狂熱地燃燒的火焰中，尋找壯麗生命之光的詩人。

・他自由奔放開闊與「能伸」的心靈，使他的情思世界，能「伸」展成詩演出的大型劇場，給他許多較有實力與氣魄的長詩演出。他的瞬息間的整體掌握與「能收」，使他的情思世界，能「收」攏成詩演出的小型劇場，給他不少精巧精美的短詩演出，他是兼寫長短詩的能手。

・他走的是較偏向「現實」的路線，以滲入適度抽象感的「具象」技巧與明朗寫實的「直敘」手法，使透過內心體認的種種存在眞實，凸現在清晰可見、可知、可感、可思的詩境裡。

・他是一個在詩中「熱烈」地擁抱世界與現實人生的詩人，他的詩同生命與生活一樣眞實。他大部份的詩，甚至是中國人苦難歲月與土地的印證，深深烙下歷史的傷痕，生命的愛與熱望。他整個詩的創作生命，不是溫室的盆栽，也不是在空靈中開放的形而上精神的憚，而是無限地開放的生命曠野，在繁富、剛勁與壯闊的世界中屹立。

# 詩人余光中《紫荊賦》發表會講評

我認識光中兄，同寫現代詩與加入藍星詩社一樣久，將近三十年。

說起光中，他是嚴謹中帶有幽默感，相當風趣，同時對人生充滿樂觀精神與信心的詩人，這從與他的交談與交往乃至人品中，均可感覺得到。

他除了寫詩，尚寫散文、評論以及從事翻譯工作和教文學，建立了他個人文學世界的「五角大廈」。

對於他的詩，有人給予貶抑甚至謾罵，也有人給予好評甚至極高的評價。而今天我面對那麼多愛好詩的讀者；面對我三十年來共同爲現代詩努力的友人的作品；面對詩神；面對我自己，我將如何來談光中的詩呢？除了懷著嚴肅、誠摯、客觀與責任感的態度，是無法使我的話與觀點產生任何意義。現在，我們開始來談余光中的創作世界。

第一：先談余光中的詩風：他是詩壇上詩風變化較多的詩人，從早期的格律抒情詩，到現代詩意象自由的舒放與揮灑；從「蓮的聯想」的新古典韻情，至「敲打樂」的民歌形式，到「天狼星」與「白玉苦瓜」內在繁複的觀照與描繪，以及近期的明淨、樸實、清純、淡泊與成熟，他的詩風一直在不停的發展與轉變。

第二：談余光中創作的生命與精神架構：他面對世界與一切時，總保持穩妥的觀視距離；他不像法國詩人波特萊爾那樣不顧一切的把世界緊緊捏碎成滿掌的「頹廢」與「陰暗」；也不會像海明威在「老人與海」中，把人從沈痛的掙扎中，推入「絕望」與「希望」分不出勝負的悲劇困境中。他大多是順著一己較順境的生活處境，懷著樂觀的精神、肯定的人生價值與預存能擊敗一切困難的心態，而趨向永恆存在的意念。

例如：在「紫荊賦」詩集的「飛過海峽」詩中，「七級大海風之上，這巨鵬飛機載我」於跨越無邊的時空過後，便超渡成「像水平線上　什麼也攔不住的　一隻超級海鷗」。又如在「夸父」詩中；他不寫夸父向西方追落日的無望之途，而轉向「壯士的前途不在昨夜，在明晨　西奔是徒勞，奔向東方吧　雖然是追不上了，就撞上」的這種充滿光明希望的永恆世界。

此外，如「你是那雲」詩中的「任何地平線都繫不住的　你是那雲」與「長跑選手」詩中的「全世界的風都在你鼻尖上呼嘯……愈奔愈遠愈發光　在森羅的衆星之間　終於就位」均是表現人類英雄式的征服茫茫時空，邁進永恆存在的豪情壯志。

基本上，余光中詩中所顯示的「永恆」意念與價值觀，較是理想與樂觀型的。因而在他的詩中，很少有所謂「悲劇」、「沈痛」「絕望」、「虛無」等這些緣自內在極爲尖銳化與掙扎性的痛覺字眼。

第三：談余光中「紫荊賦」詩集中的創作幅面：余光中確實建立他個人多變化的廣闊的

創作空間幅面：

(1)他可盡情的表現「小我之情」、「民族文化之情」、「自然土地之情」乃至廣及「國家社會、現實人間的大我之情」。

(2)他可盡「形」盡「態」的表現各種生命形態：豪情壯志的生命形態（如飛過海峽、夸父、長跑選手等詩）；輕快活潑生動的生命形態（如小木屐、踢踢踏、舊木屐等詩）；幽默風趣、巧思的生命形態（如魚市場記）；諷嘲調侃的生命形態（如土地公的獨白）；詭異奇幻的生命形態（如飛蝶之夜、夜色如網等詩）；靈思、玄想、妙意的生命形態（如空山松子、一枚松果、松下無人、松下有人、松濤、山中暑意七品等詩）

(3)他以開放的視野，納入古今中外的時空景物，獲得廣闊與多樣性的創作題材，均能自由運用，透過語言的藝術技巧，呈現出他「深入淺出」對讀者有普遍吸引力的多采多姿且特殊的創作面與詩風。這股特殊的詩風是由「現代風」「古風」「西風」「東風」一起吹過余光中的心裡，然後他站在藝術的位置上，將它往東方現代的中國吹，吹得那麼有音律、聲韻、有現場感；那麼的爽朗、輕快與自在；而且繞著現代人的生活空間與內心的美感世界吹，便吹成了一股影響中國詩壇相當大的余光中詩風。

現在來談談余光中詩語言的藝術表現與結構。

一、語言與藝術表現方面：

*1.*他擁有特別廣闊稠密的語言網路，順暢自如的語言流程，以及特別富音樂性與節奏感；

而且清晰乾淨、平易明朗、可讀可感。

2.他擁有鮮活靈巧的語言，且製造成意象話，使語言產生豐富的意涵；此外他一向重視詩的音樂性，使語言至爲生動活潑。

3.他抒述性語言的「透明」層面，使語言在平易明朗的發展中，不只是停留在情想與景物的原面；而能從「透明」中呈現出屬於詩的情思活動的藝術空間。因此余光中的白話詩，把胡適早期大多分行似詩的白話文，確實的提昇到具有實質性與藝術性的詩的位置上來。

4.他善於對語言空間進行具特殊性的策劃與重建：如「夜色如網」詩中的：「你知道夜色迷離是怎樣來襲的嗎?從海上?一盞魚火接一盞漁火? 從陸上? 一柱路燈接一柱路燈?從風上?一隻歸鳥接一隻歸鳥?」本來習慣上每一行只用一個問號，當用兩個問號，語言的活動，在同一的空間，便呈現出兩個套在一起的空間狀態來了，而且雙問號使言語有停頓透氣與變化的音樂效果。

5.他也善於使用生活行動化的淺白的語言，創造出聽覺的造型空間，如「木屐」詩中的「踢了拖，拖了踢」，充分表現出木屐本身存在的形態及其活動的空間感與具體的造型。

6.他也善於從表態的兩度平面空間，推展成雙面、多面乃至N面的無限空間。如在「舊木屐」與「兩個日本學童」詩中所各自表現的兩面對視空間，產生詩思沖激的張力是可觀的。又「飛過海峽」整首詩中，由「巨鵬」指飛機（物），飛越千山萬水過後，便轉化爲一切「攔不住的海鷗」，雖仍是物，但已象徵人超越存在於多面性的立體活動空間；至於「空山松子」、「夜深似井」等詩，則是活動在N面的無限空間。

7.他詩中語言所製作的視覺景面，均以清晰、鮮活的形態與色調呈現，且流動有音樂性，同時常交映成潛在心裡活動的背景，因而強化與深化了詩境的觀視效果。

8.整體看來，他語言的運作性能與環境，雖大多靠靈活穩當的抒述技巧，但那仍是緣自他精確意象所產生或多或少的明喻與暗喻，甚至也含有一些超現實的感覺而發揮實效的。

二、詩的結構方面：余光中的詩幾乎每一首都有相當穩妥，甚至完善的結構。這全是基於他駕馭語言的功力，以及他對整首詩發展的思路，有全面檢視與溝通的能力。

最後，我想特別補充說明二點：

一、余光中在這本詩集中，無論是在過去、現在與未來，都因年歲而滲入對生命存在時空的一些莫明的追懷與淡淡的愁情，如「飛過海峽」「你仍在島上」「黃河」「不忍開燈的緣故」「布穀」「堤上行」「東京新宿驛」「別香港」「老來無情」等詩，都流露出在時間流程中可見的感懷，而使生命在時空抑壓下，趨於和緩與成熟。

二、余光中在這本詩集中仍一直表現出他是一位能揮灑自如、變化多端、古今交融、靈巧機智、想像力豐富的詩人。由於他具備上述條件（尤其是豐富的想像力）便使他有能力從任何一件平凡的現實事物與景象中，去任意發展他的創作題材與詩思。譬如：同是以傘爲對象，他竟打開六個想像世界的窗戶，寫了六首傘的詩，以木屐爲對象也寫了三首。現在就讓我們來欣賞余光中的「空山松子」這首至爲巧妙、奇妙、微妙、美妙甚至絕妙、神妙的六妙的詩，作爲講評的結束。

**空山松子**

一粒松子落下來
沒一點預告
讓該派誰去接它呢？
滿地的松針與松根？
滿坡的亂石或月色？
或是過路的風聲？
　說時遲
　那時快
一粒松子落下來
被整座空山接住

註　這次發表會由洪範出版社主辦民國七十五（一九八六）年十一月十四日

# 讀詩人張健《鳳凰城》詩集有感

《鳳凰城》是詩人張健的第十五本詩集，至目前他可能是台灣現代詩壇出版詩集最多的一位詩人。

廿多年來，他對文學，尤其是對詩所堅持的信念，是令人感佩的，他除寫詩，尙寫散文、小說以及各種文藝類型的批評文章，同時在大學教詩，可謂是大半的人生歲月，都獻給了文學。

由於他身爲學人，加上向內的個性，以及處世的嚴正態度，便一直保持中國文人的風骨；另一方面，由於他身爲詩人，便也自然在他儒雅審愼的心懷中，滲溶入怡情逸意，而形成他那含有「智趣」與「感知性」相交流的穩實的詩風，無論是詠物言志，均具體而實在。

這詩風，使他兩百首短詩所運用的語言狀態，便也因勢適應入下面兩個活動的導向：

*1.* 著重於濃縮與精確意象語的營造——以便達到短詩語簡意賅的效能，以及穩妥地抓住表現對象可靠的眞實性與質感。

*2.* 語言流動的「音樂性」，朝向凝聚的「雕塑性」，——以便有效地凸現作者內向、沉穩與執著的性情所展開的情思造型世界。

順著上述的語言導向，詩人張健在這本詩集中，確寫了不少言之有物與相當精彩的短詩，譬如：

在《鳳凰城》詩中，他表現生命存在於自然與都市之間的情境，以「景」顯「境」的描述鏡頭，寫著：

黃昏　可倦了
便停憩在大鋼鐵背後的池邊
幽幽地
俯視自己深沉的影子

在「孤舟」詩中，他表現自信與孤傲的人生，以堅強的「意念」當作詩心的「實存場地」，寫著：

日落時
我停泊在尼采的
豪華的
無神論裡

在「莒光號」快車詩中，他表現旅途上，「心」與「景」在流動時空中交映成的深思與感懷，寫著：

山水偶然闖入車窗

茶濃了
夢也重了
……

在「門」詩中，他表現潛藏於內在生命中無限的探視力，以同位性的直射對照鏡，寫著：

兩扇明亮的窗
定居在我的雙目裡

在「凌晨」詩中，他以行動化的語言態勢，寫出他凌晨睡醒那一刹那間的近乎超現實的特異感覺：

我乍然舉起我的床
抖落一地板的夢境

在「噴泉」詩中，他以深入的巧思，表現人類說話的慧言，所引起神奇微妙的共鳴世界，寫得頗爲傳神：

他說的言語
只有天知雲悉
天若關閉　他便窒息
雲若遠離　他便垂首

在「落葉」詩中，他以物我互動的合鏡，顯示人的生命與自然景物在時間中凋落的二重奏，寫著：

落葉們兄弟般的
一路描我的足跡

在「公車」詩中，他表現都市生存空間的壓迫感，透過抽象再現的具體感覺，寫著：

『眞空的一隻大盒子』（就反諷的指喻著擠得幾乎不能呼吸的公車）

從上述的這許多實例中，可看出詩人張健在藝術技巧的表現上，已深具轉化與造型的能力，能使意象所散發的象徵性，帶引語言從直敘的兩度平面空間，進入交感的三度立體空間，去獲得詩的意境，以及切割入情思世界的投射力。

此外，他這本詩集尚有一些值得我們去注意的特色：

1.創作題材的多樣性，幾乎凡是大大小小的見聞與心事，均可入詩，眞是生活中到處都溢滿著詩；人類的生存世界，已像是一個詩的世界，詩緊緊地追問著時間歲月與生命，便也一連串地留下美的點點滴滴與回響。

2.二百首短詩，按年月順次排列，甚至有些月份每日都有詩，頗似詩的日記；簡直是創造了日記式的詩型，讓詩同每日特殊的感受結合。這種按時間順次所寫成的詩的「靈感的實錄」，看來，應是一種至爲親切且流露生活實趣與生命意趣的創作行爲與詩之旅。

3.把握一獨立且單純的意象，予以擴張，經營同古詩一樣精短的短詩，以使現代詩便於記憶與背誦，確也是一項好的構想。

4. 短詩雖較缺乏多面性地展現的繁富交錯的龐大景觀，但在緊張快速繁忙的現代大都市生活中，時間不斷的被分割成片斷，它確是比較便捷，且具適應性地被現代人接納。

縱然整本詩集看來，或許基於詩人張健個人的意慾，捨不得割愛，難免有少數作品，於意象與結構的處理上，尚未達到短詩特別要求的「精美」、「嚴緊」與「完妥」的程度。但我覺得這本詩集仍是一本擁有不少傑出意象以及可讀可感與耐人思索的短詩集，值得向愛好現代詩的讀者們推介。

民國七十四（一九八五）年十二月九日（台灣新聞報副刊）

# 序詩人陳鵬翔《多角城》詩集

將頭撞在欄木上　讓心在阻力中認識痛苦

這年代，用心靈來生活的人，是越來越少了，用美的心靈來生活的人，便更少了。此刻，由鉛字堆成的『多角城』，在人類精神的荒地上浮現，雖不能說是一種奇蹟，但至少它是一座內部有著思想陳設的生命建築，同樣堅持著那項莊嚴的存在原則：生存必須以心靈的活動來說明，進而以美的心靈活動來完成。

『多角城』這整本詩集，可說是作者陳慧樺在意圖衝破種種層阻與通過錯雜的時空，其自我精神所顯示的探向：

在愛情彩色的「波斯地毯」上，他跨著一己幽美的步子，以『送一位韓國同學』一詩，表現出情人與友人聚歡離散的苦憶；以『給雲雀』與『情人谷』兩詩讚頌聖潔與純眞的愛情，如詩中的「爲了剎那，靈智向你叢叢開展，如花開向煦麗的晨陽」以及「……而此刻，花睡樹睡，萬千年來的情人也悄悄在睡……」等句，都可說是表現出了愛情的神祕與迷人的力量；至於『花樹的期嚮』一詩，更是描繪出愛的繽紛的情意以及它美麗的風姿與幻景，如「你的佇立換位與千姿，總似銀絲網內昇起的　在玻璃缸外旋轉一萬回的無以臨近的虹橋……」等句，都可說是達到了相當抽象性（如抽象繪畫）的表現，美感活動也頗具有向內的延伸性；至於『望夫石』與『你裹起袖尖淡淡的薄荷香走了』等詩，更是從神話中透露了愛情的迷戀與神聖，使之在心靈中，成爲一種細膩美的觸及，一種永恆的迴響，如詩中的「……把瞳子曬成斑駁的石壁，盯住港外陽光一層層揭開，等待千年後突然的一葉歸帆」以及「……三月再剪彩虹碎落窗前，我只會蹭蹬，徒呼海倫　海倫……」等頗爲動人的章句，幾乎像扭緊在愛情豎琴上的弦線，心靈千萬不要去碰它，因爲一碰，你必須在留連的思憶中，付得起那無數的悵惘與愁想。

在「性」與「情慾」的雕花的楠木床上，他夢見一群錦衣的獸；『蛺蝶之死』詩中：作者像是實地攝拍下那群披著都市文明彩衣的兩腳獸，在黑巷子裡活動的情景；『世紀泊進了V形的海灣』一詩，詩題中的V字確是意味深長的，像是代表著同一「俯向」的集中焦點，朝向沉落的淵底；一個以雙腿夾成的V形世界裡的純動物性的趨下存在的符號——指出「性」與「情慾」已成大多數現代生命浮沉的海灣，所有的「浪」，都撲向女人的胸脯，連天鵝的翅膀，也躲不過那燃燒的慾火，其實這首詩的精彩部份，卻是在作者自己企圖由此超越時所作的表現，暗示著他有時也能到達相當高的藝術層次：「今夜我的藍祺咬傷我的耳朵的存在，我才曉得窗外還有高樓，高樓外還有樹，樹外還有山，山外還有水……」——不但因其鎖環般扣緊的聯想，引出層層凸出的意象，帶來驚異之景，製造技巧上一次不凡的收穫，而且更由於作者能在情景的衝破與躍離中，開出另一超越存在的新場景，使精神活動獲得深一層的滿足，值得我們重視；又『夏天那隻黑貓』，更是暴露了性慾較聖潔的愛情，對這代人生命的內在，有著迅速襲擊性的迷惑力：「當我睡著了無端被驚醒，那隻黑貓……」，黑貓，便正是作者所象徵的性慾——那種繞著女人腰間與都市所旋轉的誘惑力，當上帝不值班時，它便成爲生命活動的那條急遽且危險的渦流了；最後在『沉船』詩中，他更指認都市是被「性」與「慾望」盤居著的黑暗深淵。

在戰爭、死亡、生命、自然、時空、自我，等組合成彩色交錯的大輪盤上，他帶著醒覺的心靈逃奔，不斷地發出一己的聲音。對於戰爭，他在『濺出血的聲音，遠方』詩中，以「遠方燃燒著刺刀的光燄，天空竄著脫軌的彈頭……當人類僅是無助的爬出，等待著那隻兇殘的手……」等句，抨擊戰爭對生存空間的破壞，給人類帶來災難、恐怖與憂愁；對於死亡，他在『死亡從脊椎滑過』與『白色的行列』詩中，以「我與你已不成問題，當死亡沿我脊椎走索而過，我認識了淵底的黑……」以及「……你是一個送葬的人，你也是一個被送的人，很蹭蹬很玄麗地踏上那V形的空洞的無知覺的行列……」等這些透過死亡而感知死亡的眞摯語言，表現出死亡的冷酷性與生存不可奈何的悲劇性，任虛空與冷漠的感覺，形成爲歲月的巨大的投影；對於生命，他在『花之魂』詩中，以極銳敏的心之觸角，感知生命，以內在精微的透視，發見生命的奧妙——如「一分一秒的溜過葉隙，一抖動，一瓣永恆的綻放……而此際孔雀的展翼，自有夢幻的瑩光開自鐵樹，自也有那纖然的剎那的闔睡……而光自流動，而蝴蝶自飛來……」等詩句都可說是弦外之音，於耳有聲的迴響，於目有景的浮現，不但表現手法清新細膩精緻入微，且造境深入而帶有那種經過抽象層次後的具體感；對於時空，他在『想及那一個秋』詩中，以內在與外在的時間觀念相互換位，來迫現心靈在時序中逝去又重現的境遇與景象，以製造時間的鄉愁，是頗感人的，在『塔』詩中，他以外在的實境與內在的思境溶合成那座無論是抽象或具象的塔，都同樣使我們不由自主地陷入那追憶中，而產生對空間（或某些事物）的鄉愁；對於大自然，作者在『登宴』一詩中，所流露的傾慕與嚮往之情，可見「大自然」已成爲他精神進入被封鎖的困境時，要求內在生命打開窗口的主要動力；同大自然相處，他總是滿懷的歡情與讚頌。

在生命內在冷漠的手術室裡，他也執住那把帶血的解剖刀，與戴上透視鏡。以「幕落後，他們僅拖回來一個空了的黑網……」在『海灣，落幕後』詩中，他企圖濃縮海明威「老人與海」的悲劇性於一焦點上，向世界射出空無的冷箭；而在『淪落』詩中，他集中注意力在一混亂不定的精神飄流面上，指控生存的荒謬、失調、錯雜與破碎——所謂憤怒的腹部、蘇珊的酥胸、子宮、陰房、幽靈、病榻、咖啡店、古堡、霓虹林的小徑、火鳳凰、指南山的蟬空，火曜日的春天、白朗寧的素手、摩娜麗沙的微笑、大理石的畫面……等這許多不協調的名詞與形容詞，均湧擁詩中，各自完成，各自存在，且互相交錯與反映，眞是形成上帝也無法清理與修補的那種屬於生存的紊亂感與破碎感；至於『變調NO1』與『變調NO2』兩詩，他仍然是冷潮與指控那流失在某種特定現實中的存在，同樣屬爲無聊的鬧劇，沒有意義與價值：

「蓄養在牆幃間的小宇宙，擇固定的姿態，過斑馬線，然後投入牆角的暗流裡……他是那個過了忘川的灰衣人」這些詩句，深刻的表現出生命被抽離了實體存在後的空無狀態，也正是這代人所感到的失落，這種失落感，加上他在『變調NO2』詩中所指出的那些埋在生存中的危機：「當野戰炮射出後已尋不回迴音，無定河畔僅曬著無數的骷髏……」人便也因此被認爲是一種隨時隨地在無形或有形中走向死亡的僵屍動物。

在「自我」的分光鏡上，他探索與追捕著一己的形象。在『視之外』詩中，他以自我爲一透明體，從「每一個都市都在她足下騷動」至「……荷馬的拐杖，貝多芬的急速腳步，幻化成一座水晶城」的靈慾交錯活動之間，窺視著一種超越；在『夏日篇』詩中，他以空虛孤寂爲生存的場景，將自我投擲進去，然後渴求慾望燃燒的火舌，探入「康德那沉思了幾十年的窗口」，使一己達到「我就該……被挾在永恆的石壁中」的境界，又構成一種超越，同時這首詩的首段：「我的空虛醒自深邃的海底」指出空虛存在抽象中的實體，「眸子吮吸不入一顆沙塵的雀躍」表現視覺在沉思中的集中力，以及第三段「慾之谿窈窕地上昇」的窈窕兩字之意味深長等等，都可說是具有創造性與藝術造型美的佳句；在『過了水仙林後』詩中，作者從同心圓畫出一連串幽美的線：「……去追逐蝙蝠遺落在古希臘的心願……我是裸露在沙灘上的足印……當最後一條漁網被拖起後，我是寂寞地逐著燐火的流螢……過了水仙林之後，我是千萬年來迷惑您心弦的那個聲音」——就如此將那個因自覺存在引起空茫感的「自我之城」圍繞住，使他在『守夜』一詩中更去對著那冷漠的時空——以「三百六十響音符，從背際的滑板愈滑愈遠後……」的陷落感，驅逐人去「爬在上帝冷冷的光滑的額上」，而面臨空無，表現在時間的換軌聲中（元旦之夜），對生存發生的暈眩特別敏感，而他畢竟從「燈屋」軟軟的旋律中，精神一時獲得了某些援救，在他那近乎死亡般寧靜與漠然的心境裡，他在「守夜」，其實他守的是空茫中的一個回聲，與不知如何回答的一個問號。而這種生存的困惑，更使他在『多角城』詩中，發出不安的疾呼：「向東東阻，向西西擋……何處是涅槃，何處是耶路撒冷……那年那月那日，颱風瑪麗的高跟 Tip Toe 過了彌敦道，陌生得令我眞想哭泣了……啊！我要呼喚諾頓，而跑車以七十哩撞擊你眼眸的樂園……」這些沉痛的聲音，又一次喚醒了存在的層隔與割離感，使我們像站在一裂開的冰塊上，只要一滑倒，便進入一種多麼悽冷的陷落。實在作爲一個人存在於世，是越來越像是吉卜賽人流動不定的帳蓬了，難怪作者要對一切感到陌生而哭泣了。然而在這一無法跳離的精神荒地上，作者自我究竟在最後是如何投擲一些什麼樣的實在進去呢？在『放逐季』與『我是一株迎向陽光的樹』詩中，顯有著他所企圖投擲的——以他那頗帶有宗教神祕性的信心：「有一天我仍會崢崢地升起……我是一株迎向陽光的樹，永恆的絮語……瓊花叢叢地綻放，然後大地鋪滿歌聲與鳥語……」等肯定自我與傾向大自然的兩種心靈動力，推動著鐘錶冷酷的齒輪，給生命以某些實在感與永恆的某些可能性。

從上面展示的一連串事實看來，首先我們覺得作者內在是有著一個夠大的審視面的，讓人類許多屬於精神與感情上的重大問題，都連續在他的『多角城』裡發生，他的自我也因此成了這些問題的沉思者與審判者——從孤獨與寂寞中，他探求著離逝的愛；從戰爭與死亡中，他默喊和平與生命；從都市文明與性慾所掀起的混濁面，他探視「荷馬與悲多芬的水晶城」；在迷霧中，他嘶喊自己的影子；在擊碎的鏡面上，他尋找事物失去的焦點；他被夾在太陽的影子、教堂與酒吧之間，讓自己成爲那敵對張力的刻度表，成爲在詩中總是顯著某些不安與焦慮的角色。他陷在這一缺乏信念與理想的破碎世界裡，一方面發覺人存在的空乏性與荒謬性；另一方面又堅持一己的執著，一己存在的可爲性，對一切帶有侵害性的逆流，施以默默的反擊，但這種反擊卻是較爲冷靜與不帶火花的，這畢竟因他受內外世界侵犯與刺激，所引發精神與情感活動的形態，根本上不像他的「星座」詩人林綠與翺翺是屬於激盪與迸發性的，也不像詩人王潤華是在一層僞裝的冷面下點火，他比較接近詩人黃德偉，多少借重智力所形成的知性，使心感在並不太適如的情況下活動，這種情形，如果作者能透過心靈深一層的靜觀作用，使之溶化，再度提煉而光潤，達到渾然之境，形成透明穩定的精神狀態，則仍可從智識、觀念或其他一切可能造成的障礙中，解救出來，而獲致其充份的自由性與超越性。然而，作者對於這方面的體認，仍在探索階段，仍缺乏詩人里爾克對事物內在活動進行透視時的耐性，與有效擊中準確焦點的絕對能力，故使他欲抓住這一代作家都注視的那個具有生命深度與現代人精神活動的世界，有時總是抓不住它的整體及其深入的部份，也多少損害詩的意象與象徵世界的光彩。同時在另一方面由於作者對於文字的組織力（現代詩語言的控制力），部份仍在實驗中，未達到成熟的階段，故有些地方，難免流於散文化，不夠嚴密，這除了沖淡詩的濃度與密度，也難免妨礙詩的意象與象徵世界的建立。加上作者愛用屬於專門智識上的典句，也非創作上的必要妙門，因爲典句有時用了，雖可收到一種「便利」的奇效，但過多，往往反而在詩中形成一層「智識」上的障礙，影響藝術快速的活動流程，而且典句像是別人現成的零件，過多採用在自己的製造品裡，總是不妙的。此外，我覺得作者在尋求現代詩反於「預排性與平面的抒情」而偏重於「連續展現與向內製造立體交錯性」的創作過程中，雖發覺現代藝術新領域的潛力及其無比的誘惑力，但作者在部份作品中，仍呈現著：不能透過這一等待開發的抽象世界，從其紊亂中，建立起清楚的秩序與塑造可感觸的完整形象，以致某些詩在追求『美』的探向上，尚不能一直把持在那種「發展到極緻而完成」的趨勢。這種偏差與不足，只有待作者在未來於『精神深度』與『藝術技巧』的雙重努力下，將它糾正與彌補過來。

無論如何，《多角城》在我們的靈視裡浮現，從精神與藝術雙方面的表現看來，確是一本表現「現代存在思想」的一本詩集。雖有它不夠健全的部份，但也有眞摯感人與値得我們重視的美好部份，正如以上所指出的與論及的。而最後我想特別在此提醒讀者的——是他對自己忠實，對藝術與詩忠實；在創作時，他總是一直接受內在的指引，將專一的情思，誠摯地逐入自覺存在的內內外外的諸多「旋轉的扇面」上，探視一己眞實精神活動的悲劇情境——他將頭相連地撞在重重的欄木上，使心從種種阻力中認識痛苦。

民國五十七（一九六八）年五月三十一日

# 序詩人張錯《死亡的觸角》詩集

——他將自我推入那驚險朝下的傾斜面上

He thrusts his ego onto the perilous plane that slants downwards

爲了逼近一切事物的焦點以及撲向「自我」的中心位置，翺翺在詩中一再意圖以專一的精神伴同著狂熱的情感，將文字燃燒，將層層展現的意象燃燒，以便獲得那照明的光亮，把藏在詩境中的奧祕與眞實追捕。有時，他頗傑出的詩句，帥得像貴族們出獵的馬群，衝奔在遼闊的聯想世界裡，圍獵著詩中的那隻「鹿」。

看來，翺翺的詩風，頗帶有新浪漫主義的強烈色彩與傾向，由於他與現代藝術有過較密的往來，對現代美學也有相當的見識，所以他曉得如何使那近乎拜倫式的外傾的熱情與奔放，攔阻在現代詩必須予以深入的思考中，去凝集、壓縮與製造密度，然後使之轉向內在去成爲一種內延的交感力量，在心靈中產生顫動與迴響。翺翺雖與他的「星座」友人林綠同是卡繆與卡夫卡世界裡留連忘返的訪客，但他較林綠更傾情，更死心眼，更有由觀衆迷爲劇中人的那種可愛的幻覺。是故，他的精神在同自我、愛情、時空、以及形形式式的生存處境接觸時，總是成爲情感世界的縱火者，可是在那燃燒的火光中，他從未看見過凱旋門與上升的「V」字，最後總是緊緊抱住那燃燒過後的冷冷的廢墟以及終場落幕時的尾聲。讓『死亡的觸角』像靈敏的神經，進駐入他的靈視；讓一切也由他的靈視望入空漠與孤寂的茫然之中，此對於現實的功利主義者與主張以文載道者，是多麼不能容忍的表現。可是在藝術世界裡，我們重視的不止於此，而是更偏重於一個藝術家心靈自由的聯想力，在同一切事物交往時，所形成的「精神深度」與「美感勢力」，是否對人的內在，具有重大的壓力與征服性，甚至令我們傾倒。所以雖有人贊同也有人反對海明威、艾略特與波特萊爾的某些地方，但如果有人說他們不是重大的作家，便錯誤得不可原諒了。在實用者的眼光裡，汽車較馬車當然用途大，可是在藝術家的心目中，有時馬車則較汽車更爲雅典且富於情趣，所以藝術世界與實用世界往往並不在同一條等壓線上。

任何作品總是跟著作者精神的軸心在轉，「死亡的觸角」也不例外。在這本以廿三首詩展列成的長詩集裡，到處都可找出我在上面對作者所作的判定的實證——他確是一個在心靈裡邊連續地向「自我」傾訴一切存在的失落感的詩人，在悲劇性的張力中，感知生命的超越以及精神的飽和。像其他有才思的現代年青詩人一樣，他在發展的過程中，已逐漸了解到生命從一切層阻中衝出，最後必是在沉痛或狂喜中進入孤寂的自我世界。他在詩中表現的不是外在活動的景緻，而是從視覺、感覺與經驗中，找到一切事物活動的特殊情況與現象以及微妙的關係，使之溶合成爲內在精神相呼應出的意象，將隱藏中的奧祕世界透視出來；它就像是太陽反射出事物的影子那樣彼此間有著美妙的共鳴。且看他一開始便寫了這樣兩句詩：「一連串躍動的油彩接踵跳入儀式裡，眼角便浮現一片江南殘破的山水」，這種在意義上具有向周圍延伸勢力的詩句，確是很快地便將我們推入都市與自然相抗擊的張力中，聽見事物破裂的聲音而引起某些失落感，同時這精彩的意象也暗示了作者在情感上遭遇到某些割裂而精神失去平衡作用。在愛情上，他已懷疑「聖潔」兩字的絕對性，但他也從來未敢全然反對它，可是他又覺得人（尤其是現代人）生命的另一半，是不可避免地被沉浸在情慾中，製造著某些困惑與不安，而使精神免不了蒙上一層漠然的霧，於是在不快的自責中，他寫著：「我是錦衣的稻草人」，接著他更寫出「某日他仍衝動得一聆雨聲便去提傘，極望以重覆的情語撫慰絕望的愛人」，那種看來已有點無聊但又不可奈何地必須再去談及與觸及的愛。在這本詩集中，他好像是一直在對自我與一切存在進行著嚴酷的審問，而心靈又被那打不開的「？」號扣住，精神便難免也感到那被抑制下的苦悶了。對事物、自我乃至迷人的愛情也發生了疑惑：「即你嘶聲呼喚我用遠處的地中海樺樹林破城垣及一場流行的戰役，我亦早成一縷中國及不能中國的魂魄，瘦弱而妖豔，流蕩於色界而痛苦地失落於情慾……」這種性靈上的掙扎，以及放逐在情慾中所引起的迷失感，何止是詩人翻翻一已的感受，它幾乎已普遍地成爲這代人在物質文明慫恿下，去開發腰下世界所製造的精神特產，而翱翱透過詩，從這代趨下的性靈生活以及敏感的慾情中，創造出了這一節詩中前兩句驚人且富於暗示與聯想的意象，展示了性美學在藝術的活動世界裡，也有如此優越的表現，確也證明了作者的藝術才能與聯想力是頗傑出與不凡的。

任憑所有的昇降機與起重機都朝上，而被『死亡的觸角』所觸及的世界都失去了昇力，翱翱筆下的世界看來已像是一隻在落日的餘輝中將帆落下的船，而眼前的海也不像太平洋與大西洋是有岸的。隨著，翱翱便也在那帶有一些怒色的不快中，極力指控那冷漠有殺傷力的世界與被嘲弄的生存——以他那具放射性的詩的語言：「那具童屍被燃燒彈加深了笑意，誰能告訴我誰在彈殼上哭過，誰的魂魄是那幾株憤怒的含羞草，以無奈的軟弱面臨風沙」而轉過頭來，他也在沉痛中將自己叫住：「而我卻是一根面南而哭的湘竹」。在這無法斷絕「失望」步入「希望」的人生歷程中，在人不可能像天使那樣永遠飛昇的情形下，在物慾之獸幾乎完全奪去人類生命主要部份的現代，在這被冷漠時空不斷割裂所難免引起對生存死亡產生茫然之感的世界裡，如果您對一切存在是有深入思考的，則你絕不會像到夜總會裡去尋樂的人們，那樣開心地笑，笑在靈魂的屍體上。而你必是讓精神醒在沉痛與悲劇性的思境內。翱翱如此專情地熱愛著一切，心靈在那猛撲的衝程上，便也就這般不可奈何地撲向那無限的冷漠與茫然之中，將自我推入那頗驚險的朝下的傾斜面，讓世界在他的俯視下逐漸失去穩定與晴朗的感覺；在波動性與曚朧美中，在波特萊爾與卡繆的眼神裡，他製造著生命的另一種感人的莊嚴。且看他在這本詩裡，是如何提出他一己所探求與意欲達到的迷人的世界的種種線索。

「他枯木的眼神最初惹火自那輛鄉間的紅色巴士上，燃燒成一場滔天的愛……

睡後。米蓮達，且不要蒼白，就柔順一次被捕在時間的光網內，蒐集者用破碎湊回一塊酸楚的圖案」（第四節內）

「乃苦澀如一樹青果，那塊海底碎了的琉璃，有一片光滑而寂寞的隱痛」（第六節內）

「當赤裸被太陽咬紅時，便註定另一段軼事的流產，而她仍眷戀一座沙城」（第七節內）

「仍是那種手勢與步姿，風流至今夜」（第十節內）

「沒有半朵紫荊肯迎風裂開，他底雙目掛在廊柱成兩盞風燈……

即緊貼面頰也是不妊的洋紫荊，四月是花粉藍的季節，是咬破的乾唇和不梳的亂髮

……」（第十一節內）

「施維亞有三隻眼，兩隻和男人睡在床上，一隻從楝花開著的窗户向天籟輕柔地上升」（第十四節內）

「渴吸小室所能給予底一切熱能後，蠻豔的是清晨幾杯滿盈欲傾的眼波」（第十五節內）

「那株患絕症而死的向日葵，因渴飲太陽過度而無可救藥的扭斷嫩腰，卻懷孕太多而不能射出的種籽造成最悲劇的難產」（第十六節）

「必是今晨驀地驚覺初秋的悽楚，鳴遍千樹也挽留不住一片綠色」（第十八節內）

從上面摘錄的這許多抽樣性但具有全集代表性且同一圓心活動的片斷（當然還有不少精彩的）看來，它無論是句法與文字活動的性能以及構成的意象，都可說是非常現代，有深意且達到相當富足的藝術效果；同時，更可由此看出，這本詩集所連續採用的意象，都幾乎是

一同傾向於作者將自我、愛情以及事物活動的種種情況溶解在現代人生存的失落感中——瞄準這一特殊精神活動的軸心世界。翺翺確曾在這詩集中，把握住不少次的良好時機，進入藝術的佳境——這就是說他有時確能將那顫動心靈的美，建立在一切事物活動的焦點與自我世界的中心位置上，獲得作品向內凝定的深度與它誠摯的眞實性。在這一美好且可靠的傾向上，我相信翺翺的才思能把他未來的創作遠景與藝術生命逐漸的開濶出去，而在目前，未達到理想的境地之前，他的『死亡的觸角』在批評的判視下，也難免顯示出有待糾正的地方，譬如有些詩句仍缺乏精確性以及嚴密度，引起『意象』產生變形或畸形現象，導致作品的精神活動達不到預想中的效能。往往也就因此損壞了一首詩整體的完美性，顯得詩的某部份具有強度，某部份顯得鬆懈脆弱，這是値得作者注意的地方。同時由於作者未能將所有的詩句與意象都放入像里爾克的心靈去進行甯靜的沉思與使之成熟凝鍊與光潤，所以有些地方，便難免發生有「文字」與「意象」不夠合作、「意象」與「詩境」不夠合作之現象了。而這些現象的存在，雖不像一個作者沒有精神深度，造成詩與藝術的致命傷那樣嚴重，但也難免帶來詩與藝術不可忽視的某些內傷，縱然如此，我仍覺得翺翺他的『死亡的觸角』在大體上是具有創造性與某種感人的深度的；他以廿三首詩所匯集成的精神襲擊力，雖未能將他拼命掙扎而又緊緊抱住那個被「死亡的觸角」觸及下美得如此凄然的世界，全部佔領下來，但他畢竟已探了進去。他精神的探向與這個現代存在世界的核心之間，時亮出一條閃光的連線，等待著他成長中的藝術生命接近與大放光芒。

# 序女詩人淡瑩《單人道上》詩集

將心投在情感旋轉的扇面上
拉住愛與被愛之間最短的距離

情感世界是女人生命的花園，「愛情」可說是那花園中開放的最美的花朵，沒有愛情，女人的生命便等於是開不出好看的花的花園。女詩人淡瑩在『單人道』詩集中，確用了她不少詩的心靈的幽美與眞實的語言，證實了我的話。當然，環繞在她愛情的周圍世界，尚有著許多令人感到驚異的生命景象之呈現。

自大學到留學，自莎士比亞到喬艾治，自吡叻河到淡水河到密西西比河，自樹木到森林至無限遼望的遠景，隨著時空的成長而成長的淡瑩，她的愛情世界也在成長。年青的她，現在仍非常年青的她，一切都等著以動人的歡笑或眼淚來將世界啓開的她，幾乎已成爲「愛情」的可觸及的具體形象，她透過詩而產生的語言，都大多成爲愛情的導火線：

如在『今夕』一詩中她寫著：「從你的雙目搭一座橋樑到我的雙目，六十英里的惆悵與相思……日月星辰皆屏息，有生之物皆靜默……回憶如春雨，很透明，落在芭蕉與椰葉上，朝朝暮暮，喚起陽明山的櫻花，碧潭的漿聲……今夕，你將來乘波光水影，遇我於四目之間的橋中……」這些詩句，都像是風鈴般飄響在那因愛而入思與沉醉的憶念中，生動地傳入每一顆曾熱烈與眞摯地愛過的心靈；而在『孤獨夢』詩中的「他離去的腳步像吸水紙，吸乾我灑在長亭的懷念……十里之外仍有十里，直至無涯處，相思樹的濃蔭成霧，推我入渺茫和孤寂之中……」以及在『佇立於寒意之上』詩中的「我的軀幹乃希望所架起，當阿波羅的金車自銀氈輾到金氈，即翩翩於將至的鈴聲上……」等這些較氣候還帶有感染性的情感的語言，更可看出作者對於『愛』的傾心，追戀與期待，是那麼的深切——「愛」已成爲她進入生命、進入一切以及進入她目前詩境的推動力，她的心勢沿著「愛」的方向活動，那情景往往死心與不可更改得如一投擲的物體進入地心之吸力。無論是愛俯向她或她俯向愛，那種銳利的碰觸，都頗像是箭與耙心的關係。她一次一次地敲擊著愛的紅門，她曾因它感到失望與痛苦——在『不眠夜』詩中，她寫著「……黑色的一月，洪水氾濫，泥濘我的視覺，我望不見朝聖的路……」，在『萬疊山・千重水』詩中，她寫著「你已超渡，我猶在此岸，立盡夕陽，你仍漠然若佛，欲擺渡，煙波卻迷離，彼岸此岸，我尋不到渡津，夜露又以微寒逼近，仍步入一整季的絕望，任古刹之戚然彌漫我……」，然而這種在情感上所遭受的阻力，當她遇到她詩王國中的王子——王潤華，，這一位與她同樣年青且充滿著創作遠景的詩人，便也隨著舒緩了，愛的那道紅門便也隨著打開了，她的心靈像面向感恩節般向著愛，以感激的歡情在『風車轉走絕望』詩中寫著「縱使全數星座更移位置，而根仍連理，而花仍並蒂……未來的日子是鑲在皇冠上的寶石，粒粒皆由阿波羅精心鑄製，皆由天鵝之女努力雕琢……」這些默默地以幸福的預感去擁抱愛與生命的詩句，是多麼地引人尤其是我對他們表以深遠的祝福與關心。他們曾是我「燈屋」的詩的造訪者，走動在我記憶中的友人；從屋裡的燈光，貝多芬的音樂，莊喆的畫以及被詩紡織著的談話聲……所形成的心靈視境——他們遼望且窺見生命遙遠的綺麗的光景，於是在「框住記憶」詩中，她寫下在燈屋聚談的歡情，在「夕陽」詩中，她讓愛與詩在情感的波浪所湧起的壯麗的海上，揚起那麼令人神往的生命之帆……。

在以愛爲起點以愛爲歸向的「女性型」的心靈活動過程中，由於女詩人淡瑩的感應面，較一般女性更爲強烈敏感且具多樣性，故也導致她內在精神的建築，呈現著「重疊」的形象色彩與「重疊」的迴音——這也就是說，她不像那群只知在青春裡作夢的少女們，爲愛情的快樂與痛苦，唱出單純的戀歌；她是以醒覺的自我一方面投向專一的「愛」，同時也注視那圍繞著「愛」活動的其他存在情況與實境；也就是說，她心靈的負擔，除了受愛的重力，也感知其他存在的阻力——她確實超出了她正常的情感年齡（或者說她較一般女性思想早熟與敢於面對生命），而勇於向一切的內層世界進發以及迫近精神與情感活動的警戒線。譬如在她的兩首長詩「鐘聲常鳴」與「終點」中，便是表現出她如何將那帶有批判性的觀點，一連串地安置在各種存在的方向上，去抨擊離絕生命的一切虛構，指控生存的危機與荒謬，揭穿僞裝與假道，警示精神的失落感與永恆的空乏……縱然如此，女詩人淡瑩仍在這一首近乎是全面展示她內在活動的巨作中，強調著只有詩與愛能給她的生命以永遠的歡愉，她終於在詩中說出：「與你共撐一把豔紅的晴天，時間空間如傘外的雨珠……除了才華，除了詩，我們一無所有……。」此外，如詩集中的「數盡無奈」、「希望龜裂」、「日中之日」、「季節病」、「回首皆空」等詩，在藝術技巧的表現以及詩境的完成上，雖有缺失，可是在做爲淡瑩以「愛」爲軸心，而向周圍所輻射與波及到的種種屬於人尤其是現代人的存在情境——如人的孤獨感、失落感、絕望感、都市文明的空漠性，死亡的悲劇性、以及紅塵剎渡的情懷……等等皆是頗相一致的，且形成她獨特的精神創作面——轉動在各種存在順向與逆向的多航道（N、D、B）上。

淡瑩非常例外於女性的怯弱與溫順，而勇於對愛與一切表露著強烈的感受與態度。她不像早期的蓉子曾『青鳥』般飛在輕快的節奏裡，也不像後來的蓉子在『七月的南方』中，所揮灑的那種和諧的華麗感與穩定遼闊的思想幅面，以及目前的蓉子在『一朵青蓮』中所表現的那種超昇的「靈」的晶潔感，當然她也不像敻虹滑行在「透明」上的那種迷人的柔美與玲瓏，而同林泠那個冷凝且透澈得可取出焦點的活動世界，也有著距離，她是將自我投入現代人存在迴旋的渦流裡，從混亂中尋找新的秩序，將心靈擲向情感旋轉的扇面上，拉住愛與被愛之間最短的距離，使期待的與被期待的，推入碰擊的方向——她追求眞實與美，同時接受痛苦的「內在」，則帶悲劇性地困在那變化的情緒波動的氛圍中，呈現著一種憂思與淒然的朦朧之美——活像是那蒙在寒霧裡的明麗的林景，等著太陽光臨的時刻。由於淡瑩連續地探入存在的各種不同的層面，這不但使她的內在世界日漸複雜、繁美且多彩，同時也說明她的創作世界，雖較蓉子等在藝術表現的純熟度上尚待努力，但做爲一個現代詩人來說，她的精神意識是較目前台灣詩壇上一般女詩人乃至男性詩人都具有現代感，與前衛精神且顯出一己不凡的風貌。

從『單人道』整本詩集看來，我們不難看出女詩人淡瑩確擁有豐富的詩情、詩思與詩才，同時她對於「現代詩」的新境，也具有頗強的適應性與創作力，更可貴的她也能爲藝術的某種深度工作。她集子中的兩首長詩，便是具有我上面所說的這些優點。可是轉回到創作技巧方面，我不能不說出這兩首長詩乃至她的某些作品，在藝術表現的完美性上，是有些缺失之處——如在詩中，強調文字運用的奇異性以及要求意象的變形與立體感，以增強藝術效果與使詩趣在預防不到乃至反常的情況下湧現，但結果仍因文字的控制失當或不夠嚴緊與精確，故未能配合變形後的意象之活動趨勢，而很可惜地使一首富有情思的詩，不能達到完美的表現，而這也是目下許多現代詩人都或多或少地共同易犯的毛病。此外，我覺得淡瑩在創作時，思想與情緒的湧出，雖帶有感人的沖激力，但稍嫌急了一些，如果能冷靜與忍耐一點，使「詩」的本身抓住絕對的發言權，讓思想與情緒默然（非消失）在詩中，則完成「藝術」優美的傳達過程，與使詩進入佳境應是有幫助的。譬如她的作品『噴水池』便是如此完成的一首詩，幾乎可說是達到了相當完美的程度——這首詩，作者溶化情思於景物之中，形成迷離入幻與內外相呼應的渾然之景，具象中有透明感，抽象中有可觸及之實在，兩者交錯成美不可言的心感活動，是那麼的明麗與自然，那麼的彩色繽紛，那麼的充滿了濃厚的繪畫性與音樂性，那麼的迷人地進入心靈與事物活動的美的焦點，完整地架起詩境的均衡的結構，不但美了視覺與聽覺，而且美了心的視境；尤其是詩中首段的末兩句「衆花神冉冉自水中上昇，撒下珍珠融入琉璃」眞是精確與微妙得如取出花朵之香，光裡之焦點與鏡裡之透明，可說是找到且擊中了「噴水池」的心臟。像這種夠水準的詩，的確是可列爲傑作的。我們謹在此希望她能把握住這種水準，並在未來不斷的努力，而進入更遼遠與輝煌的創作境域。

# 2

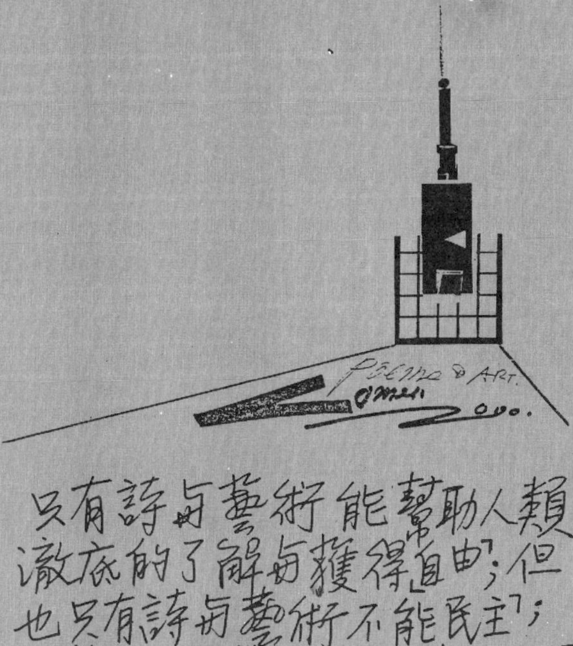


只有詩與藝術能幫助人類徹底的了解與獲得「自由」；但也只有詩與藝術不能「民主」；因為詩與藝術將「生命與世界」超越昇華到美的巔峰，進入前進中的永恆，永恆是不能投票的。

羅門

# 序詩人林燿德《一九九〇年》詩集

## ——向詩太空發射的一座人造衛星

跨越……七〇、八〇年代進入九〇年代，詩人林燿德以更鮮明的形象，邁向他一己創作的新紀元。

在當代詩壇上他被看成一個「驚句」；也被看成一個「問句」。

「驚句」，是由於具有高解度能力與耐心思考的讀者，看到他創造了詩壇以往未曾展現過的一種屬於他個人特殊創作勢力範圍內的卓越性與傑出性，因而引發驚異；「問句」，是由於有些堅持過去固有模式與審美框架而依循傳統閱讀習慣來接受詩的讀者，缺乏廣視與開放的包容性，便難免受阻在他具探索性、拓展性、前瞻性與高難點的創作世界之外，因而產生質疑。

生命與創作，均是在「存在與變化」中，不斷地發現問題與尋求解答；林燿德的詩集《一九九〇》，便是爲此再次做了認證工作。

很明顯的，他從現代藝術早期偏重於觀念性的「達達」，跨進後現代藝術偏向於實踐性、更形自由的「超達達」情況。在詩中，他對於已固定的存在，進行徹底與全面性的解構，使多元化的各種媒體、材質、藝術流派、技巧方法、文體、文類以及不同的時空狀態與生存領域……一一收編到他更爲廣闊與多面包容的創作領域裡來；同時，由於他曾確實地站在現代都市文明的基線上，嗣後又借助「後現代」向前突破的擴張力，打破「都市」的範圍界限，掌握到向四面無限延伸的可塑造性以及更爲廣博豐富與更具新穎面貌的創作空間與資源。

因此，在他詩的心象地圖上，都市、田園、大自然、太空、歷史、文化、藝術、哲學、科技智識、宗教、人文、人道、人性、戰爭、生存、死亡、上帝、永恆……等意識形態與思考境域，所展開的多向性想像空間，以及視詩爲主控力，帶動「散文」、「小說」、「戲劇」、「電影」乃至「論說」與「造型藝術」……等不同藝術表現的形態與體質，所展現的多樣化技巧功能，便交加複合與彼此造勢、成爲他詩演出的至爲特殊的大舞台，殊非一般詩人乃至不少「有名」的詩人所能經營。

同時，在他這本詩集中的許多作品，尤其是那幾首氣勢浩蕩、架構龐大的長詩，如〈馬拉美〉、〈韓鮑〉、〈巴德〉、〈巴博拉夫斯基〉……等，都已建立他個人至爲可觀而且能從過往詩風中脫穎而出的嶄新創作園區，呈現出不同於前輩詩人以往所寫下的〈白玉苦瓜〉、〈第九日的底流〉、〈石室之死亡〉、〈深淵〉、〈孤峰頂〉、〈延陵季子掛劍〉、〈愁渡〉等長詩的體質與風貌。

在這幾首具有規模的長詩中，就時空性而言，他不但使自己的創作思考力，從「田園與都市的交界處」，穿越「現代都市文明面」，更進入「後現代都市文明面」，去開發創作世界所有埋伏中的機能，並導致古今中外都解構、開放成爲無限地來去往返的存在範圍；就處理方法而言，他也大膽使用「散文」、「小說」、「論辯」、「戲劇」與「電影」等技巧，去充分帶動詩中人物、事件、情節與意識，向多層次的藝術空間，展示出活動的新態勢；同時在詩中表現那些曾分別是「象徵」、「達達」、「超現實」或「魔幻寫實」等流派的歷史性人物——他們生命特殊的行跡、遭遇與創作精神狀態時，林燿德所採取的「象徵」、「超現實」與「達達」……這些表現手法，確實已經不同於「他們」那些年代的作法，而以他一己具備創新性的語言鋪設過程與特異的路況，形成翻新的調整與更變，顯示出他突破傳統框架的創作實力；並且也暗示著他有解構以及跨越中外詩人們過去種種作爲與固有藝術理念的重大意圖，林燿德充滿自信地帶著內心不可抑制的激情，邁向他一九九〇年代創作的新紀元。

從整本詩集觀之，除了〈童年〉與〈音樂〉兩詩尚流露出較富於感知面與「溫」度的抒情色調，其他作品大多是——緣自深層意識，偏向於理性、知性與智性的思考方式，可說是高溫冷卻後的感性與探本溯源的慧悟所結合而成的存在體。

即使在較具「溫」度的抒情色調中，他也以「超寫實」的精銳觀察、「超現實」的潛意識與「象徵」的暗示，使情思深化而產生張力。如〈童年〉一詩中，他用具備上述多種藝術功能的電影鏡頭，將童年的生活景象、成長中的特殊回憶與感觸，掃瞄與拍攝得異常深微與生動；凡是景物都在回憶中響起親切的回音，都閃爍著「童年」歲月奇異的光彩色澤……。

〈童年〉可說是一首「拍攝」他「童年」生存實境的、至爲精巧的一首「電影詩」；也不妨將它看成一首至爲精美的「後現代散文詩」。

至於〈音樂〉一詩，他更是以鏡頭由「外」向「內」，不斷影射出一切存在的奧妙意涵，並使之四方聚集過來，源源進入他詩中所掌握的焦距與焦點，一方面以「微觀」透視事物交錯情境中的繁富深微與細緻之處；另一方面又以「宏觀」展望一切存在及其進入擁有深廣度與遠程想像力的活動空間。當詩浮遊於這一不定性又具有無限涵蓋的視聽空間裡，所有的生命景象便多向地顯示存在的內層世界，而在詩中交響出現「音樂」無限奧妙的聲音以及交映無限美妙的疊景。

我對這兩首詩做如是觀，也許使抱持「低解度」——襲承過去所習慣的說明式抒情路線——的讀者，會有所抗拒，甚至表示反對意見；但是站在「創作」這兩個字的積極意義上，我仍希望他們能以包容態度來面對這些作品，進而提升自己的思考能力，達到「中解度」的位置；否則要想再進一步到達「高解度」位置，去了解他詩集中的其他詩作，便難度更高，甚至產生排斥感。

如往下看他的〈鋼鐵蝴蝶〉一詩，讀者面對的是一個「鐵」面無情的解析幾何學世界，可能感覺更難以親近；但「鋼鐵蝴蝶」的完成卻在知性的思考中，抓住了生命存在的原理，不可思議地突破了不可能性，進而在詩中呈示它奇特的可能性。那就是以邏輯的「辯證」技巧，竟也可把詩「辯證」了出來：

一切的努力
，只爲讓它飛起來……
……如果沒有蝴蝶，就沒有
金屬蝴蝶，蝴蝶先於設計師存
在，先於金屬蝴蝶存在，但是
「飛」的意念更先於蝴蝶存在。
當所有的蝴蝶都已飛不起來的時
候，我們創造飛得起來的昆蟲，
不管它是碳水化合物還是金屬結
晶，我們創造「飛」。

「邏輯」與「論理」這兩樣東西，與詩一向格格不入，但林燿德卻能使它們轉化爲藝術性的要素，活生生地入詩，這種屬於「高難點」的表現，絕非一般詩人所能爲。

的確，在林燿德盡其所能，所做的一切努力與探索中，已建立起具有一己特色的廣闊、繁富、多樣性的思想實力以及洋溢著象徵意涵的語言新格調與新造型的活動特區。

在上面曾提到的〈音樂〉一詩中，他透過抽象所追捕的「美的實在」，又把它「放生」回到無限的「抽象」境域，去再現新的「責任」：

清晨醒來，聽聞斷續的練琴聲，
……像那些被黑闇嚇壞
的隕石，沉沉撞進一道乾涸的河
床。河床上淤積夢的圓卵石……
我仍然記憶妳夢中的D小調賦格
。一朵朵，一朵朵睡蓮
……
突如其來地意識到音樂是彩色的
時間。

……
音樂貫穿我們血肉軀殼
，通體玻璃般透明。
……
妳睡眠的姿勢。纖巧的髮絲，輕
輕貼附輪廓圓渾的面頰；手掌如
一片沉思的荷葉，是我曾在敦煌
岩壁上所見的，那彩繪供養菩薩
的無瑕虔誠。妳的眉似淡墨的筆
觸橫曳，尖梢閃爍生命的喜悅。

……
他的音樂充滿水波的彈性
以及流動的光澤。
……
在敘述中，文類消失。
在地圖中，路牌消失。
在音樂中，敘述也消失。
……

其實這首詩，除了上面抽樣的詩段中所顯示的——駕馭與塑造語言的特殊原創力及具備長距離工作能量的想像力外，若更深入去透視這首由九個詩章所構成的詩境，我們則會驚異那竟是一首以「音樂」來訴說與展示的一場唯美的愛情實際行爲過程中的「詩的ＭＴＶ」，浮現於抽象與超現實的可見的銀幕上。當你看完後，能不意會其中之玄機與高妙而稱絕？

由於他也特別接受「後現代」的藝術創作理念，因此一種「解構」後的強勢實驗性，使他在一己語言塑造的樣品屋裡，確實出現了不少與以上所述及的，具有同樣奇特性與歧異性的語言活動優勢。

如在〈巴博拉夫斯基〉一詩中，他使用蒙特里安(MONDRIAN)空間分隔的「間架式」藝術造型觀念，依文法習慣原本應該連續下去的句子被變造成：「心型。的。淚／。凝聚半世紀歐陸的哭聲」，以數個「。」點，使單字獨立分開，各自凸現出獨立的造型世界；連做爲介詞的「的」字，都產生出「語感」的出奇實力與實在性，正是一種具有創意與實驗性的語言設計。

又在下面的句式中：

「……
只是，我仍然在你的瞳孔中
發現隱藏匿名的星球。」
「不，你看見你自己。」
「你，也在我的瞳孔中
看見了你嗎？」
「□□□□□，
□□，□□□。」

——〈巴博拉夫斯基〉

他以抽象符號「□」，去追認具體的意念，的確是動用了「普普藝術」(POPART)的技巧——在十個「□」的符號中，預留給各種讀者各自去完成的思想空間，又無形中表現出詩的「行動藝術」(ACTION ART)與「即興藝術」(HAPPENING ART)，縱容群衆參與與站入「接力創作」的位置。

再往下看他在同一首詩中語言運作的另一些情況。

如：

燒燒自己的詩篇
再用燃燒的詩篇燃燒自己
再用燃燒的自己燃燒一切
漂移虛空，發光放電

這些詩句，由「詩篇」燃燒後的「漂移虛空」，到「發光放電」，連貫的意象使得詩思的的發展有始有終；更值得注意的是他在詩中，使用「系統藝術」(SYSTEMIC ART)手法，產生情思輸出的「連銷店」經營效應。

如：

因爲我只擁有人類卑微的兩臂
雙手無能　抬動地球儀卻拾不動地球
……
我沒有神所恩賜的右手
只擁有人類卑微的兩臂

——〈人類的左手〉

如果我擁有　神的右手
我將解散全世界二百零六個國會
所有的國王和議長放逐到月球背面
我把自己的臉龐雕刻在月球正面
隨著朔望而變異獰笑的角度
……
如果我擁有　神的右手

我將在華爾街上空懸浮我的宮殿
永遠遮擋住美國的太陽
讓資本家們枯萎在腐臭的
大黑闇中 ……
……
我領導大宇宙的運行
調動南北極　扭斷赤道
更換歐洲與非洲的位置
——〈神的右手〉

如果我擁有　神的右手

在以上這幾段詩中，可以看到他對人存在於紛爭與結構已出現敗壞景象的世界裡，所提出一波波的指控，雖有點偏激，並且採取了「假設中的可能」，但是他抨擊性的語言線條，由於深具「硬邊藝術」(HARD-EDGE ART)的明銳與堅強的刻度，幾乎都採取拳擊手的直擊重拳，是故語言的威勢與強而有力的勁道清晰可見。

如：

以自己的姓氏署名，大光明中
我完成「世界殿堂」的草圖
包括住宅、圖書館、愛情補習班
鋼鐵墓園、藝術家沙龍、同性戀彈子房
上空酒廊、賭場、大聖人巴德紀念堂
以及曾經出現在人類歷史中
具備任何可能性的建築設施；當然
包牯莊嚴的殯儀館和停屍間
——〈巴德〉

在這一段詩中，很明顯是運用滲有「表現主義」(expressionism)與「投射詩派」(PROJEC-

TION)力量的「新寫實藝術」(NEW REALISM ART)技巧。因而在寫實的實物與實景背後，便建造起深層意識的「通話世界」，要說的話都與「時空」與「人」存在的實質世界有關，而且關係重大；語言便也無形地抓住詩的作業中強韌的力點與心腹地帶。

如：

不，不再依戀你
愛你比恨你多
。但是魏蘭
半支火柴的恨
足以毀滅
一整座宮殿的愛，

——〈韓鮑〉

以流動的音樂：

「我閱讀時間，」
馬拉美告訴自己：
「時間的聳偉將理想主義遺棄。
山崩堆積史前的月影，
海洋吞噬來自太陽的黑子
世界音箱爲聽聞者開放，
……」

——〈馬拉美〉

從這兩段詩，又使我們相對地看到那六首長詩在「演繹」的邏輯思考架構中，向時空航道、生命航道與歷史地理航道所層層演變與開展的繁複、簇擁、廣大、高闊、繽紛、湧動的思想領域，在此刻，已改以「歸納」的邏輯思考架構，來聚合一切，進入「極限藝術」(MINI-MAL ART)精要、精密的表現範圍。於雙向的兩極化收放之間，顯示林燿德在創作過程中，的確是一位兼具「微觀」與「宏觀」思想的傑出詩人。

現在我們從他整本詩集與以上抽樣的詩例中，可以獲致一些比較接近理想與事實的認定：

Ⅰ他企圖建立現代詩更具創新、前衛與廣闊巨大的演出舞台，於是解構所有文類的機能與特質，甚至解放所有的藝術派別到詩中來，呈現大規範的演出，確實具有前瞻的思考與具體的作爲。

Ⅱ他企圖在大家過去偏向單純化與感悟性的「空靈」空間之外，繼續興建偏向多元化與理知性的實質存在的「間架」空間，爲現代詩向前開拓新穎的活動境域，湧現具突破性的意志與展望。

Ⅲ他在歷史行跡、生活事件以及客觀現實與主觀意念所交合成感知的高層世界上，展現創新的思潮與情感激流，誠如青年批評家楊斌華所說的：「氣度恢宏，視界廣闊」。

Ⅳ由於他的語言，富「移轉」、「變幻」、「跨越」與「策動」等特點，加上詩的形質經常呈露大幅度的擴張力；同時擁有相當多的跳鏡在變化運作，以及意象語的奇詭、特異，甚至令不少詩人質疑的歧義……等等；有人能喜歡與接受，也有人可能產生疑惑。縱然如此，他的確爲現代詩語言嶄新的工作程式與結構體系造勢；同時他也的確在《一九九〇》這本詩集中，不斷向前探索詩語言活動的廣闊、多線道與來往頻繁、迅速發展的全新路況。

Ⅴ他語言龐大的流量與流程，跟隨著他天馬行空的想像，湧進N度的立體空間，於虛虛實實、遠遠近近之中，自由的跨越、取代與補位，有時達到自足性的狀態，便自然流溢，形成「半自動性」；甚至讓「語言」有餘力，自己去自由地活動與思考，產生本身獨立的效益與功能，增加詩語言在運作中格外別緻的藝術性格與豐盛感受。此刻，我們若使用稍帶有激賞性的評語，則林燿德《一九九〇》這本詩集（尤其是長詩部份），已在詩的太空，建立了一座多頻道、多放射性的語言人造衛星，不斷感應與反應人生的經驗層面、智識層面、科技文明層面、歷史文化層面、大自然與都市生活層面，乃至宇宙、太空、宗教、上帝、永恆等層面，它輸送過來的、是較以往更爲繁多與新穎的資訊與景觀。

Ⅵ他以詩爲主控力，將多樣的文體、多向的藝術表現流派、多面的思想課題、多元的價值觀與開放的時空理念，於「後現代」的藝術思潮衝擊下，全部解放到他的創作世界中，進行重整。無形中，他已成爲一位後現代「拼貼與組合藝術」(COLLAGE & ASSEMBLAGE ART)具有規模與實力的詩人。由於他的作品，均源自深層意識，故具思想深度，便遠離後現代一般文藝創作易犯的流行化、膚淺化、平面化與庸俗化的通病。

接下來要談的，是與林燿德詩中藝術表現一樣重要的思想與精神內涵，以及他透過詩對人類生存進行探索與批判所站立的位置。

的確，一種沿自現代存在思想，強調個人情緒不被壓抑所採取的強烈反擊，這種人類的意志延伸到「後現代」的解構時期時，已形減弱，無奈地變成更具理性的「宿命觀」；人因而被「分割」、被設計入多面的生存空間，承認與屈服於一個至爲客觀冷漠的生存事實，不能不隨遇而安，隨時予以調適，形成存在價值的失控與流變，甚至失散。再加上科技文明加速世界一切的「存在與變化」，人的內在便大多失去平衡與主控力，聽任外在生存環境與事件的安排。

在這種現實環境更形物化與功利的情況下，人已是一隻越來越尋求物慾與性慾滿足的文明動物，至於「崇高」、「神聖」、「偉大」與「永恆」等字眼，幾乎都在賓士的輪下、女人的子宮裡被絞碎。接著是人與物、人與都市、人與經濟政治以及人與部份自然、人與慾望……一起堆擠在一個被擠滿的實存空間，人被重重地包紮與隔層；人在目前已難超升自己回到原本理想的「人」的位置，去做深入的沉思與觀照；人只好在不知不覺中，跟隨「存在與變化」的流動面漂泊，甚至流失。

而解構後的「後現代」便也無奈地將解構後的世界，放置在一個大拼盤中，陳列一切「各自的存在」：所有的價值，都是價值；所有的方向，都是方向；最後會不會反而使得人活在沒有絕對方向、沒有絕對價值的泛方向與泛價值裡？若是如此，人要圖求突破，那多半像是在一間封閉的暗房裡飛衝的蝙蝠，碰上壁，便轉向再飛；飛來飛去、好疲累、好空乏與飢渴。教堂的「聖餐」不是「吃」的，「牛排餐」等著大家去排隊；「天堂」太遠，「休閒中心」較近……像這樣的情形，已經包圍在人的四面八方。

詩人林燿德也是「人」，而且是思想與內心都極度靈敏與銳利的詩人，怎能不也在生存兩極化的對立情境中去深思，去要求平衡點，去進行生命的訴求；甚至有時也因應地不能不將自我生命，從其中的悲劇性中，超越出來，成爲一個沒有明顯主導價值動向的流動體。像青年批評家楊斌華在〈解構：都市文化的黑色精靈〉一文中對林燿德解構情調的評語：「對林燿德來說解構情調是來自詩人的『不安的能指』的動盪不定，他未來也無法眞正握有存在之端，因而導向了對確定性的虛幻感……」。

在這一思想層面上，我們的確也看到林燿德對兩極化的正反面採取「超離甚至冷酷的審視感；同時在某種寂滅感中，包含恐懼的不安」（楊斌華語）的觀念，而難免對人的存在，也因此產生某些虛幻感與無力感，甚至潛伏著不確定的危機，引起疑慮。然而在人類思想活動的透明鏡房裡，站在三百六十度旋轉的螺旋塔上，我從另一個角度，卻也看到林燿德在作品中，面對生存的虛幻與危機性，仍然雙向奔馳，一邊以超越悲劇性來鬆縛，另一邊則提出抗衡的力量，留下批判的聲音。

如在〈巴博拉夫斯基〉一詩中的：

；現在他們種植鐮刀以及鐵鎚
他們種植它們
它們也把他們種植成它們
……
睜開雙目，巴博拉夫斯基

被五角星包圍著。每顆星
伸出五座噴濺硝煙的火山
……
；和詩人你一樣，
我的靈魂仍然寄居軀殼之刻

已經是另一個世界的生象家。
……

一世紀又一世紀
磨損人類的聲音。
……

我的拉法格：語言

這些詩例，對人的存在，都確實提供了種種體悟、省思與判斷力。尤其是最後的一個例子：「語言／一世紀又一世紀／磨損人類的聲音」，倒置的邏輯思考，給詩產生高妙的思索性——「聲音」若有既定的語義，便使聲音進入「框架」，必有受到磨損之處；然而聲音喪失了語義，一切又該如何來準確的「定聽」呢？最後的答案是人必須在這一荒謬而對立的詭辯中，接受這一存在的眞實性，並且調整選擇良好的意向。

又如在〈巴德〉整首詩中，林燿德將巴德象徵化，寫成一個特殊生命存在的代言人與一個設想新生活空間的策劃人；並企圖借助巴德來呈現人存在的一個統觀的思想。那或許是人所面臨的種種包括對宗教、政治、戰爭、生與死、願望與現實等層層的審視，所帶來一連串內在的拷問與質疑；並含有堅絕與接近終端性的歷史判定與信仰指引，於是本詩最後的兩行便正好壓在思想的著落點上，成爲存在的宣言式告白：

「行動即一切，」巴德說
：「我即過去，現在與未來。」

綜觀以上所談論的，已經可以明顯地看出林燿德的創作世界，除具有原創力、前衛性與宏觀思想；同時，我們不可忽略「構成主義」(CONSTRUCTIVISM)藝術家佩孚斯那(ANTOINE BEVSNER)所說的：「現代世界之龐大的建構，以及科學上驚人的發現，已改變了這個世界的面貌；而藝術家則在宣告新的概念與形式……探尋新的世界。」如同意這些話的指認，林燿德不正是也順勢應時並且自覺地建造起他詩創作規模宏大的新工業區，擁有他一己壯觀的廠房與特殊的專業技術。

在這樣向內外擴張、趨於宏大繁複的創作精神架構中，如果林燿德能繼續加強藝術表現上的「拼湊」、「組合」與「整化」等三種模式中的「整化」模式之運作功能，則不但有助林燿德克服在詩表現過程中遭遇到的障礙與困難度，且可完妥通連地達成整個作品有秩序與層次感的結構系統之運作；同時也將使作品與讀者之間產生更佳的交通流量與親和感受。

最後，讓我們一起祝望他順利而成功地向詩太空發射出這座精彩的人造衛星。

一九九〇年於台北／燈屋

# 讀凌雲夢的〈林燿德詩作初探〉有感

讀凌雲夢在藍星詩刊第八期寫的「詭異的銀碗——林燿德詩作初探」，覺得該文對林個人創作世界無論是思想層面、主題內涵，乃至藝術表現手法，都做了至爲嚴密、周全與深入的判視，也對這位在迅速爬昇中的傑出青年詩人，予以相當高的評價與肯定。

凌雲夢女士（即鄭明娳教授，爲目前頗受注目的現代文學批評家）在該文中做這樣的論斷，我想大家讀後，必有相當強烈的反應。

我個人對林燿德的創作世界，也大致與鄭教授的看法接近。鄭教授是學者，從智識與學術的觀點來評析，而我是站在創作者的立場，從存在的實面與我個人創作的體認中來談林燿德的創作。

首先我要說。這位被鄭教授、詩評家蕭蕭，與詩人羅青等至爲重視的青年詩人林燿德，剛出道不久，便一連串獲得不少次詩獎，以及受到詩壇特別的注目與議論。可見他確是一位具有不凡才情與特異性的傑出詩人。

我這樣認爲，是基於他做爲一個詩創作者，確具有經營詩的兩項較大的資源：

㈠是他向生命、存在時空與一切事物進行探索所呈現具深廣度與高實力的思考能力，能探入一般詩人所不能達到的思想境域，並使這一多方面地展開與延伸的思想境域，不斷被他「長」「短」程活動的傑出聯想力所引動，這便自然使他的詩境，放出較特殊且卓越的強光。

㈡是他語言媒體具有掙脫性的強韌的銳度，能鑽進新的工作境域、發揮新的性能，這與現代藝術不斷強調創作的「前衛性」與「尋求新的可能性」的觀點，是極爲一致的。至於他是否在創作過程中，全然達到理想的表現，甚至有某些偏失，我想林燿德自己也會在具實驗性的新的探索導向上，有所醒覺與進行調整。而他所持的理念，確是值得重視與激勵的，因爲他有意使他的語言，在詩中成爲有新能力的工作群，隨著人們在新的時空處境中前進，證實詩語言的成長與發展，確有它的年代性與變化過程，而使自己成爲具有新展望的創作者。

依上面所說的兩項，再回頭來看鄭教授在藍星評介林燿德的作品部分，便可更實在地看出他創作特殊的面貌與許多卓越點。

㈠題材廣闊，有用之不盡的可能性；從「都市系統」、「科幻主題」、「性愛主題」、「政治主題」、與「歷史主題」（見鄭教授文中所提），乃至宇宙太空的見聞與景觀，均被納入，這是一般人所無法一一擁有的豐富資源。

㈡語言的流程與流量，有如江河大海般的源源不絕，呈示充沛之勢，這也是一般詩人所無法擁有的創作潛能。

㈢語言媒體與技巧的運用，有轉化與造型的特殊能力——能將對象，經由語言的軌跡，推到存在具有強度密度與質感之境。

(A)如在他「大汗的塚」中的詩句：

(1)「你們是我的吉慶／烘托我神賜的水晶的思考」句中的「水晶的思考」，是一般詩人不易觸及的語境。既是神賜的必是精貴精純像水晶般的透明無瑕了。

(2)「那兒的冰雪／佔住大地全部的留白／放在我的秤上／卻找不到刻度的變化」句中的「留白」、「我的秤上」、「刻度的變化」等，均是透過整個存在空間的感悟與實覺，經過轉化所呈現的新的造型語言，這也是一般詩人不易達到的。

(3)「把劍指向落日的去處／將那龐大的草原圈入我的牧場」，句中的動勢與氣魄可見，尤其是動詞「圈入」兩字絕妙，與「落日」的圓圈型構相呼應，詩思更形凸出，氣勢益爲加強。

(4)「塚的守護／是一種多麼具有金屬性的淒涼事業」，句中的「金屬性」，意喻不朽的屬性，有永恆感，但又是「淒涼事業」，眞是把「塚的守護」這一作爲，表現得何等的深入與實在，語言的新創力，都是深具思考性與強度的。

(B)又如在「南極記」詩中的詩句：

(1)「讓我趁著些微的極光／看清你被雪地曬紅的臉／在南極」，句中製作情思的「冰」點——極致世界，是美極了：『些微的極光』；無限的白色「雪地」、小小的「紅臉」，除了畫面上對比與具張力的景色迷人，地點是在「南極」，心與世界能否都冷靜凝結於此？

(2)「我的意識／是一把銳利的開罐器／剖開／你封閉的夢」句中的「意識」是開罐器」，這對語言媒體「新能力」的開拓，帶來更多可能性與前衛性，是可喜的。因爲「意識」這個冷硬的概念名詞，在此處，已被他轉化成爲穿入「夢」谷中去的流水那樣「柔美」。

(3)沿著冰山飄浮的軌跡

在南極
每一企鵝都是我的心事
搖搖擺擺
成群
結隊
走過
冰原
留下
個個
深陷的徬徨與迷惘
我們尋找極點
在失落所有的地圖與座標之後
我們終於連整個天空也輸去

這段詩中的詩句，除了自然而順適地發展與構成，他將心象與景物作交映的表現，也如水乳交溶。更傑出之處是他能使用遠鏡將自然界的遠景（南極的雪）與靠近心的情思，貼在一起，詩境因而產生冷深而廣漠之感，尤其是透過語言的排列技巧，導演景物情思在空間中出現的動態與動境，更是精神活現，栩栩如生。至於「每一隻企鵝都是我的心事」句中，所引起的聯想世界，形態之美，意味之深可見；最後他寫「我們尋找極點／在失落所有的地圖與座標之後／我們終於連整個天空也輸去」，的確也寫出了王維「山色有無中」同中有異的無限境界。說同是彼此均隱入宇宙的「有無中」，說異是王維與大自然是兩在兩忘而去；而他是在相對望中仍懷著「輸」的心情，進入沒有「地圖」與「座標」的「有無中」之境，也同樣有可觀的內心境界。

(4)

「因此我們立於冰原之上的時候
必須緊緊相擁
把孫寂統一　並且
可以預期
在下幾個永夜來訪以前
冰河的等高線
將會掩埋我們的黑髮」

這段詩中的「立於冰原之上」、「把孤寂統一」、「冰河的等高線／將會掩埋我們的黑髮」等除了詩思延展可見的張力，能到達可感的知性世界之「強度」與「極點」，更值得重視的，是他塑造語言的膽識與特異性——如「把孤寂統一」的「統一」兩字，用在「立於冰原上」的時刻，可見他對內外空間、景物與情思活動，深入的內視力與凝聚力；至於「冰河的等高線」，雖是太空與物理的名詞，但他將人納入宇宙整體存在的架構中，「等高線」的「線」從冷漠的「冰河」中浮現，把人「線」形的「髮」掩沒，這就不能不使讀者對存在產生具有無限暗示性的聯想了。

(C)如在鄭教授認爲他在形式上實驗較爲出色與成功的作品「世界大戰」：

□WWI□　　□WWII□　　□WWIII□
噠　　轟　　光
噠　　轟　　更強的光
噠　　轟
死亡　　粉碎
死亡　　粉碎
死亡　　粉碎

這首詩除了鄭教授在該文中所指出的種種優點外，我覺得他已無形中運用「極限藝術(Min ima ART)」的觀點，以「最低限的媒體」以及「單純」與「重複的單位秩序」，予以「極簡化」來表現那無限繁複交錯的世界；同時也是以組合拼湊藝術(Assemblage ART)的觀點，將多面性搜索的特異情況，取其精銳點，有秩序地安置入內外的實視空間，形成一多層而且精純的立體型構，可說是具後現代圖象符號詩的表現景域；更值得去說的，是他把握了高準度與高潔度的空間觀念，使語言活動，非但切實的觸及具前衛性的「新社區」，而且語感空間的規畫、分割、組合、堅實度、穩妥性以及單純與透明感等，都達到高的要求，進入新的特區工作，呈現出新的工作效能。

(D)

一對　恆星　互相　環繞
恆星　一對　環繞　互相
時大時小　時左時右
千億分之一的縮影裡
　似乎眞的成爲　一個堅持如定石的純一光點
在星座盤嚴重誤差的座標上
在我們共有的光年
那些微渺的有機生物確實以爲　我們只是
一顆夠亮的一等星
並且占據著宇宙肚臍的部位……

這段時，鄭教授將前兩行特別予以佳評：「不論如何讀法，自右自左，或左右交錯閱讀，都能通暢無阻，而作者的本心，仍在利用這種毫無阻隔的形式來點出雙星間無可奈何的宿命。

諸如此類，可見林氏形式實驗實已超越六〇年代漫無節制隨興所之的窠臼。」我除了同意鄭教授的見地，同時覺得他的詩，已使詩的語言群，展開了N度迴流型的流動空間，呈露新異與奇妙之感，尤其是後邊的「星座盤……誤差的座標上……我們共有的光年……／那些微渺的有機生物……夠亮的一等星／並且占據著宇宙肚臍的部位……」除了暗示「愛」之間的情景；相依偎的宿命性，及其長存於宇宙中永恆的內在光能與延長性，不斷的在脈動。此外我想有深知的讀者，會隨他第一流的想像力，繼續沿著那一切都歸於「愛」的焦點，去連接由「愛」→「有機生物」→「夠亮的一等星」「卓越的存在」→「占據宇宙的肚臍部分」……想到最美好的生命之誕生，都離不開「宇宙的肚臍」，於是宇宙也有「肚臍」，且被「一等星」的形體與光芒佔據，好大膽且高遠的聯想。當「花朵」推開天空大地「生」出來；當「愛」將「嬰兒」生出來；當廣大的農田在農人的手中「開花結果」，當詩人使一切在精神戀愛中生出詩來；當蘋果打在牛頓頭上，閃出「地心吸力」，這都可說是從宇宙有形或無形的「肚臍」中，生出來的「一等星」，因此他寫的這段詩，雖透過大自然的觀照作用，著重於人類的「情愛」表現，但自「情愛」的暴風中心，世界已無形中被他具強勢與跨越的想像風力，引入更廣的環流區，而將讀者也帶進那波及整體存在的相互動的愛的聯想世界中，獲得詩境更多的實知與實感，像鄭教授也曾在該文中說：「林氏的語言……帶有成爲本質的能力，而非一炫人耳目的文字遊戲。」這也就是說他透過語言技巧與思考力，所形成的詩境，是有夠強的知性與思想來支持的，他的想像力，不但是爲美的感情，更是爲美與深度的實質思想而工作的。因此他的詩，在這方面也給詩壇帶來一股新的衝激與實力，並有助於糾正近年來詩壇上，受敘事詩影響，所呈現那過於靠近事件本身，缺乏美感距離且浮面化的詩風。

除上述的這許多抽樣性的詩例與卓越點之外，我想林燿德之所以在目前引起詩壇的特別注意與議論，一是他對詩與文學的全速衝力，以不可匹敵的創作量偏佈詩與其他文藝的領空；一是他自認持「後現代主義」（註），於創作的思考世界中，引進新的意念，企圖將智識的知性思考、物質文明的資訊、太空景觀、前衛性的生存試探與科技不斷推展的因應效果，乃至遠古的史跡神話與未來的預感……等這許多較偏向於冷性的思考區，均都灌進他想像的電流，而展現出較五、六十年代詩中所營建的想像世界，更具多面性、繁複與新異感。這些應是好現象，顯有創造上的價值與意義，因他是在探求與開拓詩人另一些有新創意的想像空間。然而或許在創作過程中，有些作品，就由於他新異特殊的想像，加上一些偏於智識化與科學化以及史學性等的特殊語言媒體，較疏離了現場生活的親切空間，難免有點冷感，甚至因潛在意象在特殊的「新區」活動，沒有較順暢的「通化街」，通到習慣被讀者收視的位置，而難免被認為有些晦澀現象。我曾碰到有些詩人對我說，林燿德把詩又帶回五、六十年代的晦澀時期，我聽了，感應卻有點不同。我不否認林燿德有些詩確有點冷與晦澀，但它是發生在八十年代，不同於詩在六十年代探索過程中所遭遇的晦澀，它是在更具挑戰性的實驗中，使人也難免遇到的「新」的晦澀狀態（正像以往的的寫實與目前的新寫實，內涵與意義是不一樣的）。我相信林燿德會盡量也有能力調整與減低詩中的晦澀感至最少的程度，因為他確也寫了不少有深廣度而明朗的詩，如上面所提的詩例。因此，即使當我們說林耀德的詩仍難免含有晦澀時，也應該持著愛才的心態說，林耀德確是一位具有詩與文學創作不凡才華、潛能與高實力、以及前衛思想與理念的傑出作家。若非這樣，詩評家蕭蕭就不會在草根詩刊復刊號說：

蘇紹連之後，我不曾勇敢地爲一個僅僅發表幾首詩的詩人作論，因爲我難得遇到像蘇紹連那樣狂熱爲詩的心，冷靜爲詩的腦，以及一股不可遏阻的莫名的爲詩的毅力。林耀德，卻是那第二個誘引我執筆的人！

註　「後現代主義」是一新的思想流派，林耀德曾來信，以筆談方式，希望我表示一些看法，我已思考過，將另文來談論。

# 立體掃瞄林燿德詩的創作世界

## ——兼談他後現代創作的潛在生命

### 一、必要性的前言

談林燿德詩的創作世界，可謂是對一個傑出非凡但具有爭議性的詩人的創作生命世界，做一次艱深且特殊的探索工作。

林燿德雖沒有獲得國內這兩個詩獎——國家文藝（詩）獎與中山文藝（詩）獎，但他相連獲到國內著名報章雜誌等不少詩獎。而且王潤華教授曾在兩次學術研討會上寫了兩篇論文：一篇是「從沈從文到林燿德」，一篇是「從羅門到林燿德」；都有林燿德，可見林燿德受到的重視。但是也有不少人對林燿德的詩有意見與質疑。這可從張漢良教授無奈地爲林燿德力辯所說的反話中看到。張教授說：

> 林燿德是一九八○年代的重要詩人之一，他生長在後工業文明的臺北市，七○年代開始寫詩，八○年代爲人接受，在《創世紀》三十五週年時始獲認可。

對林燿德作任何描述或論斷，似乎都是多餘的事，因為總會有許多相反的意見。這種情形之下，我願意把第一句話的「重要詩人」改為「主要詩人」。雖然如此，仍然會有人反對，因此我同意把「重要」二字刪除，句子讀作「林燿德是一九八〇年代的詩人之一。」這樣是否就可以免除言責呢？未必盡然，有許多人根本不會承認林燿德是詩人根本不會寫詩，或寫的根本不是詩。那麼我同意把第一句話改為「林燿德是一九八〇年代的作家」，「希望無聊人士不要再追根究底。（註一）

從張教授說的這段話中，可見林燿德的詩世界，是處在近乎兩極化的爭論夾層裡，而我站在藝術創作強調原創力前衛感與新創性的立場，認為林燿德應仍是一位具有獨特性的傑出的詩人；他的創作世界，確有其傑出的方面。至於不太能接受林燿德詩的人，其理由可能是來自兩方面：一是來自詩表現過程中有晦澀或不夠暢朗；二是來自林燿德所「新創」的那些新的一切，不放在大家一向「習慣」去拿的位置上，使有些讀者碰不到作者企圖的「超前性」。所謂「超前性」，便是創作者從實驗中創造的「前衛性」；有如詩人羅青在六十年（廿五年前）寫的相當具有前衛性與創意的「吃西瓜的六種方法」（註二），就是對「常態」的事物與詩語言做解構與採取多面「反常」思考，來重新建構新詩的思路與語路，這首詩將它浮現在廿五年後帶有後現代詩風的詩壇，仍是燦亮與相當精彩的作品，但在當時因出現脫出「常態」與「習慣」的「超前性」，便不太能被人接受。可見能不能在當時被大家接受甚至引起爭論，都不能阻止作品本身確實具有的突破性與向前的推進力。這也就是說，我們對林燿德創作中受到爭議的「超前性」，應保留有包容性的論談空間，進行客觀的探究與接近眞實的論斷。

## 二、林燿德做爲詩人的優越條件及其本身的特殊性

寫詩的確不是誰都能寫的，沒有才情的人寫詩，等於大胖子跑百米。而林燿德不但有才情尙有才智；而且思考力敏銳，有過人的天賦，加上他閱讀面廣，智識與思想的網路不但精密而且大幅度地有助於詩思與詩的想像空間之拓展，有利於建立廣闊與特殊的詩境。林燿德的確具有詩創作的優越非凡的條件，這些條件，使他能找到創作對象世界精彩與具有深廣度的特殊的部份，而也自然展現他創作中特殊非凡的傑出性，是可見的。

至於談詩還要去談詩人本身的特殊性，原因是任何一個創作者，不可能完全割離自我潛在生命的眞實感受；這情形正有如人站在太陽光裡，想跳離自己的影子一樣感到困難。其實往往這種「特殊性」，反而帶來創作上特殊的動力與效應，並對作品能做某些確實的助證。可是這方面，批評家往往較忽略，因爲談作品，不見得要去了解作者的人，也不那麼的有必要。但如果了解，應是對批評更有幫助。

那麼構成林燿德潛在創作生命中，有哪些特殊性，而無形中作用與影響他的創作世界？

(1)在大學他修法律，在他思想世界中自然潛藏著冷靜的理性思考以及清晰的邏輯與辯證的思維能力。這種「能力」，不但有助他從事那令人刮目相看的文學理論批評；也大大彰顯

他詩境中強韌的知性思想效果。

⑵他除了寫詩，也寫散文、小說、戲劇、與理論，而且從事藝術設計，似是台灣詩人中，擁有文藝創作類別最多的詩人，於是他能將散文、小說、戲劇與理論乃至藝術設計等的創作思考力與技巧功能，用到詩的創作中，較一般人擁有較多可有機地運用的創作資源，能多面擴張詩活動的空間與實力。

⑶他閱讀面廣（無論是文學藝術、歷史、法律、宗教、天文地理、哲學、科技、社會、政治乃至醫學……等），而且勤快與神速，理解力又高，故擁有各種活的智識材料，可寫各種題材與內容不同且特殊的詩，非一般詩人所能；因而凸現他詩中世界的另一種特色與豐富感。

⑷他擁有近乎「後現代」所採用的「數據庫」，透過他對整個詩壇（包括海內外）與詩發展的各種流派以及各詩社與各重要詩人的作品資料……等的注意與了解，並將之歸入他有待參考與備用的「數據庫」中，可供自己（也可提供給別人）做寫作的參考資料，而且對策劃與推行文藝活動也有用途；「數據庫」也可查驗他雖吸取過別人創作中卓越的質素，但絕不會留在別人的影子裡。林燿德是有自己「工廠」的創作者，所有的智識、各種藝術流派以及別人所表現的優點，都只被視爲是他在創作中有機的材料，因而凸現他確是具有自我獨創性的詩人。

⑸林燿德具有非常強烈的反叛性、顛覆性、對存在質疑甚至充滿了革命意識的頑強個性，

是紮根與潛藏在他生命的深層世界中，是別人從他彬彬有禮的平和的外貌，一點也看不出來的。事實上，他像是春日的草原下潛伏的火山，他甚至將自己名字耀德的「耀」字，也改成「火」字旁的「燿」字，把自己放在「火」裡。這種強烈的生存意識，絕不會是與生俱來的；是他對我透露了年輕生命生長過程中一個令我驚異的遭遇。他說他曾在溫某某的政治事件中，被人誣告被禁訊問，接受折磨一段日子，非常痛苦；加上他研究歷史，看到身邊親友在中國延續下來的封建社會環境中生存的不平現象，面對常有人說到「中國的歷史是人吃人的歷史」，這樣冷酷的話語，林燿德身爲思想敏銳反叛力高強的詩人，他曾堅然向我說出兩句是我能但不完全能接受的話：「歷史一直在說謊」、「沒有絕對的眞理」。這兩句我曾同他做了同中有異的爭辯，幾乎辯了一個下午，我認爲歷史也有不說謊的眞實的一面；至於眞理我認爲A、B、C、D都不能是絕對的眞理時，是否應有比較更接近絕對眞理的E出現？而他之所以堅然說這兩句話，其背後確是緣自他特殊潛在的生存意識所引發的極端反彈。在反彈中，幾乎對現在與過去（包括歷史）以及一切存在的不可靠性的「顛覆」與「反抗」，是不留餘地、激烈，且徹底與尖銳化的。而這無形中正好順應他進入——從「現代」到「後現代」，從「達達(DADA)」到「新達達(NEO-DADA)」那充滿著反逆、顛覆、嘲弄等具有「後現代」詩風的創作新地。可見第五項在論談林燿德詩創作應也是相當重要的一個著力點。

## 二、林燿德詩創作世界的特殊表現以及引發的論談空間與問題

在以上從基本面預先掃瞄林燿德詩創作世界的那些值得注意的思想線索過後，這些線索已無形中像是安裝與照明在林燿德創作園區中的燈柱，有助於我們更進一步更具體的觀賞與探究出林燿德種種可觀的創作力與特殊的思想形態。

我認爲林燿德是能突破「現代」有實力進入「後現代」向前創作的詩人。理由是他做爲詩人，不但能同「自然」交談，且又能將自然交談過後的心境，再度同人造的第二自然——「都市」進行深入的交談，然後又有確實的思想實力，突破「現代都市」進入所謂「後現代都市」的更開闊的創作心象世界。下面舉出一些抽樣的詩例：

・譬如在〈一切色澤自白色誕生〉詩中的詩句：

一切色澤自白色誕生
自你胸前滾出旭日
自你髮梢湧現河流
自妳胯下張開幽壑
自你腋間昇啓藤蔓

顯然的，這段詩的意象世界，是詩人深入人與「自然」共同存在的生命結構中，進行「深度」的思想交談，以「自然」的景象營造的。

・譬如在〈瑪儂傳〉詩中的句子：

妳乳房圓心處的一對都市

可見林燿德已是將人體上的「自然」景物——「乳房」，從自然景區推入「現代都市」生存空間去相對話，產生詩新的思想磁場與意象世界。在那句詩中，他直接將「都市」熱鬧繁華繽紛燦爛五顏六色的景象以及暗藏著湧動的慾望與佛洛依德的「性」美學……等全壓縮在「都市」兩字中，去象徵與暗射出那隱藏在「乳房」中無限具誘惑力的美妙、奇妙與奧妙的底蘊。看來詩人已是在詩中創造了一個奇蹟，也是一位寫都市詩具有爆發力的高手。

•譬如在〈淪落地上的星星〉這首詩：

下水道的圓蓋子
嵌合在灰色的路面上
承受著鞋與鞋
　車輪與車輪
以及貓的爪痕
沉重的鐵蓋
；正面撐擋嚎啕的雨勢
；反面聆聽黝黑的水聲
是一顆顆釘帽
將我們的柏油路
固定在都市的地圖上
颱風也吹不走的路
龍也踩不蹋的蓋
「我們的前世
　都來自遙遠的天空」
子夜時
你或可聽到他們這樣的喘息

詩中的第一現場雖是「都市」空間——像「下水道的圓蓋」「頂帽」、「柏油路」、「車輪」等構成「都市」空間的器物，並輸入「自然」空間場景中的「雨勢」、「水聲」、「颱風」、「龍」……等，同時詩中的「將我們的柏油路／固定在都市的地圖上」，可視爲「都市詩」的創作範圍；但透過現象面做「本質」的探討，卻發現作者將「淪落在地上的星星」同被鞋與車輪踩來踩去的路面、地下水道、鐵蓋相比對，反諷生命存在本如「星星」般純美的原始基型，竟比扭曲與醜化喩爲「現實」面被踐踏的下水道「圓蓋子」。除了仍表現「現代主義」對生命存在採取強烈的批判，但也鬆解「都市詩」過於強調「都市」做爲第一主要現場的約束力，並進一步將具「歷史」感與「宇宙」觀的思維空間開放進來，使詩進入更多元相互動的具拓展性的運作空間。這個空間，當然是因爲這首詩中出現了「我們（星星）的前世／都來自遙遠的天空」這句詩，像擊破「都市詩」圍牆的一道閃電，多少打開了所謂「後都市詩」的創作空間——那就是將「自然」、「都市」、「太空」、「歷史」……等的思維空間，都可在強調解構的「後現代」擁有創作的進場證。

從抽樣的詩例中，我們雖大致上認爲林燿德已有突破「現代」「都市詩」進入「後現代」「都市詩」的創作徵候，但另一方面，在他圖突破與顚覆現代主義思想時，卻出現一些矛盾與困惑的心理現象，這可從他作品的思想內涵，尤其是他面對「現代」與「後現代」思想在論文中坦誠說出的那段話可看見，他說：「後現代主義者譏笑現代主義是『刺蝟』，眼睛只能看到一個方向，他們又自比爲『狐狸』，可同時注意不同的方位，不過眼觀八方的狐狸，常因咬不著刺蝟而餓死。」（註三）這段話正是說明，變化多端的後現代主義，若同現代主義思想斷絕，會空肚子餓死。由此可看出他在不可能全部摧毀「現代」過去強調的思想深度與歷史感，只好在「後現代」當前偏向於平面滑溜，所產生矛盾的思辨中，仍保持「現代詩」所曾強調的思想深度與歷史感，當然對林燿德來說，應加上一個「新」字，就是新的思想深度與新的歷史感。縱然如此，林燿德仍然有極端偏激的一面，採取後現代「新達達(NEO-DADA)」意念，寫出顛覆與反常得幾乎使人難於接受的詩。

例(一)像他在「一九九〇詩選」寫的二〇章節的廣告詩（摘錄其中十六、十七、十八三個章節）

16

國立台灣大學醫學院附屬醫院御採用

台北市雙連街光明製藥廠出品

17

**大華酒家續招待應生啓事**

本酒家現擬續招男女侍應生數位凡年在十八—廿三歲面貌清秀曾
受相當教育略諳國語者可至本酒家總管理處面洽錄取後薪津從豐
地址台北市中華路四一四號新生報館斜對面　大華酒家總管理處

18

**不幸患花柳病的**
**同胞勿忘原子錠**

飛行船的搭載量
不及原子錠的強力

例㈡像他在「都市終端機」詩集，寫的〈五〇年代〉詩中：

孫獨的孤獨的孤獨的孤獨的孤獨的孤獨的孤獨的孤獨的孤獨的孤獨的
當你重複在紙上寫下十個「孤獨的」或者更多，

孤獨也擁擠得孤獨不起來了。
好比月亮，
在詩集的封面畫上一千個也無濟於事；
它活該淪落在地球的另一半時，
如何祈禱也不會出現在誰孤獨的額頭上

好比狼，
好比熱帶島的午寐，
好比復國的幻覺，
好比檳榔樹飄泊海濱
甚至好比自慰好比

，啊五〇年你是孤獨的

一九八六

看過上面這兩個可說是超級顛覆與反逆的詩例，我相信許多人會反對這樣寫詩與提出質疑，但在質疑之餘，如果我們從自由開放的藝術創作面來看，是否也有存在的言談空間？譬如例一的廣告詩很明顯的是作者透過後現代生活面發現都市人深埋在廣告與資訊堆中，持嘲諷意念，直接採取對存在具有高度影射力與切入點的寫作材質，是有其特殊的構思與意圖；再就是作者進一步發揮塞尚過去在視覺藝術採取「達達」與「普普」的反逆與顛覆的創作理念——將「夜壺」直接在展覽場展出，雖引起騷動與質疑，但也在反面傳達了一個裸裎在「原本眞實」中的美的存在，使創作力也反常地進入且揭發這被衆人禁步的地方，開拓創作新的思維空間，是否後來地景藝術(LAND RAT)直接包裹大自然實景的創作理念，也多少同「夜壺」有關？如果從這方面來看林燿德詩作披上後現代詩風，在廣告詩中所採取極端的顛覆反逆與革新創作手段，或許在質疑時，多少仍會持保留的言談餘地，不會完全予以否定，而也有可接受的部份。

至於詩例(二)〈五〇年代〉，也絕對是一首被質疑的詩，但如果我們知道作者本來就準備被質疑，而仍採取這樣的寫法——將詩中不少的單字，故意減去筆劃，使其看來不像字，但又盡可能使其在整句詩中，讀起來能確實認出就必定是那個字；同時我們又能進一步了解作者之所以在文字群集居的版面中，摻雜著那麼多支離破碎的文字肢體，是圖在暗射著一切（包括生命與事物）的存在處於後現代都市現實環境所呈現的破碎斷裂紛亂現象；再又能從「好比復國的幻覺」這句詩中，了解作者將國字的「口」字筆劃拿掉，是在以圖象暗射與凸現詩思中的「國」字既不成「國」便如何「復」？於是成爲「幻覺」；可見詩中潛藏有「反諷」與批判性的思考。如此看來，作者是幾乎有意使這首詩，來現身說明後現代詩是除了慣用「反逆」、「顛覆」、解構（字體解構）」，尚使用「戲謔」與「玩」的藝術手法。則我想我們當中若有人很不容易接受這樣的反常態的詩，甚至質疑，其實也是很自然的事。但如果在目前藝術創作理念已越來越開放自由與多元化的情形下，從多角度與不同的藝術面來看〈九〇年代〉詩創作中所展示的某些新的行爲與言談，是否較客觀些？

誠然對林燿德在九〇年代推出上述的這類過於偏激與偏於實驗性的「後現代」詩作，基於藝術貴乎在不可能中創造出可能的理由，我們仍不能不從另一方面尋求其在創作中某些值得去關注的特殊部份；然而我們卻也不會去支持不值得「重複製作」的事情。塞尙不會再把類似「夜壺」的「馬桶」來做重覆理念的展出，林燿德也不會在以後的詩集中重覆將「廣告」當作整首詩發表。那只是一種偏於達達與普普意念符合後現代採取顚覆反常態與革新的創作行爲，是值得大家以包容的態度來看，但從「詩」作品本身好壞的情形來看，結果又不一樣了。

我想倒是從林燿德其他的另一些作品中，較能看出他特殊非凡的創作生命是如何猛奔在「現代」通往「後現代」向前邁進的航道上，顯出他的卓越性與傑出性。

如他的〈世界大戰〉一詩：

□W.W.Ⅰ□　□W.W.Ⅱ　□W.W.Ⅲ
噠　轟　光
噠　轟　更強的光
噠　轟

死亡　　粉碎
死亡　　粉碎
死亡　　粉碎

這首短詩很明顯仍是站在強烈的現代存在思想的界線上對戰爭進行嚴酷的批判與指控；但在藝術創作理念方面已採用後現代「連鎖」與「複製」等某些語言技巧，同時更順應在「後現代」影像的佔優勢，直接以字體與語言的排列，構成具「形象」的意象語與造型空間，是具創意的。此外，將「武器從機槍到炮彈到核爆光」去平行「第一到第二到第三次不同的三次大戰」再又去平行「三次大戰不同的死亡」，使三者並肩的走在流著血的三線道上，悲劇的沈重度可見。這種能使詩思引發強大爆發力的設計圖，的確同本文一開始便指林燿德具有特殊的才智、深度的思想與透視力，至爲有關。而且他尚能將更奇特的思想進一步去挑戰固存的思想，呈現後現代由矛盾、顛覆與辯證所再度引發的思想。這也是林燿德詩中所表現的一個特異思考模式。像這首精彩的短詩，寫到「WWⅢ」第三世界大戰時，爲何只看到「光・強烈的光」沒有看到「死亡」與「粉碎」的「死」光。原來是他在單面思考戰爭只帶來死亡痛苦的極處，因突然對存在採取反面的思考而引發的。使他發覺人似乎也需要依靠戰爭而活的，於是他確令人驚異與不可思議地在〈戰後〉詩中寫這樣的詩句：「痛恨失血的地球／痛恨沒有槍聲的歲月／痛恨不再設防的街道與城垣／痛恨僅僅應該留駐在期待中的勝利」；在《人類家族遊戲》（五卷）詩中寫相類似的詩句：「失去戰爭　我也淪喪一切　卸下戎裝我開始痛恨和平」，這兩詩中的詩句對人存在於近乎宿命性的荒誕與矛盾中的眞實情境，所做的反諷，是深具後現代思想特質的；言語採用放鬆平實的抒寫，但絕非寫實，而是切入內在思維堅強的骨幹與形質世界，投射於外在相關事象的「新寫實」藝術表現，較「寫實」有思想的內化力、深度與質感；較「超現實」有利切入「後現代」更要求靠近生活場景去把握較直接與眞實的存在依據與情況，同時也可窺見林燿德潛在生命中的偏激的「革命」意識。

如此看來，林燿德的確是有思想與企圖以新的藝術策略，突破（非全面摧毀）「現代」進入「後現代」向前邁進的詩人，仍堅持現代詩對生命與一切事物存在所探索的「深度」與無法完全砍除的根性（歷史性）。事實上他將詩中的「乳房」，意象化爲一對「都市」，便是現代都市詩具有爆發點的意象語的顯然的樣本；他的不少具有深廣度的長詩，語言的活動，一般看來是鬆解以往過於緊張密集的現代詩意象語，採用散文較活絡的技法，但仍保持意涵的耐思度，呈現新的語言流程網路。這方面的表現，我想羅青的「吃西瓜的六種方法」與「柿子與我」等詩是提前在六〇年已出過招。當然我不是說林燿德是羅青「草根」詩社的伙伴，在語言上，一定會受羅青的影響。即使受影響，像畫家馬蒂斯，有人認爲他受高更的某些影響，但馬蒂斯仍是馬蒂斯。何況林燿德是自稱拒絕編號，而且確有思想實力與資源、能建立自己獨特創作世界的詩人。可見我主要是在指證林燿德不會放棄「現代」乃至過去任何有利他創作需求的東西。他是我所認爲的那種有自我獨特創造力的詩人——那就是在創作詩；有魄力將開放的時空、媒體，乃至藝術流派與接受別人的影響……等均視爲材料，全溶入他內在全主動與絕對的「我」之中，去重新主宰著一切存在與活動的新形態與秩序。

至於他創作中之所以能展現出詩的突破性、開闊性、創新力與有大作爲的根源，在本文的開始，就大略的提示高，下面進一步來談：

㈠由於他超強的思維世界，透著多元的智識領域——包括文學、藝術、哲學、政治、法律、宗教、歷史、科學乃至醫學……等的閱讀獲得特殊繁富的知性與思考線路，大大有助他引發出一個是台灣詩壇少見的至爲廣闊與新異的想像空間，而呈現詩思新的開拓境域與大幅度地運作的功能。在這一創作的面相上，他幾乎是較其他詩人特殊、凸出與大佔優勢的，甚至有很多語言是許多詩人不大會也不太敢去碰的。譬如林雲夢（就鄭明娳教授），在「詭異的銀碗」（註四）一文中，整理出林燿德詩中所使用的那許多偏向「智識化」的特殊詞彙——包括：

一、自然科學詞彙：如大赤斑、U235、亞空間、角椎昌體、以太、中子……

二、應用科學詞彙：終端機、負片、APPLEⅡ、IC……

三、醫學詞彙：夫婦治療、社區精神衛生、媚藥……

四、政治學詞彙：主觀的正義、相對主義……

五、神話、宗教詞彙：祭司、彌撒、奧丁、河神……

六、神祕學、占星術詞彙：寶瓶座、「簡易、變易、不易」、被夾殺的閏月……

七、文學：哲學術語：現象學、讀者反應理論、馬爾堡學派……

八、歷史典故：「美國乳酪」、晉世寧舞、母系社會。

九、稗史傳說：如「五月丙午陽燧」。

當林燿德在詩中使用這許多含智識性的特殊語言媒體，導致詩的思考與想像空間，進入新境、產生新意、新見與新力是可見的。縱然也可能由於語言偏向特殊的智識化，較其接近生活偏向「常識化」語言，會冷僻些，甚至在閱讀上，出現某些難度，但畢竟「智識」在詩思的理性與知性世界中，埋藏著相當豐富的資源，可經過藝術處理，化爲創作的力量。而林燿德便正是採用後現代藝術所主張的解構與自由開放的意念，從各方面盡量吸收語言媒體的新力以及各門類的智識思想，以營造他不但範圍廣「進貨量」大，而且新穎度高的詩思世界，較一般詩人顯有其不同的獨特性。至於對「詩」閱讀的難度與是否也有負面影響，問題是存在的。

另一方面在他廣大的心象地圖上——大自然、田園、現代與後現代都市、太空、國家、社會、自我、情愛、人性、人道、人文、生存、戰爭、死亡、永恆乃至神與上帝……等的一切存在，提供繁富多面的創作題材，使他創作的內在生命與思想，便自然擁有那無限廣闊且多向的思考境域與想像空間；同時在上文已說過他是多種文類的作者，又可將詩的主導力，去帶動「散文」、「小說」、「戲劇」、「電影」、「設計藝術」乃至「評論」……等不同藝文屬類的形態與體質，所表現的多樣化的藝術功能；並透過「象徵」、「超現實」、「白描」、「新寫實」「投射」以及「拼湊」……等多種可機動地運用的藝術表現技巧，於整體性的交互作用與造勢，便形成他詩演出的至爲開闊、特殊、新穎的大舞台，能充分使他長詩中的人物、事物、情節、意識與場景……等，向多層面與寬廣的藝術空間，展示出活動的新態勢與新景觀。像他引人注目的那些氣勢浩蕩，架構龐大的長詩——如在《一九九〇》詩集中的〈人類的詩人〉，在《不要驚動不要喚醒我所親愛》詩集中的〈鉛罐人類的身世〉、〈時間晶石〉、〈軍火商韓鮑〉、〈道具市殺人事件〉與在《銀碗盛雪》詩集中的情詩〈南遊記〉……等，都可說是建構在上述相關的優越基礎上，所展示的具有思想大幅面、前衛意識與獨特創造力的作品。

至於在例舉的長詩中，〈鉛罐人類的身世〉（一九九五）是他近年的作品，仍保留有後現代消費文化思考與在表現形式上解構的強烈意圖：像詩中有不少章節，都在語言與詩思上採取近乎革命性的寫法，下面舉出一些例證：

「七十七年中國小姐選拔會」
「選美大會指定飲料」
碳酸水、天然香料（可樂含咖啡因）、焦糖、
人工甘味料（環己基代磺醯胺酸鹽及糖精）、
酸味劑（檸檬酸及磷酸）、苯甲酸鈉
「可口可樂」公司授權台灣可口可樂股份有限公司
在中華民國台北廠製造

335ml／製造日期標於罐底
おお……diet Coke
……」

我想林燿德在新近的詩中，仍採取這樣的寫法除了意圖多開發出詩語言活動的一些新路，也多少滿足後現代偏向顛覆反常態脫穎而出的某些寫作須求，此種嘗試，仍餘味未盡；但照樣的「語障」，引來讀者閱讀的難度也會存在，形成肯定與否定的兩極化的聲音也是難免的。這方面從詩的本身來看，我想林燿德也是能明白其中的得失。我倒想舉出他在〈人類的詩〉中的另一些詩例，在表現上，雖有突破性與進入後現代向前邁進的創作動力與動向，但比較不是那麼過於偏激與反常，便也不致給語言交通帶來路障的大問題。

如：

……
人類無法辨識明天
敵視自己的聲音
只是，我仍然在你的瞳孔中
發現隱藏匿名的星球。」
「不，你看見你自己。」
「你，也在我的瞳孔中

看見了你嗎？」
「□□□□，
□□，□□□。」

——〈巴博拉夫斯基〉

這種深入內在視境，去追問與反思存在於深層世界中的奧祕，所做的表現，是有思想深度且奇妙的；同時在那十個「□」的符號中，預留給各種讀者各自去完成的思想空間是無形中使用「行動藝術」(ACTION ART)與「即興藝術」(HAPPENING ART)的表現理念，縱容群衆參與到「接力創作」的位置。此外以文字與非文字的「□」，構成兩組不同「語型」的具象與抽象的空間，復以後現代拼湊(COLLAGE)藝術手法組合，應是一種有創意提出問題的藝術表現。

如：

……

以自己的姓氏署名，大光明中
我完成「世界殿堂」的草圖
包括住宅、圖書館、愛情補習班
鋼鐵墓園、藝術家沙龍、同性戀彈子房
上空酒廊、賭場、大聖人巴德紀念堂
以及曾經出現在人類歷史中

具備任何可能性的建築設施；當然
包括莊嚴的殯儀館和停屍間
這絕對中的絕對，榮耀無匹的「世界殿堂」
……

在這一段詩中，很明顯他是運用「新寫實藝術」(NEW-REALISM ART)的技巧，進入寫實的實物與實景之中，建立存在內層的「通話世界」，要說的話都與「時空」與「人」存在的實質世界有關，而且關係重大具批判性；語言便也無形地抓住詩在作業中強韌的力點與心腹地帶。同時，採用後現代的拼湊(COLLAGE)手法，將四面八方不同的事物景象，放進一個「大拼盤」，無形中形成一個集體化的思想大景面。

又如：

……
不，不再依戀你
愛你比恨你多
。但是魏蘭
半支火柴的恨
足以毀滅
一整座宮殿的愛，

……

這段詩尤其是後三句表現愛與恨之間距離的微「妙」感與「險」要性其爆發點之高與大，都是同作者的才智與思想力之高與大有關連的，其創作的傑出性也可見了。接下來我想再舉一個詩例，證明林燿德確是帶著「現代」足夠的思想財源不是「空頭支票」，進入「後現代」向前邁進的實力派的傑出的詩人。至於在詩創作思想世界的「玻璃鏡房」裡，他所正對的光亮面的背後，是否也難免出現盲點，我在最後接近做結論時，會提出來。現在看他在「南極記」情詩中的部份精彩表現：

◉讓我趁著些微的極光／看清你被雪地矖紅的臉／在南極。

這詩句中製作情思的「冰」點——極致世界，眞是美極了：「些微的極光」、無限的白色『雪地』、小小的「紅臉」，險了畫面上強力對比的景色迷人，地點是在「南極」，心與世界便怎能不冷靜凝注於此？其所要表達的愛之專之深還用說嗎？

◉沿著冰山飄浮的軌跡
在南極
每一企鵝都是我的心事
搖搖擺擺
　　成群
　　　結隊

走過
冰原
留下
個個
深陷的徬徨與迷惘
我們尋找極點
在失落所有的地圖與座標之後
我們終於連整個天空也輸去」

這段詩：他除了將心象與景物作交映的表現，如水乳交溶；更使用遠鏡將自然的遠景（南極的雪）與貼近心的情思，貼在一起，詩境因而產生冷深而廣漠之感。尤其是透過語言反常的排列，導演景物與情思在空間中出現的動態與動境，更是精神活現，栩栩如生。至於「每一隻企鵝都是我的心事」句中的企鵝所引起的聯想世界，形態之美，意味之深長可見；最後他寫「我們尋找極點／在失落所有的地圖與座標之後／我們終於連整個天地也輸去」，的確也寫出了與王維「山色有無中」同中有異的無限境界。說同是彼此均隱入宇宙的「有無中」，說異是王維與大自然是兩在兩忘而去；而他是在相對中仍懷著「輸」的心情，進入沒有「地圖」與「座標」的「有無中」之境，同樣有可觀的思想境界。

◉因此我們立於冰源之上的時候

必須緊緊相擁
　把孤寂統一　　並且
可以預期
在下幾個永夜來訪以前
冰河的等高線
將會掩埋我們的黑髮

這段詩中的「立於冰原之上」、「把孤寂統一」、「冰河的等高線／將會掩埋我們的黑髮」等，除了詩思延展可見的張力，能到達可感的知性世界之「強點」與「寬度」；更值得重視的，是他塑造語言的膽識與特異性——如「把孤寂統一」的「統一」兩字，用在「立於冰原上」一切不能不凝固在「一」起的時刻，可見他對內外空間、景物與情景活動，深入的內視力與整合力；至於「冰河的等高線」，雖是太空與物理的名詞，但他將人納入宇宙整體存在的架構中——「等高線」的「線」從冷漠的「冰河」中浮現，把人「線」形的「髮」掩沒，這就不能不使讀者對愛情與生命存在產生具有無限暗示性的聯想了。

從「南極記」這首詩的抽樣片斷中，的確可看出林燿德他創作非凡的才情，他深入的內視力與廣闊的想像空間，以及「現代詩」富強的意象世界，但同樣採取不那麼「反常」與「顛覆」的手法，去表現那仍具有突破性、拓展性與深廣度的詩思世界。

或許林燿德在自我創作不斷向前邁進與革新的心路歷程上，像「南極記」這類仍保留有過往現代詩相近似的某些創作形態。他看來，是缺乏後現代對詩創作新思維所引發的強烈衝擊力與變革性。於是他新近寫了一首特異得令人不敢置信的詩。這首詩，不但選入八十四年度詩選，而且獲時報詩獎。基於這首詩在談論林燿德創作世界之所以處在被爭議的兩極化的夾層中，具有相當的說明性，故將整首詩抄下：

**人人都想向我索討食譜**

在這個痴肥的年代，人人都想向我索討食譜
誰不好奇三個月內減輕二十二公斤的祕方。
此刻，我正構思一部可以賣錢的《O型肥滿者菜單》
本世紀末的洞見者，個個必須像微波爐一般準確
不必測度宇宙的身高和政客的腦袋，你該記憶的是：
大豆煮昆布97卡／洋芹菜湯13卡／薑漬包心菜卡／
野莧味噌36卡／咖哩銀芽78卡／炭烤聖甲蟲99卡
是的，我預備現身說法寫下激勵士氣的箴言……

利用樸素的材料製作充滿豔情和飽脹感的餐飲
不要空著肚子，並且用心培養正當的運動嗜好
的確，減肥者必須重新實踐青春期的燥熱經驗
好比那日夜旋轉不息的地球永遠也不會變胖。

然而盆地中這抽搐的城市不斷膨脹再加上膽固醇過高
註定要有更龐大更冷靜的墳場在灰色的天空傾斜獰笑
痴肥的城市，痴肥的男女，同樣欠缺凝聚的音意志力。

在這個縮減軍備的年代，人人都想向我索討食譜
其實，我失落的體重只不過從血肉移轉到心頭
誰能了解一頁頁撕下食譜之後吞嚥它們的磨難？
你將發現，嗚響不止的電話變成了長出鬚根的塊莖
ＣＤ躺在墨黑色的盒子裡演奏狂飲暴食的喧囂。
而我，早就在餓得透明時昇華出靈媒式的感官：
目前一塊塊巧克力的包裝紙上凝固著呻吟的慾望
任憑流離在牛腩表面的蠔油滴落我大腦的迴路
每當走過夜市，雜亂的攤位會突然亮成啓動的樂園
不可觸碰的甜點沿著雲霄飛車的車軌撞入瞳孔
脂肪細胞便在幽暗的肉體內燃燒起橙色的火焰。
我不得不對所有的食物進行催眠，安慰它們
讓它們伸展肢體，迎接腐敗的宿命。

在這個人人準備執政的年代，人大都想向我索討食譜
沒錯，不要躲避鏡子，不要讓自己被棄置跳蚤市場
穿上夏威夷襯衫活像一座花色庸俗的二手沙發：
肥胖者的靈魂長不出天使的翅翼也飛不出笨重的身軀
一隻粘黏在蒼繩紙上掙扎不休也無法翻騰的鍬形蟲
只想幻想蜘蛛擺盪過森林縫隙的輕盈舞姿……
營養太好的屍骸，獨到的長處便是燐火特別旺盛
睡進相同深度的墓穴，他的肚皮比餓殍更接近天空。
至於我的腰圍，曾經順應那虛胖的政府預算一起擴編
病變的五臟　繁殖的官僚　決隄的年金與公債
任何形態的肥胖都意味赤字，包藏著崩潰前夕的噪音
蟠踞在鈔票上的建築即將喪失它們傲慢的地基。

在這個以咒語致勝的年代，人人都想向我索討食譜
翻開增張中的報紙，疥癬與腫瘤爬滿世界
我固執地剪貼古往今來關於神蹟的報導與圖片：

金字塔、印加祭壇、法第碼、車諾比以及台北捷運
但神從未留戀這些神蹟，祂總是化身一匹看不見的馬
時時刻刻徘徊你我左右尋找駕馭祂的騎手
誰駕馭不了自己的體重誰就自隱形的馬鞍上垂直摔落
不過，在臭氧層的裂口抵達頭頂之前
我仍然可以轉售給你電視上反覆提供的一切謊言；可是
請不要再向我打聽如何拒絕食物的誘惑。

八十四年十一月十四日中國時報人間副刊

讀完這首詩，留在印象中較突出與特殊的部分大致如下：

(1)這首詩基本上仍是採取現代存在思想，對人存在於錯綜複雜、矛盾、荒謬、無常、卑微、粗鄙、庸俗、腐敗、虛僞、慾望、權勢、爭奪、冷漠、失落、死亡、掙扎……等這許多特殊的生命情境，進行縱橫交錯式的相當精細與深刻的批判；在批判中，並採取後現代詩風中「戲謔」與「嘲諷」的意味，鬆解原來「嚴肅」性的批判，換軌進入林耀德設計的新的「嚴肅」性批判，因而呈現詩思考上的新異性與特殊性，同時也可見他是處在現代與後現代詩有交會點的創作航道上。

(2)他詩中將上文已述說的科學資訊、政治、歷史、宗教、社會、哲學乃至醫學……等多種「智識化」的特殊詞彙語意，以及大自然田園、都市、太空、神地、史蹟與墳境……等各

種生存的活動空間，全面開放入詩。如此，便雙向地架構起他開闊與大規模且新穎獨特不同於其他詩人的詩思世界，是可見的。

(3)詩中除了照常保留詩不能沒有的意象與象徵所帶有的暗示性，他尚且特別用上「新寫實」的技法，因「新寫實」的技法比較適用於表現「後現代」偏向「物化」、「快速」與「行動化」的實際生存空間，使詩的思維世界，貼切地與事情「眞實」的感知層靠近，而且「新寫實」可把「眞實」的內層實質實度，投射出來，避免「寫實主義」的「浮面化」消滅詩思內化的耐思度；也提防「超現實」因過於「超離」的潛意識，對後現代詩向平面景層推演的順暢過程，會引起某些不太同步進行的可能；同時更採用「小說」的描述性、「散文」的語法、「戲劇」的演出性、「報導」的直播性以及「理論」的思辯性等多種表現功能；此外尚手法多端的選用「出奇制勝」的各種「跳鏡」、「分鏡」、「混合鏡」與「特寫鏡」，以及後現代在創作中較常用的「新科」手段——盡量在「形式」與「內容」進行「解構」、「分化」、「連環套的串聯」與「多元拼湊」……等，使林燿德這首詩，幾乎像是在後現代新的創作園區展示各種技巧的特殊發表會。

從上述的三點看來，林燿德這首詩確是大力抓住「後現代」創作的左右心房。那就是在「內容」與「形式」做雙向的全面的「解構」與「突破」，在不可能中創造可能，開拓他思維空間廣闊與藝術表現理念新穎的詩創作世界；並特別的具有創意，前衛意識與個人的獨特性；同時在後現代詩出現反「深度」偏向平面滑溜的創作趨勢，他相對地透過他「高見度」

的智力與理知性，以及新異多變的藝術策略，使詩產生新的深度、新的思維與新的理性美感，便也顯示他絕非隨波逐流而是有自我獨特航向不斷突破的詩人。然而這首詩，畢竟從「詩」的本身與從「創造力」來看，仍存在著問題。譬如創造力雖被肯定，是否就是好的詩？這就是疑點。像語言的精純度順暢度不夠以及冗長的述說，都是對「詩」本身相當不利，這或許是引起讀者質疑的地方。

透過這首詩與以上所抽樣例舉的那些具有他個人獨特表現的詩作，我們從這方面來肯定他是有創造力的傑出詩人，應是不容置疑的，然而詩壇上，也有不少讀者乃詩人，對他的詩作包括這一首不太接受甚至存疑，我想不外是來自下面其中的某一些情形：

(1)林耀德採取後現代解構、顚覆、反常態等近乎普普達達的意念，將報章雜誌上的廣告，經過藝術處理，直接成爲詩篇，雖創造出不可能中的可能，有創見，但站在「詩」的本身來看，必定會使不少讀者與詩人存疑，那究竟是詩嗎？難免留下問題。

(2)林燿德採取後現代「顚覆」、「解構」與「戲謔」意念與「拼湊」(Collage)手法，透過醜美學的觀點。將文類與文字媒體解構，滲入非文字的其他符號；以及將雅與俗、腰上與腰下、神與鬼、田園與都市、古與今、自然與外太空……等的不同存在思想、情景與時空狀態，都混在一起，組合與拼湊(Collage)成詩的至爲新異、特異乃至有點怪異的詩思「大拼盤」，這顯然是一種兼具高度實驗性與創造性屬於後現代創作理念的表現。這種表現，近似是「哈維爾縱論挽救現代困境之道」（註五）一文中有一段話所描述的：「後現代主義其中的一個象徵——是一個騎著駱駝的遊牧人，身上蓋著傳統的袍子，袍子下卻是牛仔褲、手上握著半導體收音機，而駱駝的背上，披有可口可樂的廣告」……像這樣經過拼湊組合的圖像，的確在表現上是含有後現代「戲謔」性的具有創意的藝術構思，然而也難免因反常態所帶來的怪異現象，引起大衆在接受上難免產生一些不習慣性。

(3)林耀德具有威勢與大架構的長詩中，由於有比例不少是透過特殊的歷史、人物、事件、地理、社會背景乃至宗教神蹟……等特殊的思想機件，構成詩陳述性的特殊龐大的心象圖景，並配套不少智識化（非常識化）乃至專門性的特殊詞彙做爲詩語言的傳送帶，在這樣的情形下，確實是有充分的詩思依據，以及經由智識力強化的知性美感語言，去創造確有思想實力、規模宏偉而且特殊新異與具突破拓展性的詩世界；然而也難免相對地存在著一些問題：那就是由於衆多的有「依據」的特殊「思想體」，會不會使詩思本身自由無阻的「通化」的活動空間，受到某些牽制；再就是在語言流程中，使用不少疏離生活現場偏向「智識化」與專門性的特殊詞彙，會不會形成語障，甚至使詩進入智識的夾層，偏向理知性與思辯性的冷式思考，較缺乏暖式的感性潤化力；此外採用「散文」與「小說」的技巧，在進行「長程」與「大幅面」的抒寫，既納入衆多特殊的「思想體」與特殊性的語言媒體，會不會使閱讀出現難度，以及使詩受困在「詩」與「散文詩」以及「散文」的拉扯狀態中。

我想以上三點可能是林耀德獨特非凡的詩創作世界，在獲得高評價的同時，引起別人有某些質疑與不太能接受的地方。但無論如何，站在藝術創作強調原創力、獨特性、爆發點與思想的深廣度以及前衛意識等這些方面來看，林燿德仍應被視爲是後現代確具有思想實力與觀念的傑出詩人作家。

## 四、林燿德後現代創作與生命存在的對應面

曾有一個畫家將自己關在鐵籠裡一年，將每天存在與變化的感受、經驗與思想紀錄下來，完成一件由生命本身來創作的「行動藝術(Acttion ART)」作品。依此，我們也可進一步認爲人的一生，是以不同的生命內容與形式所寫作的一首「行動詩」。因而林燿德特殊的生命形態，也可在廣義的藝術觀感中，當作一件特殊的「生命」作品來看。

這件作品將由他一身兼具「神童・牧童・頑童」三個特殊的生命面相，經過後現代藝術慣用的拼貼(Collage)手法組合而成，且刻上「後現代」。

爲什麼說林燿德是文藝「神童」，一言道破，是他雖年紀輕但才智高，提前達到年紀大的人也難達到的成就。說得更具體些，就是我在上文中所揭露的——他超凡的才智，在詩中所展現的高見度與廣闊的思維與想像空間，是驚人的；他的智識面與他的後現代藝術多變化的策略，所展現具新穎性前衛性與突破性的創造力，也是特殊非凡的；同時他的寫作量之大，獲獎之多；更主要的是他除了寫詩，尚寫論文、散文、小說、戲劇，以及從事設計與企劃……，可說是在文藝的創作類別中（在台灣文壇）幾乎無人可比，而且這些類別中，幾乎每一類都有相當傑出的表現。不愧是文藝創作的多項全能。像這他樣僅卅歲出頭的年紀，便有

如此豐碩驚人的表現與成就，不說他是「神童」也不成。至於還要標上「後現代」，理由是他潛在的創作生命世界與思維空間，出現有明顯的後現代創作的某些特殊意識與形態，以及他也正處在後現代的時空環境中。

爲什麼說林燿德是文藝的「牧童」，我想不但是因爲他閱讀面與智識面廣，以如此年輕的年齡，便深入特別廣闊繁茂的學問思想牧場，去成爲追逐詩與文藝各種創作生命形態的特別能幹優秀的遊牧者；而且他尚擁有上文所說的詩與文藝的資料「數據庫」，可提供他推動各種文藝活動做參考。的確在海內外開放的藝文空間，他一波波親自（或爲別人）企劃與舉辦的各類型有學術水準的藝文活動，眞不知道究竟做了多少。他甚至也親自往國外攝拍文藝記錄片；他精明的企劃能力與構想，配合由他「數據庫」所建立起國內外相關的文藝活動資訊與網路，而且對事情有精要與冷靜的洞察力與判斷力，故能依自己的設計與預想，非常有成效的將無數的文藝「羊群」，四面八方的驅逐進不同的藝文空間與活動網路。他這方面超強的能力與才幹，不但使他成爲推動文藝活動的高手，也成爲遊牧與追逐在藝文廣闊「牧場」裡，被衆目所注視的最奇特的「牧童」。至於還要標上「後現代」，是因「牧場」裡安裝有「後現代」具機制功能的「數據庫」，有效的配合思考與行動。

爲什麼說林燿德是「頑童」，這除了從他的廣告詩圖象詩與文字解體的詩，可看出他緣自後現代創作的解構顚覆與戲謔意念所引起的藝術「頑皮」性；我想更應深入與進一步去看（我本文一開始透露的）潛藏在他內在生命意識中特別激烈的「反叛性」，在助長與強化他頑強性格中的「頑」性，有時「頑」得的確有點過火，但也正好同他愛「火」的燃燒甚過愛「光」的暖照的性情相接近。而身為「頑童」的林燿德。他的「頑」性呈現，不但具有內在生命特殊的基因；並且堅固在他特殊的創作生命思想中——就他所強調的「無範本、破章法、解文類、立新意」。（註七）從這些話，反射到他生命具反逆性與突破性的實際思想行為，便有了依據。

的確在生存的環境中，他有著很多同別人不能相一致的特殊看法與堅持，這種來自「行事」與「創作」雙向思考的強勢作風，是顯著的凸現在他〈一九九〇〉的詩句中：

……整個世界如此宏偉
要從我的頭蓋骨裡迸裂出來
無從阻撓（註八）

看了這些詩句，再看他同我一九八八年赴大陸多所著名大學巡迴演講，在廈門大學演講時，廈大教授徐學聽過他的演講，後來在追悼林燿德的文章〈兩岸同悲〉（註九）中說的那段話：

八〇年代末，燿德第一次來大陸，剛見面，談得並不融洽，因為我們那時對台灣文學了解得太少，僅知一些回過大陸的白先勇、於梨華、聶華苓。燿德對我說，「你們看台灣文學，彷彿瞭望夜空，空中有些耀眼的星星，可能已經隕落……

接下看作家艾春在〈世紀末文壇上的流星〉（註十）追悼林燿德的文章中寫的那段話：

記得燿德第一次來上海，鋒芒畢露，與大陸文人講究「溫良恭儉讓」的儒雅風度完全不同。他到復旦大學來演講，眞是盛況空前，教室的窗户上都爬滿了學生，燿德口才很好，富有煽動性的言辭不時引發出全場大笑，氣氛極其熱烈。那天講什麼內容已忘了，只記得他毫不客氣地批評了兩位臺灣前輩作家，也讓我感到驚訝。那時臺灣文學作品在大陸還不容易讀到，我在香港收集過一些，十分喜歡，對那兩位作家的作品和人格更是很佩服，但聽著燿德這樣年輕的詩人對前人的批評，也覺得新鮮；至少有一股少年清激的銳氣衝擊著我……

看過這兩段話，可見他極端地向前奔與突破一切存在的創作新思維世界，是充滿自負自信反抗性、排他性的強勢作風。又接下來看李瑞騰教授追悼林燿德在〈我要如何表白我的震驚與哀傷〉（註十一）一文中說的話：

我要如何來表白我的震驚與哀傷？十年相交，爭吵無數。一開始是一九八三年我接編《商工日報》以後，他常從溫州街的家騎單車到坐落台大附近我的編輯室，他是我見過最敢於憤怒的青年，我大膽用他的稿子，請他寫詩評專欄，但他仍然和我爭吵，對於媒體編輯，對於文壇，他的意見多得講不完，我的聲音不比他小，但我對於他的才情絲毫都沒有懷疑過。」

再接來看評論家王浩威在〈聽見與告別〉（註十二）追悼林燿德的文章中說的那段話：

我們從來沒有眞正的交談，可能也是互相知道彼此的差距吧……他預言者的姿態，往往也是挑釁的姿態，他贏得許多話題，卻失去更多的支持。我一個人一直困惑他的拼命方式，一方面暗讚嘆他甚至不在乎人情世故的激進態度，一方面卻又疑問著這樣憤怒的堅持將會持續到何時。就像那天午後的座談會，在他離開以後，我在座位上立刻可以聽見的耳語就知道又有多少文壇人士又被他惹怒了。

讀過這兩段話，可見他做為「頑童」的頑強性與獨斷獨行的不可阻擋性有多強多大。這種特殊的近乎停止不了的抗力作用，接連住他在生命中強固的反逆性，便使他內心難免面對一波波來自各方面的阻力與衝擊，而引起情緒的矛盾與不安，並流露在評論家劉再福寫的〈共一冰冷的鑰匙〉（註十三）所描述的那斷話中：

和燿德最有緣分的事要算在吉隆坡了。恰巧我和他被會議的主人安排在同一房間聊到半夜我先睡覺了。可是，我很快又被一種聲音震醒，醒來時才明白是燿德的鼾聲。這鼾聲眞可說是如鼓如雷，響亮之極，我再也睡不著了，就靠在床上看報，而燿德卻開始熱烈地說夢話，夢裡好像是在和別人辯論，認眞，執著，激憤，又好像是被對方堵著嘴，於是掙扎、抗議、喊叫。那時我就感到，這位年輕才子內心過於緊張，睡夢中也無法放下思想的重擔。我知道他太累了，沒有把他叫醒，自己便悄悄地到樓下找了個沙發睡，第二天早晨，我提早回到宿舍發現他還在說夢話。

看來，林燿德確是一個不斷向前奔湧波動安定不下來的「頑」強的海；他的狂傲與掙扎，卻帶來他存在的不安與衝擊。但他是頑強的海，他能接受風浪的挑戰，他甚至更不可思議地將他作品中的解構、反常態、突破範本章法等後現代創作的思想觀念，運用到他實際的生活行爲中，爲論述上的需要，容我抽樣舉出三個例證：

譬如八十三年台灣舉行的世界詩人大會，由中國新詩學會主辦，這個會議耗資數百萬。第一次籌備會，我本應參加因我是値年常務監事，但有事未出席，有人會後對我說，林燿德在會上直推綠蒂當主席，當時大家覺得很奇怪；我聽後，也感到奇怪與有點懷疑，甚至不相信，因爲在我印象中，他很少與中國新詩學會有往來，也不是會員絕不會去開會。本來這個盛大的詩會在國內召開，依傳統習慣的想法，大會主席應是由詩壇上被認爲確有「詩成就」與「歷史地位」的詩人擔任。當我最後問到林燿德，他說確有此事，但他說爲什麼當「主席」，一定要依固定的模式與慣例去思考，只要詩人誰有能力主持會務，又能找到開會的財源，就可以當「主席」。我想大家聽他解說的話，便會發覺他便正是採用「後現代」多元性的逆向思考；反對「權威」與「偶像」，反對刻板的範本與固定不變的思考模式。他的見解雖也具有某些反常情常態的論談空間，但也相對引發詩人在民生報文化新聞版對這次會議有質疑，像詩人洛夫是其中最強烈的一位，他帶抨擊的口氣說：

> 「這是一項交誼性大於文學性的活動，毫無意義、價値；眞正的詩人是不會參加的，如果社會上以爲這就是世界性詩人盛會，那眞是世紀大誤會。」（註十四）

接著詩人李敏勇說：

> 大會主辦單位從會長到其他具名主持活動的人選，明顯的有身分上不適格的問題。嚴

格地從詩業的條件去評核，讓人感覺到台灣的詩文化水平低落。（見民生報八十三年九月一日文化版）

由此也可見後現代反常態的新思考模式，有時在生活行為中，仍存在著某種相對辯證的論談空間與不一致的看法，甚至帶來存在預想不到的衝擊。

又如林燿德為我舉辦的創作研討會中，本來有一篇論文，是希望由就教在師大研究所林綠教授（他也曾是詩人）來寫或者就用名詩論家陳仲義已寫好未發表過的那一篇，但林燿德堅持要詩人管管寫，他說管管會用不同於其他人的方法來寫。論文發表那天，當時引起詩人張默上台對管管的論文有強烈的批評，罵管管在作秀亂做批評，原因是我寫的「世界性的政治遊戲」那首詩：

「他」用左眼擊打他的右眼
　　　　　　　　出淚
他用右眼擊打「他」的左眼
　　　　　　　　出淚
「他」用左心房擊打他的右心房
　　　　　　　　　出血
他用右心房擊打「他」的右心房
　　　　　　　　　出血

於是無數的「他」與他
　左右眼都流淚
　　左右心房都流血
結果「他」與他
　同是一個人（註十五）

這首詩的原意，顯然是站在人道立場，極度反對「政治」所導演的「戰爭」帶來人類的互殺。而管管卻將這首詩當作世界男女做愛的「性」來解讀與大做文章。當然管管的寫法，便是在實證後現代「作家已死」的觀念——就是將作者的作品當商品，讀者有全然的使用權，可不顧作者；正有如作者本意是造一個茶杯，但使用者可任意用來喝咖啡、喝酒……也可以用來裝任何能裝的東西，甚至裝尿。可見林燿德預期（或指意）管管的特殊寫法，便正是體現後現代「作家已死」的論說觀念，事實上我會前讀到該文，便早已了解林燿德之所以要管管寫這篇具試驗性的論文的用意。因而也可見林燿德對後現代反常規突破固有的思想理念，是「頑」玩性的訴諸於積極的行爲，但這中間仍存在有一個問題——那就是讀者（管管）任意去說的，同作者寫的風馬牛不相關，結果是各說各的，如何構成確實的批評。確是問題。

再接著舉一個例證，便是作家左爾泰在「青年作家林燿德猝逝」文章中說的那段話：

　林燿德曾對朋友表示，四十歲後將停止創作，從事他擬眞正全身投入的另一種事業。這也許便是他焚膏繼晷，日夜寫作，以如此青壯之齡遽然而逝的一個原因吧！（註十

六)

從這段話中，大家尚可深一層看出林燿德處在後現代對存在價值有了新的看法。由於一方面後現代出現「作家已死」的話題，另一方面是後現代工業社會，對文化傳播服務業的倍加重視，林燿德又特別具有推動文藝的超強能力與經驗，以及企劃、組織與構想的非凡才識，他確是有可能改換跑道投入他也認爲具有價值功能與對文化空間有巨大主控力的所謂文化操作服務中心，去全方位的推行文藝與文化的事業。若如此，他已有的「數據庫」與藝文上「網路」世界的連環巨大工作，確是同樣要付出夠大的思考力與夠繁重的工作量。所以他若眞的有換軌的預想，就不得不在精力充沛的四十歲前，將生命的創作歲月焦急的放在「火」裡燃燒，他的這種預設選擇，仍是同後現代提出「作家已死」的理念脫不了關係的。的確當目前詩人與作家都已不是什麼上帝的代言人，做不做作家，看來並不那麼重要。但這中間，是否仍留有疑點？如果林燿德四十歲後繼續寫，尚可能有更好的作品，不寫便不可能有了。

看過上面三個具體的實例，再來看由「神童、牧童、頑童」三個特殊生命面相組合成林燿德特殊的「生命」作品之後，再回頭去看上面立體掃描林燿德詩的創作世界實況，我想已可看出林燿德確是具有後現代創作傾向「解構」、「顚覆」、「反逆」、「戲謔」……等特殊思想理念的詩人；同時是具有獨創力、突破力、前衛意識、不斷提出新問題新思考的詩人。

最後我特別想說明的，就是詩既被認爲是迫近生命眞實與本質存在的一門學問，則我寫這篇論文，便是針對林燿德創作的生命世界，做臨場性的眞實的探索與考察，圖使他傑出非凡的表現以及他仍難免存在的某些疑點與偏失，都同時具體的呈現與展露在眞實中，即使林燿德曾寫過「羅門論」的專書，都不會影響我寫此篇論文的誠實度。

## 【附註】

註一　見林燿德「一九九〇」詩集（尙書出版社），二一〇頁，張漢良寫的評論文

註二　見羅青「吃西瓜的方法」詩集（幼獅文藝叢書）一六一頁

註三　見《羅門蓉子文學世界學術研討會論文集》林燿德寫的論文〈「羅門思想」與「出版社」〉（文史哲出版社出版）一五七頁

註四　見見林燿德詩集《都市終端機》中凌雲夢的論文〈詭異的銀碗〉，二五三頁（書林出版社）

註五　見「八十四年度詩選」（現代詩季刊社出版）

註六　見香港《明報》一九九四年十月五日版（A一〇）

註七　見齊邦媛教授寫的〈四十年來的台灣文學〉（《四十年來台灣文學》聯合文學出版社）

註八　見林燿德《一九九〇》詩選二〇四頁（尙書出版社）

註九　見中華日報副刊（八十五年元月廿五日）

註十　見中央日報副刊（八十五年三月十七日）

註十一　見聯合報副刊（八十五年一月十一日）

註十二　見聯合報副刊（八十五年一月十一日）

註十三　見中央日報副刊（八十五年六月廿五日）

註十四　見民生報文化新聞版（八十三年八月廿八日）

註十五　見《羅門創作（卷一）》（文史哲出版社）

註十六　見八十五年一月十一日中國時報人間副刊

# 林燿德海洋詩的想像世界

我一直認爲詩是一種高度想像力的藝術行爲。誰具有第一流的「想像力」，誰便有成爲第一流詩人的主要條件。否則，努力一輩子，也不可能有什麼傑出表現。這中間已透露「想像力」除依靠學養與經驗，更重要的是「才華」，沒有才華，想像世界放射的光度絕不會高強。所以我曾一再果斷地說，沒有「才華」，從事藝術與文學創作，像是大肥子跑百里，啃書本與磨煉，都往往改變不了多少。

像剛出道不久的青年詩人林燿德，他究竟是基於什麼力量，在短短的時間裡，便引起詩壇的刮目相看。很明顯的，就是他有過人的「才華」，能將他的「想像力」推到第一流的位置去作業，使詩境放射出卓越的光，引人注目。

有了「才華」，林燿德在詩中所呈現的「轉化」與「造型」能力，便也顯得傑出非凡，一個詩的創作者，能擁有第一流的想像力、轉化力與造型能力，便是已拿到進入第一流的詩創作世界去工作的證明文件。至於能不能將工作很完妥地完成，那還要看他在整首詩作業過程中的整合能力，可否使其結構系統、任何一個單元性的機能與實力以及部分與部分之間的互動態勢達到整體的完成；此外，尚要看它呈現的獨創性與震撼性……。這種種都已涉及了藝術技巧的運作能力。

現在我們來看林燿德在海洋系列詩中所呈現的第一流想像力轉化力與造型能力。如在與海有關的《黃河源》詩中「帶著流動的清澈的透明的膚色／經過變幻的天空／化爲一支孔雀翎毛／啊！宇宙多璀燦……」，將黃河擬人化寫成有清澈透明膚色的流動體，在變幻神祕的時空裡，它竟從流動狀態，飛越成富麗繽紛的孔雀翎毛，「它」的存在能不使宇宙璀燦？尤其是黃河是中國文化的發源地，源遠流長——詩中「孤獨的細流／向星宿的海出發」，便將黃河與東方自然觀的文化之流，與林燿德內在的生命之流，在永恆超越的孤獨時空中流成一體了，流成歷史的鄉愁。作者便也成爲這之間精明的崗哨與守望者。

如在這首詩中「天上活水／靈靈巧巧／轉轉折折／」對空間美妙的動境造型；「晝晝夜夜／分分秒秒」對時間靈敏的動態造型，確給「天上」來的黃河活水，流來綺麗遥婉的時空狀態。如「我逐漸茁壯的身姿／正與鐵路公路交錯／貼合又分離」等句，既表現第一自然與人爲第二自然造型世界的覆合與分離形態，同時也顯示兩種只能貼合而難能溶合的文化性格。雖難能溶合，但作者畢竟確信黃河型的文化是逐漸茁壯的。如「常常飄游在地圖間那朦朧的紫色區域／這是我自己也不明了的迷惘／土地多悲凄／天空多哀嘆」等詩句，以「朦朧的紫色」對照「不明了的悵惘」，在紫色的彩色與悵惘的情色調合時，「不明了」與「朦朧」意合時，土地與天空便一直悲凄與哀嘆在「紫色」的「悵惘」裡，披蓋著歷歷可見的愁苦歲月……。

於這首詩的最後「和群山較勁／和巨岩周旋／爲自己而流動／所有的音樂在沿岸一一誕生／孤獨的細流／向星宿的海出發」作者呈現出生命潛在的突破力，發出生命存在的回聲，注定地要向無限超越的永恆時空不斷啓程；終於也流露出「作者」同「黃河」同有文化涵容與感情的「黃河源」，是溶合成爲一整體存在的精神型構；是頗接近東方人帶有某些宿命性與超越的精神意態的；是較偏向柳宗元中和式而非尼采激烈式的嚮往與孤傲。

接著我們在《蚵女寫眞》一詩中，也可抽樣地找到他在想像、轉化與造型方面相類同的傑出表現。

如「用鹽的晶方鑄成的乳房／脹滿鹽濕的青衣／四季輪替……／在沒有空間只有時間的蚵寮村／世世代代」等詩句，以鹽的「晶」方之水晶透明感，鑄造最有生命滋長感度的透明體——乳房，這種徹底的交溶、「轉化」與具創意的「造型」能力，可看出林燿德內在視力的能見度，是精銳且深入的。接著他將蚵女內在由純自然原本性的「鹽」與「乳房」所交合的生命迸射力，脹滿在鹽（又是鹽）濕的「鄉下生活屬性」的「青衣」上，形成爲蚵女特定的樸實的生活狀態與基調；再下來的四季輪替／沒有空間只有時間／世世代代」等句，眞是把蚵女型生命存在的時間與空間以及宿命性的人生命運，全部確實地刻畫出來了，尤其是令人深思的，是「只有時間」、「沒有空間」地「世世代代」活下去，這該屬於哪一種循環的生存困境？既「沒有空間」，那些能使她們榮華富貴以及永恆的東西，如官位、企業大樓、著作、銅像、紀念館便都無地可放，一概絕緣了；只是「世世代代」，隨著時間從搖籃裡出來，打蚵，然後隨著時間，就那麼單純的又閉目回去。此刻能不在林燿德的筆下，看到一幅既卑微又溢滿人性尊嚴與同情心的生命畫面嗎？且驚訝林燿德想像世界驚人的投射力。

此外在《燃燒中國海》詩中「三寸主炮……瞬間渡向辯陣／朵朵金蓮／在夜的絨布面綻開／再綻開／沱江／你的航跡／是一條射穿浪峰的彈道……」。他將炮慣常的鋼性行爲，改道從反方向採取柔性的意象，作爲造型，使「炮」彈射出去，成爲「朵朵金蓮」，讓冷酷的戰爭與炮彈在血中行走的樣子，顯得那麼溫順柔美，這種寫法，豈不是在綠色草地下埋地雷嗎？令人想起索忍尼辛筆下的「有人把手銬當作項鏈看」；是更抓住了要害且冷酷的打擊點，同我《麥堅利堡》詩中寫的「太平洋的浪被炮火煮開也都冷了」，相形之下，他的確是在反方向上建立他語言新的造型世界；或許可改方向聯想到男女做愛的情景，也是很精彩的表現。

從以上抽樣的詩例中，我們的確可看出他展現的想像力、轉化力與造型能力是至爲傑出、且深具實力、特異性與創新性的，有能力進入第一流的創作區去活動。

現在讓我們將著眼點放在他規模與架構較大的那首海洋詩——《太平洋之甍》，便更可證實上面的看法是確實的。

這首詩，很明顯是一首巨型的情詩。同時無論「形式」與「內涵」都可說是一首具有突破性與創新性的情詩。

「浪漫C／浪是我沉思的紋理……／海的存在／我的存在／C的存在」這些詩句，首先已塑造了海（大自然屬性）與作者本人與C（情人）三者的連體型構，其內在也貫串著相溶合的「愛」；這種透過人與自然的觀照，多面性的探視導力，所產生的「轉化」與再現功能，使我們很快地想到《雷恩的女兒》電影中，導演處理男女主角在樹林幽會時，將鏡頭製作成太陽（男性）來回上下壓著（承受太陽的）大自然樹林（女性），來傳達男女之間情慾的強大無比的自然原力，確是有相類似的見地與意圖的。

首先他掌握到以「海」作爲他情愛演出的無限地展開與變化的廣闊劇場，並又使「海」與「他」與「C」全都是提供給「愛情」演出的劇場與劇中人，因而詩內涵潛伏的「互動性」與「演化力」，必有較繁富多變的形勢與需求。自然地驅使他在題材的調用與技巧的運作方面，面對「新」的場景與起跑點。若因此將這首詩也納入廣義的「後現代」創作範圍，也不爲過，當然在他情思從舊有的抒情形態中「解構」出來，經過多向性的吸納與反應，仍回歸到以「愛」爲核心的「主體」世界，應是與後現代脫出主體、自由散落的存在景況，不太一致；因而將它說是在無形中調整與銜接「後現代」與「現代」的某些差距，成爲之間的接線，似較接近問題。

他詩中雖一直繞著「愛」的中心與實體在移變與轉動，仍含有某些不變性與恆在性的「前現代」精神意識；但他極具拓展性、創新性與前衛性的多元藝術意念與表現手法，是難免已跨進了「後現代」創作的新社區。

像在這首詩中，他將「都市」、「陸地」、「海洋」與「宇宙太空」，建造在多次元的「共通」空間架構中，創新且開發情思與意象活動的更廣闊的境域與資源。如詩中「我被建築吞食的身形遁入月台……蜿蜒而吃力的鐵軌……／把都市的天空壓入地平線下……／從都市到海洋／回到生命最原始的奧器／最濕潤的懷抱／……啓航之前／浪的籟聲……／船與岸，一同傾聽星河移轉的嘯吼……／看人寰遠去／天界眞空／心頭歷歷流轉……」是顯然的將「都市性」、「陸地性」「海洋性」與「宇宙性」的景物與情境一同展列在全然開放的實視空間裡；將第一自然「田園型」與第二自然「都市型」以往的有形界線刪除，使實視空間全部解構，這已與廣義的「後現代」意識搭上線。

接下來是他解放與容許詩本身以外的各種文學形態以及其他藝術的表現技巧——如「散文」的抒述性、「小說」的故事性、「戲劇」的戲劇性、「報導文學」的實錄性，以及「電影」鏡頭的轉換性、「繪畫」的畫面性與「拼湊」的組合性等多種屬於純粹藝術性的質素都提升到詩裡來，替詩工作，使這首長達幾百行的長詩，在達成它錯綜變化的巨大架構、態勢與特異性的「新貌」時，是的確發揮了集體技巧的構成實力。這與我數年前在《羅門詩選》序中所提出的「把詩的體態，進一步當作藝術的體態來看，使詩境在進行藝術的創造中，採用『立體派』多層面的構成觀點，以獲得大規模與立體感的結構形態——有如大都市建築，所呈現層疊聳立的造型美而多面性展示的景觀……」是有某些共通性的，他甚至在「後現代」的思想導力中，更進一步強調這方面的拓廣性與實踐性。

如「從都市到海岸，我是貼地的小河，委屈婉婉；沿途層層退回的山巒，猶我件件拋棄的心事」。他打破詩語言排行的嚴緊規格，採用「散文」敘述性的連接長句，使言語自如和緩地走過來，但走過來的，仍然是詩，而非散文。

如「愛情若是一種抗旱的生命／當它沉默地停泊／海面，便會因爲吸收過量的水份而膨脹得高過燈塔高過上帝查封的巴貝塔／我寧靜地騎跨它飽實的背部／拋釣／卻釣住了地球……／C、我正在自你的髮際陸沉。」他製作情景、行動與心態的「轉移」與「跨篩」效果，因含有「戲劇」的某些劇情性，便特別激發出詩的感性的張力；像「釣住了地球」更是驚動時空之句。

如「二十三時三十九分／底艙的水兵們／已熟睡在一排排輕輕擺蕩的吊床裡／他們五顏六色的夢／流觴飛杯／順著風管／緩緩排入港的周沿……」他是使詩意開始從易於接近的「報導」管道進入，然後逐漸地擴張與散發；同前後的詩境會合。

如「那日我在艙裡攤開信紙／你的聲音一一跌落桌面／我仔細將他們一一拾起／砌一道僅僅容身的城垛／……離岸之前我們打開車門／進入旅館／一齊躺下／看四面的玻璃／將空間推向水晶層疊的海洋……」他將離岸後在海上的心境，與憶起和情人離岸前在幽會旅館「玻璃空間」構成另一種「水晶」的海洋的存在情景，以「電影」的雙鏡頭拍攝與對視在一起，所形成情思活動的雙面壓力空間與虛實相映照的景面，也是具有對比的張力與逼視力的。

如「自圓形的舷窗望去／玻璃映現著衣領一道銀色的官階／此外只有更深更深的海與黑夜調合的濃漆／步上油漆層層的甲板／靠著舷側的欄杆／靜靜想你在廚房晃動的背影／彷彿聽到鍋上沸油與生菜接觸的爆裂聲……」他幾乎已是一位在詩中抓住野獸派強烈「色彩」以

及超現實與超寫實對眼前與記憶中的生活「畫面」與情境予以潛在表現的畫家。

如「熱是物質在他無形性及液化性之中的自我復元，是其抽象的同質性對分殊的特性之一種勝利；他的作爲否定之否定的抽象的純粹自存的連續性在此從事活動。」這段近乎論說性而不太像詩的文句，是他對「海」與「人」的生命動力與情性於探本溯原到其原本存在所產生的含有辯證思維的理念與觀感，且被他破例且有機地「拼湊」在詩中，打破語言習慣性的表意形態與思考界限，這種具實驗性的嘗試，或許已含有後現代「超達達」的無所不能的創作行爲，至於是否可行，它已提出了藝術上表現的問題。

此外從整首詩的開始到終了，事件與情節的推演與發展，都隱約有轉接的過程性以及某些可見的故事性與心理描寫。這又無形中讓「小說」的機能也提升到詩中來作業，使詩尤其是長詩在創作中又增多了一股輔助的實力。

如此看來林燿德似是企圖在這首詩中建立起一座「藝術技巧的活動中心」，甚至是他貫徹「藝術思想的集中營」。

最後還是轉到原話題，看他以「海」作爲意象源流世界來表現「愛」，寫的這首情詩所呈示的第一流想像力、轉化力與造型能力：

在「C、想你是唯一可與海相較的／海不穩定地立於驕傲與自卑的中點／隨時向兩端擺蕩，伸展……／你，是我所皈依的恩威莫測的神祇」這段詩中，C是愛人，海是林燿德，三者存於同一時空架構裡，分開來，林燿德便是處在驕傲與自卑的中點，向兩端伸展擺蕩的海；

C則是能與海相比的海，也是林所皈依的恩威莫測的神祇的海——愛人；而海仍是永遠存在的海，也是給林燿德製造「愛」的意象的海，在這相交疊相交溶的海裡，若溢流出「愛」來，它能不使林與C都愛到永恆不朽的愛的海裡去，而超出「海枯石爛」式的愛情誓詞；並且顯示出他的想像力、轉化力與造型能力具有第一流的水準。

在「一再獵取我／你巨大的影像，是不斷吞沒太陽／吞沒海洋的意志的岸／船航行得再遠，岸總是跟著」詩中，C巨大的影像是吞沒太陽與海洋的意志的岸；林是船也不能不被C的岸所「獵取」，船航得再遠，岸也跟著不放地「獵取」，這種死死連結的愛，只有海能站在中間做見證：因爲海此刻不能沒有船與岸，岸與船也不能離開海，三者便不能不纏著愛在一起了。這種深入的表現，若不是第一流的想像力、轉化力與造型能力，怎能做得到？

在「海圖上密密麻麻的數字與符號／都是性靈流浪的密碼／人類本源的大奧祕／生物最原始的生存空間／海洋，你以地球子宮爲主題的歌詠／是永遠不死的潮汐……」詩中他將生命與熱愛的景面，推演到宇宙純然與原本的象徵型構，說出地球是孕育萬物生命的子宮，海洋方能以永不死的潮汐來歌詠生命之主題。這豈不是又運用第一流的想像力、轉化力與造型能力，方能使自然界如此具超越性的永恆情境，反射在他與C那仰壓不住的脈動的永遠的「愛」中，有所觀照。

難怪他接著寫「在海神寬敞的牧場上／我正在沉寂冥思／聽濤、憶你／睜眼：看仙葩奇姿／閉目想韶華跌宕／浪，與島衝突，便擊出千隻爆裂的白蝶／浪，與船抗拒，就撞成萬尾驚竄的白鯉／浪以奔蹄的節奏呼喚空寂／……旋滅……旋起……／方死……方生／……把整個天空都收束在你透明的速度裡」，便將C提升到最美麗的聲音與形態之中：「仙葩奇姿，韶華跌宕」；於浪與島衝突、與船相抗拒時，便有千隻白蝶萬尾白鯉出現；豈不是也在說他與C在愛的衝擊中，有千隻潔「白」的「歡躍」飛起，有萬尾潔「白」的「喜悅」游過來。當世界在生命的浪聲中，奔向宇宙那朵實在美麗的「空寂」，旋滅、旋起；方死、方生……整個天空便收束在透明的速度裡，還會有被愛的生命，在搏動中，不進入透明純美的節奏與韻律之中。他內在如此卓越的視聽能力，怎能不讓他第一流的想像力、轉化力與造型能力到詩中的技巧部門去好好工作。

由於愛與被愛之間的距離，全是連住「思念」，他便寫「C，立於雪地的女子啊／海也並吞不了的思念／我的生命正向你的岸隱隱流去」，將C浮雕在雪地潔白純淨的空間裡，成爲那具有迷人體態的「聖女」般，「思念」是一條海水也無法吞沒的情感導火線，C怎能不熔化在燃燒的「愛」裡，成爲生命永恆的存在與嚮往，而使林燿德終也在詩的最後，讓自己整顆壓抑不住的心靈，像詩中「積雲佈滿威力沉沉壓下／直至太陽放射」的情境一樣，向愛放射出去」，並緊接「……太陽放射」之後，他寫下「才意識到承擔我體重的你／是我此生唯一的陸地」，這兩行結尾的詩，它不但穿越生命形而上與形而下的實體世界；而且構成他建造一己完美的愛情宇宙的堅強的經緯線；他與C與海便「愛」在經緯線正交的軸心裡。

綜觀他整首詩所展現的這許多精彩與卓越的部分，可看出他不但是一個在精神、思想與情感層面上，均具有廣度、深度、實度與強度的傑出詩人；而且從他上面的例舉中可證實他的確如本文在一開始就認爲是有第一流想像力、轉化力與造型能力的才華型詩人。尤其是他執持至爲前衛的創作意念與實驗精神；廣用多面技巧；折斷排列的句式；從以往語言的慣性與舊態中脫出，呈現新意新貌，並刷新抒情詩的格調；這都是他所以被譽爲「在現代詩史中跨出另一個新的早晨的詩人」的主要理由，即使在他整首詩龐大的架構以及語言大幅度的展布中，仍有待再加強與改善的地方，如有些意象間的溶合度以及極少數語言用字較爲冷僻或過於邏輯性與說明性；然而仍不能阻止我們將這首詩看成是一首有大自然觀照力、有生命內涵力、有藝術創造力、有技巧表現力，而且架構碩大、氣勢縱橫、風格獨特的新型抒情詩；詩中所帶動的愛情力量也是深遠與強大，令人神往與感動的。

# 世紀末的音爆

## ——序詩人杜十三《石頭悲傷而成爲玉》詩集

杜十三從《地球筆記》、《新世界的零件》、《火的語言》……到這本《石頭悲傷而成爲玉》，他一直是緊抓住現代藝術創作強調的前衛性與新創力，因而凸顯他是一路要求突破與超越精神的藝術家型詩人；同時他面對世界，採取多向度的觀察，內視力也較一般詩人銳敏與深入，又有一己獨特的切入點，故在詩的思維網路上，能不斷觸動對象特別精彩與深刻的部份，就這方面，他已掌握到創作上強大的優勢，也顯較一般詩人有才情與傑出，能站入重要詩人的位置。

對這本新書，我整體的觀感是：

第一、他是帶著「現代主義」與「後現代主義」一同邁向二十一世紀的，從他詩中可呼喚到後現代網路資訊文明的電器，也聞到現代主義文學思想所蘊含濃重的人性、人本、人文精神溢流出來的文化氣息。至於後現代推銷的解構、多元與去中心，杜十三不是「來貨照收」，他在詩中，雖接受解構往多元發展的藝術層面探進，爲獲得詩思與藝術表現上更多可能的發現，但基本上，他仍保持在多元展開的「演釋」過程中隱藏有一個無形向中心「歸納」的動向，防止誤入無限「演釋」的不可收拾的「亂流區」，形成存在失控現象。所以他在詩中仍是很機智的操控「演釋」與「歸納」兩部思想機器在向前互動的運作中，使現代被後現代解構經異化與移化過後，便演化爲「新」的現代，而呈示「前進中的永恆」的創作形態，具有存在的持續性與不死性，便自然排除後現代消費文化曾流傳詩人已死的謬論，且重認詩與藝術的嚴肅意義與價值以及堅守創作的確實導向，是值得肯定與重視的。

第二、當不少詩人受到「後現代」之害、將詩寫成不像詩的一大堆散亂的文字，杜十三卻是受益者，他有審判能力，能確實善用「後現代」解構觀念，打破所有的框限，自由的進出古、今、中、外以及田園、都市與宇宙太空的生存時空環境，自由的使用地球上所有的物體材料以及各種藝術流行主義的功能，以致擁有創作世界豐富與大包容度的資源，這便首先使他這部書的書寫內容與藝術表現，出奇的繁複，多變化與多樣性，而滿足讀者。同時，他更以詩之外的藝術創作包括繪畫、裝置造型與音樂等藝能，來參與策動詩語言所展開的詩思空間，有效的去製作心象世界高質感與高見度的造型畫面，大大提高詩境的藝術景觀，當然更重要的，是在他統化多面向的題材與藝術技巧，進入詩整體的存在時，有效的採取環境藝術潛藏的互動與感通能動力，使詩中所有的個體都統合入整體美的新的存在秩序，沒有把詩搞亂掉。

再就是他詩中涉及人與物以及生活中發生的事件，都能內化與深化到存在與活動的深層境域，並透過具象與抽象、現實與超現實、虛與實等相互動的雙向管道，確實監控那個旣眞在「象」中，又大大超出「象」外的更爲眞實而且耐看耐思的詩的世界。

第三、杜十三是極少數具有宏觀與微觀藝術思想的詩人；在他詩中，可看見他詩思無限的延展與開拓，以及進入一切事物與生命的深廣面和無限的思維網路所作的精深與精微的觀察與探視，是的確使他的詩境，建構在具有廣度、深度與密度的思想架構上。因而他也同時被視爲一位具有感知性的思想型詩人；在我看來他雖不是像詩壇極少數偏重打「BOX」重拳的詩人；但他確是極少數打出非常精彩、奇巧、多變化、多技法與採取所有打擊面的「泰國拳」的詩人，一樣令人觸目驚心。

第四、我們沿著他詩中多景層面的意象以及他反習慣性所製做的突破常態的新穎語能語勢與語路，進入他畫面與造型亮麗開來的奇異的花果園與風景區，我們看到與呼吸到的是他不同一般詩人的銳氣、靈敏度以及獨特的原創力與強烈的前衛意識。

第五、從他這本書中，我們似乎發現到一個重大的發現，那就是他做爲詩人，已超越如何去寫成一首詩的境域，而更進一步以「詩」高超卓越無比的力量來主導與主控自己、人與世界乃至所有類型的文學與藝術存在與活動，朝向「美」的巓峰與「前進中的永恆」世界邁進，並企求找到生命與一切存在的原性與原本，因而他在創作中不可能同意後現代有割棄文學主體性的論調，而相反的仍是偏向我所認爲的——那就是所有古今中外的作家、現代、後現代、後後現代的作家，包括過去、未來獲諾貝爾獎的作家，無論他是帶田園從田埂路、帶都市從柏油馬路、帶後都市從電子網路……等不同的路上路，他都必須帶著深入感人的生命思想上路，因爲眞正的詩人與藝術家，不只是在路上耍文字與媒體把戲的雜耍者，他終於要以他的語言與符號向生命說話，並發出感人且久遠的聲音，詩人杜十三便正是如此來建構他思想性與優質文化的創作生命，並一直堅持二十多年不變，而有傑出非凡的表現，的確值得大家來予以重視。

最後，讓我們祝賀這本書像一顆亮麗的詩的人造衛星，在二〇〇〇年的零時一秒，向廿一世紀發射出去，大放異彩，照耀詩與藝術的領空。

# 序詩人蕭蕭《凝神》詩集

## ——扛著「現代」與「後現代」走向廿一世紀

寫詩、評詩與教詩有年的蕭蕭，又是一位出身中文具有中國古典文學素養與基礎的詩人，因而在詩創作上，具有較優異的條件；於文字語言，與文思的運作過程中，都較爲順適、順暢與順意，強化詩的可看與可讀性，並打開詩思向前發展的通路，確有好的效應。

詩集採用「凝神」爲名，是經過審思、沉思與有意圖的，也就是說詩潛藏著比「傳情」更高層次的「傳神」境界。而要達到「傳神」，就必須使思想進入深沉的靜觀內省凝結成「凝神」的精神狀態——就靈視的聚光點，方能將一切出神入化之「神」透視出來，基於此，作者相當高明以〈鏡子兩面〉一詩來作陳訴：

〈鏡子兩面〉

鏡子（A）
發現對面是一片空　白
無物可照

那晚，鏡子開始懷疑
我，曾經存在嗎？

那些曾經在我心上喜心上怒的
如今又在哪一面鏡子的外面哀樂

鏡子（B）
照看外面空無一物

無晴，無雨
無男，無女
無聲，無色
無情，無義

鏡子坦開胸腹手腳，睡了一個大覺

詩中以「鏡子」的靜觀、定視與全視，讓抽象的「凝神」在其中獲致具體存在的位置，這種藝術設計的確實度與精深度是十足的。至於「鏡子」移化爲凝神的「自我」觀照時，究竟凝視出存在的什麼之神？這也就是隱藏在詩符號背後的奧祕——一面鏡子兩面觀兩面照，便觀照出作者（包括所有人）自我存在的兩種情境……。

（A）鏡開始發現「無物可照」的空白，懷疑自己「曾經存在嗎」？後又覺得自己仍存在於人我之間的喜怒哀樂的變化中，這種情境推展到（B）鏡中「空無一物」的「無晴、無雨／無男、無女／無聲、無色／無情、無義／」的全面清場式的出世的空無狀況。……都精巧的放影在同一鏡子的（A）（B）分光鏡中，奇妙的透視出人存在於有無中的詩境；尤其是在最後結尾的那句詩中，將「鏡子」擬人化的「坦開胸腹手腳，睡了一個大覺」，來不看不管一切的存不存在，這樣子對於「鏡子」來說，人與時空與它都是了無心事的一起睡了，留下的是一個相當精彩令人深思與「凝神」的存在的空境。

此外，（A）境詩中第一句的「空　白」兩字，本應是連住的，但作者蓄意分開，使「空」顯出它的空間感，使「白」除白入它純粹絕對的白，也白成特殊的色「空」，並同空間的「空」，雙向地拓展與強化空間的「空　白」效果，看來是深具構想的藝術設計；再就是作者在（B）鏡中，以硬邊藝術(HARD EDGE ART)手法，讓堅實簡要的語言線條與精確的輪廓，將偏重「內斂知性」非「外洩感性」的情思，分層建構成一個具有造型空間感與結構性的詩境，顯示出創作上新的思維——讓東方空靈的無限感，納入西方空間觀念可見的實感與幾何型構，也是具有創造性的表現。

沿著上述的詩例，作者以（A）與（B）兩種相對照的書寫形式，表現兩種存在情境所產生對比張力的反思效應，一連串寫下的系列詩作〈刷子兩把〉、〈山壁二景〉、〈醉酒二態〉、〈賴床二法〉、〈愛情二式〉、〈春蠶兩仙〉、〈虎威二式〉、〈晨露兩滴〉、〈九歌兩曲〉、〈鞦韆兩架〉、〈石頭兩粒〉、〈白雲雙飛〉……都可說是大幅度多面向地將人與一切內在存在的情景於審視的詩思中，建構起相對照與來回反思的新穎奇異的世界，而這世界是否在奇異中，令讀者感到驚奇，的確在最後還是根在詩「意象」施放與投射的爆發力。至於後現代有人認爲詩不要「意象」，我認爲那樣詩會貧血甚至餓死。蕭蕭爲此作出了力證，譬如他在〈晨露〉詩中的「一滴晨露三萬六千面，面面攝入太陽，面面亮著太陽的光閃」，在〈醉酒（B）〉詩中的「醒來，二十一世紀的嬰孩」，在〈春蠶〉詩中表現春蠶吐絲前寫的「肚子裡的千山萬水萬水千山，反覆循探，胸腹間浩浩然八股正氣瀰漫」，乃至在〈鞦韆（B）〉詩中以「平塗」的白描直敘手法寫的「鞦韆盪過去……什麼時候鞦韆盪回來」的詩句中，都是無形中通過「意象」的潛流地帶，隱藏著可想見的意象活動空間，在暗示與質問人懸在「空」中的存在處境與去向，而非止於散文性的平白指意。

的確，詩永遠是靠高明的想像——即「意象」將埋在生命與事物深處不可見的奧祕與美挖發出來，在這方面蕭蕭顯有實踐的能力與探視的能見度；而且在「意象」活動「空間」的拓展上，更以「內造」空間的設想與形勢，來使其空間感，更爲加強與擴大，看來是具創意與藝術構想的；如〈換我喚誰？換誰喚我？〉詩中的「衣服閒閒垂掛在衣架上」、「從遠方回來的那人又去向另一個遠方」，這兩句詩，將第一句「〈人穿的〉衣服閒閒掛在衣架上」

同下一句拉開，在拉開的「設造」空間裡，抽空存在的過程與景物，使之展開成全空出來的無限空間，只留下〈人穿過〉掛在衣架上的衣服，遠遠「閒」看著「從遠方回來的那人又去向另一個遠方」，這種情景的畫面與造型，使我忽想起世界一位著名雕塑家傑克美蒂(A. GIACOMETTI)，他將一群走動的人塑造在空曠的廣場裡，雖都是人，但臉與手腳都朝向不同方向的遠方。這似乎都同是透過創作思想與作品符號所「內造」的更開闊的意象活動空間，來象徵暗示：人存在於茫茫時空中的不定感與流變性。又這兩行詩雖拉開距離孤立成兩個世界，但作者以誇耀的聯想，架造起往來的空橋，可說是達成一項相當奇特的藝術工程。

當然在蕭蕭的詩中，仍是像其他詩人離不開賦比興的手法，也免不了在文字的符號中對人生提出某些暗示、啓示與警示，如在〈石頭（A）〉詩中的「風，東南來不一定西北去」，確是一句富於暗示、啓示與警示的令人深思反省的詩，本來在常規中，東來西去、南來北往，是理路，爲什麼會出現反理路而行的現象？如果你去問跟著勢利東跑西跑的社會人，他會給你完滿的答案；或者你換一個方向，進一步去請教愛因斯坦相對論的存在思想，或者你留在〈石頭（A）〉詩中的「月亮不一定不是／那顆會撞人心坎的飛石」，這句詩的意境中，將那些造成你內心敵對阻力的「石頭」，試著轉化與昇華成爲「心坎的飛石」——「月亮」，也就是成爲一種昇越與超脫的存在。……在這多向度的解讀中，可見蕭蕭的詩作，留有多種可能的想像空間；如果你進一步深入生命與思想存在的深層世界去追索，尚可在這首詩中，看出作者在面對「相對」的存在情境時，他不會像尼采對著阻力從「傷口」穿越出去，他大多從「窗口」去看緩和的雲，如何越過山。

談到此，我想調整論談的角度，因爲在下面要談的是他自二元次組詩到三元次組詩到解構多元發展等系列詩，其中並滲有數字遊戲、大小文字圖象以及排列的文字陣營與以英文字母爲依據所製作的一連串富意趣的造型意象……加上表現形式的自由使用；題材用字的不受限制，無論是大自然的種種景物、古代的聖賢經典、西方的皇后、乃至甜不辣、老鼠麵、WC廁所……等通俗的字眼，都可以自由入座，這很明顯已涉及所謂「後現代」帶有解構顛覆性、遊戲色彩、拼湊、以及反常態與複製的詩風；因而也跨進超達達(SUPER-D ADA)徹底自由解放、無所不能的創作思想與精神的活動境域；同時以偏於知覺的思維與帶有形象設計(DE-SIGE)的構想與意念來重新對「詩語言」與「詩思」的行程行動與行色，做不同的規劃、包裝與操作，更是無形中加強後現代詩的色彩。

如〈空與有〉組詩中，以

有

空

兩字構成的一組詩，除從字體的筆劃可看出作者企圖表現存在的「有中之空」與「空中之有」的詩思，顯然是一首有含意的視象詩，也是一首圖顛覆解構詩體與反常規的後現代詩風的詩。

至於其中的另一組：

我的心遂傷成一口無底的井可以任十三經二十五史七十二賢
人一〇八條好漢以及他們的無辜
縱———　落　落　落　落　落
喊一聲喂
竟有八萬四千個喂喂喂喂喂喂喂喂喂喂喂喂喂喂喂喂喂喂喂
喂
我應來回喂喂喂喂喂喂喂喂喂喂喂喂喂喂喂喂喂喂喂喂喂喂

我們除從詩中看到作者將「十三經二十五史、賢人好漢……」掉進心井時引發人存在於深遠時空中的「有與無」的奧祕與驚顫的回響，是有「形」的；尚可見到詩句排列形態的解構重組，如「落」字的間斷「複製」，表現不同的「有」往下落↓落↓落，形成可見的視覺形象；而「喊一聲喂」的「喂」與「回應」的「喂」，更是彼此連續「複製」成不停地回響的聽覺形象……這樣在詩語中所特別製造的「複製」行爲，便也同時呈示後現代詩風的另一個常出現的特色——「文字遊戲」。

談到「文字遊戲」這從表面上看來，是件輕鬆的事，也是後現代詩創作被詩人愛用的一種手法，但在蕭蕭〈英文六書〉詩中所玩弄英文字母的遊戲，倒是有其認眞與思考性的一面，不是那麼輕鬆的流於浮面化，而是將字母不同的形體與形象，經過透視，以設想與聯想，使之轉化入同「人的生命思想」與「大自然的生命景象」相互存在的畫面與結構造型，一起在不同的字母中，玩著有藝術觀念與生命思想深度的精明、非粗俗的遊戲。同樣的在〈飛天三式〉與〈癢之痕二〉兩詩中的每一行詩之首，都分別以同或不同的一個字，加上「，」逗點，成爲每句詩的「領航」字眼，然後讓詩思各自定向出航，這顯然也是透過設計觀念與預想性所「玩」的「單一字母」的藝術遊戲。

談到此，我想用較多的注意力來談他〈應無所住而生其心〉這首詩，因它是詩集中題材與思想面的廣闊度與用量都較大的一首詩；同時創作的企圖心與膽識也大；運用的表現技巧也具多樣性與變化，包括現代詩一貫用的意符、象徵、超現實、立體觀念、內延化的形而上性，以及後現代著重的指符、平塗、解構、多元混合拼湊、複製、圖像、設計……等，可說是全面動用所有能用的創作技巧與手段，因而這首詩，應是一首具大容涵與大工程建構的詩，也是蕭蕭帶有後現代詩風的一首具有思想性與表現的重大作品，值得大家重視。在此我不做細部的解釋，只將凸現在我觀感中較特殊的重點部分拍攝下來：

㈠作者在詩中以「日出（非日落）條款」形式，將人與大自然的存在百態、變化無窮的內外活動景象，在細微、深微與精微的檢視中，分門別類的規劃進閃著不同亮光的各種詩思條款，一條條以不同（乃至變化的）阿拉伯數字與英文字母，分別標明，並順序串連、排列與建構起詩思多線道多面向的展場。看來近似層次分明的高層詩建築，也有如精心設計的有條理、景色交映的詩的林區。當組詩中的「其一」詩章，每一句開頭前二個字都用「如果，」整首詩相連「複製」了廿五個「如果，」以「如果」的假設來一連串訊問出不同的存在形態、及其活動空間與奧祕奇特的情境；接著同樣在組詩的「其四」詩章中，也相連在十六句詩中相連「複製」了十六個「笑」字，來分別笑出各種不同表情的生命存在與詩世界來，這樣的「複製」工作，在閱讀的感受上，都顯有強力的加壓作用與功能；再就是組詩的「其二」詩章，也用同一個「0，」「複製」了廿五個阿拉伯數字「0」與英文字母「O」，兩者的「○」都看成「零」的存在時，世界與一切事物便在「日出條款」中，一一從「新」的起點出發，一同進入詩思多層次的奇異航程與疊景；同時在數字與字母所列出的那許多詩思「日出」的新穎條款，作者更以拼貼藝術(COLLAGE ART)手法，一一將它們貼成詩新異可觀的航程藍圖；像這樣巧妙的「拼貼」加上傳統古詩乃至八十年代的新詩從未有過的「複製」技術以及詩中意符的連鎖斷裂，出現各自孤行，各得其所、沒有統一性與規範的游離情況……此刻，我們如果說蕭蕭這首詩顯已有後現代詩風，應是有確實依據的。

㈡這首詩將存在於古今中外、地球、大自然、宇宙，以及物理、生理與心理空間中的各種物體景象，乃至抽象的文化、文學、哲學、人生觀、自然觀、宇宙觀、歷史、政治、宗教與出世入世……等思想都儘可能容納進來，構成這首詩創作中相當浩大的材料庫。除了使這首詩有豐富的思想資源，也可見作者的創作思想已充分用上後現代的「解構」觀念，打破框限，使一切完全自由進出作者開放的詩思空間，而無所不能的去開拓與建造起這一具有大架構大景觀的詩思世界。

㈢這首詩雖表現形態有後現代的詩風，但思想層面卻存在著並非完全一致甚至有相悖現象而引發值得重視的反思空間，那就是：

⑴在後現代被商業文化所帶動流行性的浮面、薄片與淺盤式的思想面向中，蕭蕭這首詩幾乎每一句都具內在的思考性，呈示「厚片」與「深盤」的思想負荷力，仍潛藏有「現代主義思想的後續力，也應是繼續受詩神厚愛的部分。

⑵由於物質化、形象化、影像化的後工業文明景觀，侵佔人的生存現場，不斷的直接「指稱（指符）」，取代了對內化、深化、演化的形而上內心世界，做分析與知解的指意（意符）；於是形成後現代詩「起落板」式的存在情況時，似乎向外陳述「可見」的世界偏高，向內化解「不可見」的世界偏低，可是在蕭蕭這首具有後現代創作風貌的詩中，仍堅持詩思的內在性意涵與深度，乃至「意象——意符」所意指的某些含有哲思的形而上性。如「碎不碎都象徵人生閃爍」、「缺口傷口都能保持相當時間是活口」、「如果是風聲　曠野向曠野猛撲猛撲過去」、「我在二十世紀愛妳妳在二十一世紀等我」、「妳是滾滾濁流一片未題詩的紅葉」、「妳是喊一次就消逝在風中的激昂口號」、「妳是悲傷的石成爲杜十三的玉」、「妳是夕陽餘暉裡的雲翳雲翳裡的霓虹」、「溪流接受頑石的愛撫回饋以音樂」、「頑石接受溪流的愛撫回饋以哲學」、「大地接受屍體的腐臭回饋以滿山遍野的香花」、「雁過寒潭不留影」、「船過水無痕」……等這許多詩句，都是在「指符」的直接指陳中，仍存有「意

符」的非直接的潛在指意，於反向留住詩一向所厚愛的「言外之意」與「絃外之音」，而這部份的特殊收益，正是詩與藝術的主要需求。

(3)這首詩在構想中，沒有定點、沒有中心、沒有必然性，在自由中施放出「各說各的，各走各的」的近乎「獨行俠」的詩行，看來像噴水池與煙火任意噴射出的無數亮開來的水注與光柱，展現出自由叢生、「集中」又各自「散發」入不同向度的存在，帶來後現代詩在反思中該不該有發展的統一「中心」與「定點」，提出具有正面意義的思考空間與問題——沒有「中心」，世界便無法「歸納」；一有「中心」，世界便「演釋」不出去；沒有「定點」，航行便沒有岸，永遠的飄忽；一有「定點」，便有岸便得停下來。於是在該不該有的存疑之間，這首詩便留下來回反思、彼此相化解相消長的持續存在空間，去面對創作新的可能、新的觸及、新的發現與前景，是値得省思的。

(4)這首詩揮灑出無數詩行，每一行想必都經過作者一再精心的思考與確定，但事實上，彼此間似乎仍存在著它的不確定性，那就是其中可抽出一些不夠精確的，更換或加進一些更精確的。這情形正是後現代詩容有意象連鎖的斷裂情形，所給的自由裁量空間，使詩思可任意任放的進出與自由的組合拼湊，看來有其順向的可爲性，但也有其在反向思考中出現全面性的協和與融合問題。因而給後現代詩又提供一次反思的效益。

從以上所引發的四種反應，可看出這首具有多面思想容涵與大企圖、大架構的詩作，在研討的論談過程中，有它的重要性與正反面的效應——爲後現代詩新的創作思維、動向以及考量與調整，顯然具有建設性意義。

經過對整本詩集進行概略的觀察過後，我的總體觀感是：

㈠蕭蕭是有思想性、語言功力、想像豐富、以及有藝術策略與運用多樣性技巧表現的優秀詩人。

㈡這本詩是隨帶著「現代詩」具有內在深度的思想資源，進入「後現代詩」新的工業區，去創建與經營確有實力的「後現代詩」的新廠房，出產新穎的詩產品，是有創意與前景的。

㈢這本詩排除以往詩中的浪漫抒情，溶合了知性、理性與悟性以及那來自學識、觀念與經驗……等，來建構起一個偏於冷靜、內斂、耐思、耐看的思想型詩境，且閃動著哲思玄想與神意之光，具有高見度的詩思特色。

㈣在這本詩中，蕭蕭呈現出超乎一般詩人的宏觀與微觀思想能力，使他能同時經營詩世界的輕工業與重工業。

㈤隨著目前潮流傾向於「觀念藝術」的思維模式，蕭蕭在「觀念」中，所展現的帶有設計性構想的詩思與語言活動的廣闊空間，所顯示的繁複、豐富感與多變化的情景，是可觀的；如果能在語言活動的流程及其帶動詩思的感應磁場中，加強詩語言的吸引力、誘動性與亮度，想必能激發出更強有力與壯觀的詩世界。

最後我在百忙中，爲蕭蕭在蛻變中突破他自我創作的生命，邁進新的境域與未來，寫此篇序言，除了對他三十多年來努力的成果致意，也祝賀他的新書出版成功。

# 概觀短論羅青

## ——台灣後現代詩創作的旗鑑

羅青是將詩、繪畫、書法與藝評四種創作的藝能一起匯合在他生命中、發出亮光的詩人藝術家；同時數十年來我發現羅青也確實是深具獨創性與原創力以及前衛思想的第一流詩人藝術家，在國內詩壇扮演重要的角色。他能被傲氣十足的奇才林燿德讚稱為台灣後現代詩創作的旗艦——就領航者，便可見他詩創作的歷史地位與表現是不可忽視的。

他能被認為第一流的詩創作者，是因他確實具有詩創作最主要的第一流想像力，那不是一般乃至知名的詩人所能想像得到的；單看他在詩中將吃西瓜想出十六種吃法來影射出詩活動的思路，又出奇的將圓形的西瓜轉型昇越成為地球，破開來的西瓜內部，是天空、是漫延滋長著星星、月亮、太陽、宇宙萬物等在不同形態中蛻變移動的種種充滿了生命玄機妙思的奇蹟奇觀奇景，使詩境在想像中不斷衍生出無數連鎖的奇特的想像，令人不能不驚異且著迷他悟生妙覺的想像語言魅力。這種廿年前不可思議的想像魅力，沒有停止的同他在八十五年《中外文學》的「十二位中堅詩人專輯」發表的那篇作品〈雖然我仍能讓大家〉接軌，便是更強勢、更精幹更具內延實力的在「中堅」詩人群中，展現出更成熟與堅然的第一流的想像的魅力，引人特別注目。如果確認詩是高級想像的玩耍，則羅青是較一般乃至知名詩人，不但玩得來去自如，變化多端與高明，而且在「西瓜十六種吃法」中也是最早用後現代「解構」與「連環套」的新手法，來玩出空前的第一流想像的玩法。是故羅青被認爲第一流的詩人是從藝術創作的觀點來看，並創造出不能類比的屬於自己的詩品牌，以及對後來的後現代詩具有顯著的意義與影響。

接下來，我要談的，是羅青被認爲第一流詩人藝術家的另一個特別要素，是緣自他的天賦——具有超乎常人的機智、靈敏、巧思、才識，致使他有高見度、能變性與銳利的觀察力、透視力，能進入一切之內去亮開詩與語言活動的精彩思路，並面對創作世界時，能視通萬象、妙機其微的將潛藏在事物內層的異常奇特面，神仙活現的凸現出來。這方面他近乎也有詩人余光中同樣的優勢表現，只不過他不像余光中是採取新古典美學精神所引發的「常態正規」能動性去運作；而是運作在後現代顛覆、解構多元、拼合與重建的新思維境域，溢放出詩新穎的異類意趣與複疊的思緒，更値得從新的藝術角度與表現形式來觀賞與予以重視。這可從他八十九（二〇〇〇）年在他主編的《端午詩人節》詩專號發表的那首詩〈二〇〇〇年犰狳節之年〉中，清楚的看到他詩中所呈現以上所說的特點及其確實具有第一流詩人的創作機智與才情才思。

同時我想特別提的，是羅青非但是傑出的後現代具指標性的詩人，而且在繪畫與書法上也獲得藝壇的刮目相看，由於他能將詩繪畫與書法藝術特異的機能與功能性，交錯運用，使彼此有利益上的輸送，無形中他詩語言的活動線條同他繪畫與書法筆觸下揮灑的變化線條，彼此間是有某些潛在的脈動勢能與共感連線；詩語言的活動空間形態，也難免同他書法繪畫活動所展示的空間形態，彼此無形中有相對應與相關照的共視力，而引發超出一般人所能思想的視覺美感；加上羅青較一般傳統乃至現代畫家，他確實有能力與見識採用後現代顛覆解構理念將詩與其他藝術的隔層、古今中外與東西文化的框架、各種主義流派的條文以及操作的固有成規與媒體材質的運用……均能在他創作自由的能動力中化解重建起新美的存在秩序。因而他不但在詩方面呈現具有開創性與前衛精神的創作成果；而且以詩爲主控力，在書法與繪畫的視覺藝術中，突破傳統創造出那刷然一新、千變萬化與不可類比的屬於羅青個人新的繪畫與書法世界，在不同於中國古代大師畫家的畫風與書法，也不同於西方大師杜庫寧(W. DEKOONING)、蘇拉吉(SOULAGES)……等在墨中所噴射與揮灑過來的世界，羅青是在人類的眼球上，以卓越的發明的心智，從不同的新路，找到他的新的大陸、新的藝術遊樂園區，將詩、繪畫與書法，用藝術各種高明手法，遊玩出詩壇與藝壇最具多樣性、出奇入微、精彩獨特且令人瞻目不可類比的成果來。因而他也自然成爲詩與藝術第一流的玩家；同時由於他在書法與繪畫的表現中，呈現全新的視覺美感，將神遊象外、自由渾灑、百態橫生且溢流詩感的畫面空間，建構成一座座富意趣與立體感且奇觀無比的視覺造型建築，便也使他成爲新書法與中國新繪畫世界中著名且重要的造型詩人藝術家。

# 概觀短論碧果

## ——射向「超現實」原鄉的一顆藝術衛星

長年來站在我內心「第三自然」自由開放的無限視野上，面對詩創作的藝術世界，觀看數十年來的台灣詩壇，我特別關心與留意的，是一個詩創作者，他究竟有哪些是確實能超出尋常呈現特殊且傑出的表現、建立其他人所沒有的獨特的自我創作特區，而從不同的方向放出奇異不同的藝術光彩……，結果在觀感中，我發現詩人碧果在詩的藝術世界，在歷年來的台灣詩壇，在他反常態甚至被人誤解與忽視的創作途徑上，也是群星中一顆放著異彩的藝術衛星，向詩的「超現實世界」原鄉發射，許多年來一直航行在台灣詩壇的領空。

評論家孟樊在論文中指稱碧果是台灣詩壇後現代詩創作的始祖，但從較顯著的創作面來看，林燿德則將羅青譽爲後現代詩創作的旗艦，這中間，我想大家會從眞實面去確認，並看出他們兩位特殊的藝術才能；而此刻我要說的，是幾十年來，台灣的現代詩壇，一直被大家注意與引起討論且對後現代也有過影響的「超現實主義」創作觀念，在其藝術表現的過程中，做得較徹底與純粹的，我認爲應是碧果，他應是台灣詩壇「超現實主義」詩創作世界的純種。

他不像被冠上「超現實主義」標籤的詩人商禽在「無意識」的思想潛流中，加設「理性」的管制站與過濾網，來疏導「無意識」朝向「有意識」的思想活動指標與動向，使詩境最後乃從「無意識」中浮現出「有意識」能辨解的精神思想活動形象。難怪後來據說連商禽本人也聲明他自己非「超現實主義」的詩人。

當然他也不像另一位冠上「超現實主義」的詩人洛夫——將不少精彩可「意」會的「意象」，同超現實的「潛意識」混合，經過無形的「加工」區處理形成非純粹的「超現實主義」詩的另類品種，有如滲入「乳精」後可口的「MIXING 咖啡」；也有如將蘋果與梨結枝變種成美味的蘋果梨……而碧果看來是原來的雪梨，是一般人不太喜歡喝的不加乳精不加糖的「純咖啡」；如果懂得喝、會品出「咖啡」它原來的原味與質感，我如此說，只是從純藝術的角度來喻指碧果是「超現實」詩較接近純種的創作者，不涉及他們三位作品的好壞問題；碧果從他有特定「意識」與「意象」的那首著名短詩「花」的創作區，超移到無特定「意識」與「意象」的自由自動自發的「潛意識」創作特區，讓詩語言符號在「超現實」擴散游離的內視空間，去捕捉那諸多不被指染與整理過的種種活動於「原本形態與秩序」中的生命景象，來建構一個突破常規常態與超越現實過後的更爲「眞實」且原始、純粹與新穎的詩境。顯然有異於上述兩位詩人的創作表現；爲詩壇「獨」家製造「純種」的「超現實」詩；單就這一點，在藝術世界，就具有創作的特殊意義；即使對大衆讀者在接受上確有某些難度，帶來可見的困惑。

然而當我們以「天空容納鳥」抱持寬容與樂於讚賞別人的心態，或許可從碧果自信且堅持純粹的「超現實」精神表現中，聯想到國際「超現實主義」名畫家達利(S. DALI)他採取以相對於文字的繪畫符號，在「潛意識」自由流動變化的無限視境中，任各種本質不同的事物，自由碰撞與結合在開放沒有設限的原始直覺畫面上，施放出那至爲迷惑詭變近乎是來自奇幻夢境的許多美麗且原始的景象……並也因而發現他們彼此創作中放出的藝術光彩，都是從「超現實」原鄉流過來的原本原質的光源，都是以不同的媒體符號，同在另一個特殊的創作動向中，爲人類開發與創造另一個美在奇異與原本中的藝術世界；這世界之所以也受到重視，那是因它能在現實、理性與意識的世界之外，在失去存在確定與實際據點的情況下，於超現實、超理性、超意識中，出奇地建構一個由「無意識」與「夢境」來遊說與戲說的更爲迷惑人的存在世界，而也獲得藝術上特異的創作效益與價值。

我始終認爲並堅信一個藝術（詩是文字的藝術）創作者，能在衆多不同的傑出性中，創造出一己異於別人的傑出性，並建立個人獨特的創作思想世界與風貌，那事實上，他顯已是一個具獨創性的藝術家。詩人碧果當然也是屬於這一類型的藝術創作者。

此文只是我對碧果整體創作生命中較突出與獨特的部份，予以概觀性而非對他創作細部所做的觀察、透視與感評。

# 向內凝視的詩人——蘇紹連

關於蘇紹連，我與他只見過兩次面，一次是在耕莘，只談了不到五分鐘，便分手了；一次是在我燈屋裡，因來了不少青年詩人，我們也只談了很短的話，雖然話很短，但他在來信中，卻覺得意義深長。而我對他有特別深刻的印象，那完全是來自他詩中的傑出非凡的才情，以及他的作品使我感到相當的驚異。

我對他大部分作品給予下面的佳評，雖說是我個人主觀的看法，但在與他本人的作品予以對照之後，我相信我的主觀是能獲得客觀上的認可的，我認爲：

*1.*他是中國現代詩壇上（與年齡詩齡無關）極少數才華較高的詩人當中的一位。

*2.*他的靈視具有非常銳敏的能見度；對事物與生命的觀察與透視，不但冷靜深入，而且能把握其存在的實質、特殊性、要害，及其活動時的焦距焦點與最後的著落點。

*3.*他的悟性也很高；想像力的發射網，也相當的遼闊與嚴密，能探索人內心較深遠的地帶。

*4.*他的意象世界，具有很佳的深度與廣度；在取鏡上，也相當靈活精要，常使用具象徵的暗示性與超現實的緣發性的鏡頭，在實視性的過程中，透現出那不可見又可見的存在的本

體。

5.他的心態與精神意識活動，極具現代感，因而他詩中所表現的美感經驗，均與現代人的心境與生存環境發生呼應。

6.他的富於現代感與創意的詩語言，雖也接受旁人的影響與啓示，但他不凡的才思，卻能溶化成爲個人創作的特殊風貌，使之在詩中活動的性能（如強度、深度、密度與質感）以及取向（如直接、轉移、跨越、迂迴、展現，或四面八方來不及設防的衝刺……），不但有相當傑出的表現，而且極力在追求平易與明朗中，把持住詩語言的深度潛能與特性，使現代詩的實質，免遭受新的「普羅詩」之殺害，而堅守詩永遠是心靈的內視力，向「美」感的經驗世界做深入滲透與延伸的一種精神活動。

7.他在詩中對心象活動空間的策劃與設計，於無形中也同現代藝術有相溝通的地方，強調開拓現代人生存多向性的實視環境，而使詩境成爲一切事物在他想像實覺世界中活動的形形色色的舞台。

8.他的詩，不斷在強調與指認詩是他與一切存在的實據與線索；詩已成爲他對生命的冷靜的思考；詩不僅是在耍技巧的，因此他的詩，常溢流著一種含有悲劇性的人道精神，關愛著這個屬於人類生存的世界；在他的詩中，可聽見一種緣自生命與時空存在的永恆的搏動；他甚至已是一位能感知時空壓力，能體悟內心時刻被鐘齒咬痛，被天地線割傷的詩人，此可從他前些日子提出來討論的那首《瓶》詩中清楚地看到。

當然在上面所說的那些好的感評之外，我不能不補充說明一下。蘇紹連畢竟是正在爬升中的青年詩人，對人生的體驗，仍不能說已達到相當滿足的深度與廣度；在藝術表現與文字的運用上，仍不能說沒有缺點與有失手的時候，但這些毛病，都不能阻止我們在整個觀感中，認爲他是一個具有高度才華與深厚潛力的傑出的青年詩人。

現在隨便拿他《異鄉人》來做例證，我說隨便，是因他不少的詩，都有（甚至超過）這首詩的水準。原詩抄錄於後：

## 異鄉人

一個人，也許是姿勢難看，才成爲一支拐杖
行走時，兩邊的手流著眼淚，也許是一種疲憊
也許那人是一條漫長的路
看看天空
總在翻起破舊的鳥聲
總在一架飛機下
聽到嬰兒的臉
向自己眼睛裡掉落
路上連綿的鞋印

也許是那人的姿勢的
繁殖
開滿
沉重的嘴唇，垂倒下來，吻著衰退的泥土
垂倒下來，深深埋入故鄉裡

一九七三年十月二十九日《秋水詩刊》

在談這首詩之前，又得先說一聲，因爲蘇紹連是道道地地以現代詩的自由形式與現代人的心態來從事現代詩創作的，所以，我們必須站在現代詩的立場上，看他究竟有什麼卓越的表現。我想現代詩與現代藝術是分不開的，只是彼此使用媒體有所不同，都一樣是探索尋求與創造一更適合於這代人生存在新的環境中眞實思想與情感活動的形式，以便在創作中，適切且有效地策動新的意象，去同新的生存環境發生密切的關係與呼應。否則像藝術家波奧尼所說的：「如果藝術家之精神沒有再新生，則也沒有什麼藝術的新生」，現代詩的創作價值，也無法不如此的去加以追認與做判斷了。

在《異鄉人》詩中，蘇紹連一開始便一刀見血地寫出「一個人，也許是姿勢難看，才成爲一支拐杖」，這句詩，把失去了故土作爲依據的異鄉人的生命形態，看成「難看」的姿勢，而喻爲「拐杖」一是往生命的內邊看，表示失去生活的重心，一是從實際的情況看，與下面詩句所呈現的景象，可能有經過戰亂所造成的殘廢情形。其語言的直接轉移，已達到我上面一開始對他的詩所做的佳評——能抓住一切存在的要害與著落點。詩的第二行「行走時，兩邊的手流著眼淚，也許是一種疲憊」與詩第三行「也許那人是一條漫長的路」，這都是表現手法相當高與特異，且具有回折的深度的詩句。但對於一般缺乏靈視與轉化力的讀者，難免要發生疑問了：兩邊的手怎會流淚呢？人怎會是漫長的路呢？但這些「不會」，全都被蘇紹連對生命與一切活動，於深一層的關注與看見中，創造成爲可能。因爲蘇紹連在第一句詩中，已把異鄉人悲劇性的存在，喻爲「拐杖」，而拐杖中，的確有看不見的淚在流；拐杖既被手握住，淚便自然地在歲月中沿著握住拐杖的手——這一具象徵性的沉痛的指向而流了。若將此寫成「兩邊的眼睛流著眼淚」，蘇紹連就不是我上面所說的「靈視深入、敏悟性高、想像力強」的詩人了。同樣的，他所以把人說成「一條漫長的路」，也是想像力的高度轉化，可不是嗎？從搖籃到墳墓，確是一條漫長的路，本來路漫長，若一切來得順利，充滿歡笑聲，則也不會難受；但當你必須抓住拐杖時，那就不是味道了，於是「人是漫長的路」，便是在暗射異鄉人活著是漫長的痛苦。接著，蘇紹連讓那條被抓著拐杖的異鄉人走來的「漫長的路」，在茫然中「看看天空」，這是在他在意象中非常簡練地採取跳鏡的成功之處——將異鄉人從生存的沉痛的實鏡，推入那埋有無限憶念與眺望的空茫之境（「天空」），而在超現實與潛意識的實視空間中，發現到那極具有強烈對比的悲劇性的存在情境：「總在翻起破舊的鳥聲，總在一架飛機下，聽到嬰兒的臉向自己的眼睛裡掉落」。這段詩中的「破舊的鳥聲」，便是指往昔那像鳥聲一樣叫的生命老了，即使在那茫茫無際的天空裡去翻，結果那破舊的鳥聲，轉換到眼前實視中的「一架飛機」，而鳥與飛機都有翅膀能飛的，這給予靠拐杖在「漫長的路」上緩慢移動的衰敗的生命是多麼強大且冷酷的一種回擊力。這一擊，讓我們也同時聽見「嬰兒的臉（往昔舖滿鳥聲的臉）向自己的眼睛（如今看見「雙手流著淚」的眼睛）裡掉落；這一擊，任誰的心都因此而被擊痛了。

的確，在這段詩中，可看出蘇紹連運用跨越的想像以及策劃心象活動的空間，均是不凡且相當成功的。譬如他把「破舊的鳥聲」與「飛機」同那持拐杖的異鄉人相對視的放在一起之意圖，是能構成同企向的多層次的疊景，而激引讀者去深思的；同時他用筆那麼簡略，竟能展現出如此大幅度的具有張力的思想面，看來頗具中國山水畫中的「空白」效果，能掌握一切在無限跨越中的存在。我覺得蘇紹連的靈視與語言，幾乎像是鋒利的解剖刀，刀法也相當的精明；凡是他的筆刀經過之處，便可看見生命跳動的脈絡，以及內心留下深刻的紋路與發出強烈的叫聲。

緊接著上段末句的「掉落」兩字，第二段詩便不能不向隱沒的生命方向移動了，於是蘇紹連運用具象徵性的對照鏡頭，使那與異鄉人難看的（失敗的）姿勢合爲一的鞋印，「繁殖」與「開滿」在漫無際的路上，於無形中激發一種潛在的對於生命原本的境遇之追戀與渴念，而使「鞋印」在跳鏡中轉化爲同形象同意涵的「嘴唇」，而且隨著「鞋印」沉重了的「嘴唇」便也「垂倒下來，吻著衰退的泥土，垂倒下來，深深埋入故鄉裡」。末句是非常有力的結束，對整首詩的悲劇情境交待得確實與完善。如果最後一句，蘇紹連寫的是「深深地埋入土地裡」

或「深深地埋入異鄉裡」，都將把整首詩前後的呼應、精神的深度與其效果大為減弱；而且也看不出蘇紹連在意象世界調換鏡頭（明明是埋入異鄉，卻埋入故鄉）的高明與深入之處了。若是那樣，我也沒有理由說蘇紹連是才華較高的詩人了。

看完蘇紹連這首抽樣性的詩：《異鄉人》，不難看出，他絕不是「摩爾凡爾的鹿，吃蓮花過活」的詩人；也不是「單為藝術而藝術」的詩人；更不是在外在形象世界兜圈子與以甜甜情意迷戀一般讀者的詩人；他是「活著便常常去想」的詩人：他是把生命磨入時鐘齒輪裡去的詩人；他是懷著人道精神去追蹤人與不斷對生存世界進行探索與默想的極具敏悟性與深度的詩人。他的遼闊的「心視空間」，被特殊的思考力與精深的想像力所交錯，頗具畢加索雕塑中的「空間之素描」的效果，使那縝密地選擇的意象，透過那耐思的線條般的語言，而獲得精神與思想的確實與凸出的活動造型空間——其中潛藏有人的生命與聲音。此刻，如果我們認為蘇紹連大多數的詩都是對實覺性存在採取嚴肅的內省的批評角度，則我們看了蘇紹連《異鄉人》這首詩，很可能會聯想到以人的生命為創作主題的另一位世界性的雕塑家加克美蒂來，他將消瘦的現代人，塑造在一片渺茫的空間裡，以不同的手勢與形象，在孤寂的時間中走動，這與蘇紹連在《異鄉人》詩中，把那個異鄉人的生命投影從漫長的路途上投入寂然的水平線中，如此看來，是有某種程度的關聯的；至少於人類超越性與永恆性存在的時空觀念中，彼此是有所呼應與共鳴的。

最後我要肯定地說的，在中國現代詩壇上，蘇紹連的詩是以其精神與思想特殊的「深度美」與其相當卓越的表現技巧，而存在與不凡的。如果他一方面能把一己那具有「深藏性」的敘述的語言向純度與明淨的方向提升，並消除其在活動中所呈現的某些勉強性，而進入自然的動勢與趨向；一方面又能不隨便與輕易地（除非內在的需求與壓迫）改變自己，寧可繼續在自己已確實有基礎的創作世界裡做有把握的擴展性的演變與建立，我想這樣對蘇紹連的創作前途，是有利與有更可觀的前景的。

# 用詩投射生命的詩人陳寧貴

## ——兼談他的〈洗臉記〉

現代文學思潮的重心，較偏向於自我世界的探索與追認，是有其理由的：因為當一個人存在於世，若不能在內省與靜觀中，確認自己是什麼，他便等於是自我消失，海明威大聲疾呼「落空的年代」，雖是針對現代的西方人而發，但它是能驚動到全人類凡是內心世界趨於空乏的。所以現代文學與人自我的生命，緊緊地連在一起，是必然的；一個現代作家，對自我存在予以探索與默想，也是必然的。

當現代詩已被視為是人內在生命活動的主要線索，陳寧貴，也多少是堅持這一創作觀念，使他的許多作品，從各種可能的情境中，去呈露出自我存在的實況與樣相，譬如：

在「姜太公」詩中，他寫「一竿在手，釣盡人間悠閒……就釣朵雲上來嘗吧……心情在心中開花……」，是採用人與自然相觀照的古遠幽美的情境，來透露他做為一個現代人心中潛在的嚮往與意欲。

在「坐禪記」詩中，他寫：「萬相於是顯形，萬心於是滅跡，一念不起如溫馴的湖水，月浴於斯，兔如圓明大珠，光透自在……」是企圖用空靈自足的境界，來觀照與引昇自我的存在。

在「鏡子」詩中，他寫：「我一掌遽然推出，那個人消失了，我的右掌上濺滿了血……」是讓那撲向生命的沉痛的感覺，來指認在悲劇中存在的我。

在「嘔吐」詩中，他寫：「閉上眼，清清楚楚地聽見血液奔流在體裡的聲音，醉了吧醉了，眞的，他緊緊地抱住淒涼的夜色……」，是以醉、孤寂與波特萊爾般顫慄的悽光，來照明自己。

在「空酒瓶」詩中，他寫：「喝剩的，僅僅是茫茫然徘徊在空酒瓶裡的我……」是用合法的迷幻藥，來醉醒自己在那空寂而又實知的世界裡，這對於一個詩人也往往是生的一種嚴肅性的體歷。

在「大鵬之歌」詩中，他寫：「我要在藍天上，播種我的理想」。是用肯定的價值觀，來堅稱自我所企求與所做的一切，是充滿了信望的，於生命搏鬥的漫長旅程上，任何人都難免會受到挫折與精神趨下的時候，而陳寧貴在他內在性的「我」，對外界的一切阻力，雖也呈現有低沉的現象，但總是能抓住自我回昇的力量，這也就是大多數詩人與藝術家終生對「自我」存在的尊嚴與信念，予以全心全力的維護與堅持。

從上面的實例中，可看出詩人陳寧貴是擁有思考力與敏悟性的詩人，能從生命活動的多種情境中，接受精神上的挑戰，因而也使他的詩在成爲內心活動的線索時，是能達到相當深遠的位置，同時他在技巧上的表現也有傑出的地方，現在來看他的「洗臉記」這首詩：

那天早晨，當他
　端出一盆水準備洗臉
一腑身，突然
臉掉進水裡了

他驚慌失色地大叫起來
　「啊！」
但見臉在水中，搖搖晃晃
漸漸擴大，漸漸碎去
他於是緊張地伸出雙手去撈
撈起來的
卻不是令他日夜懷念的那張臉
而是一陣陣寒意襲來
使他莫名其妙地顫慄不已
匆匆把水潑向曬衣場

仔細地找了老半天什麼也沒發現
他不禁喃喃自問道：「我的臉呢？」

很明顯的？這是一首企圖掀開實際行動化的生活層面、焦急地追捕那被遮蓋在表象世界下的自我的詩，基本思想仍是根在我指認的「人類存在的四大困境」其中之一的「自我存在的困境」這一項限中。由於人在短短的幾十年中，如果自我的完整性，不斷的受到外界的扭曲與摧毀，既不能覺醒的活在眞實性的「我」中，又被迫去不斷接受虛僞的假相，這樣的存在，便等於是空的，其痛苦是發生在心部，不在肉體，要免除這種痛苦，一是讓自我的眞相在社會扭曲的哈哈鏡內走樣與消失？永遠背離詩與藝術純然的心態，去順應勢力與庸俗的生活環境；一是堅守自我，接受悲劇性的挑戰，以詩與藝術的孤寂感，征服自我存在的孤寂感，進而使生命轉化與昇華。

陳寧貴在詩中表現對眞實自我的追索，卻一直在掙扎與僵持的困境中，發覺「自我」被淹沒而感到相當驚愕，最後終於在詩中追問「我的臉呢」？這張臉當然是心臉不是肉臉，可見他是不願失去「自我」而活著的人；他是一直企圖以詩的力量，將一己的生命交還給內在性的「我」，這也是任何一個具有眞實人性與覺醒的現代人，在越來越現實的功利化現代生存環境中，都會遭遇到的。所以在「洗臉記」這首詩的文字幕上，我們看到的，不只是作者本人，而是大多數現代人緊緊的抱住「自我」在越來越具壓迫感的現代都市裡逃奔的情景，可見這首詩是能由個體性的「我」而獲得思想的延展面，波及到衆人。

首先作者採用的題目「洗臉記」，就非常精彩，「記」有日記之意，就天天要記，「洗臉」，也是天天要洗，每天一早起來，洗臉去面對新的一天，天天如此，「洗臉」便成一種外在性重覆的慣常動作，一種不可奈何的乏味的事，這暗藏著外在性的「我」的不足道的生存動態，但在洗了又洗的某一次的洗裡，他在潛意識中，洗出那內在性的「我」的臉來，這也是難免的，因爲現代人在匆忙的現代生活中，總有驚然地回歸「自我」的時刻，於是他在第一節之中，寫「端出一盆洗臉水準備洗臉，一俯身，突然臉掉進水裡去」，在最後一節詩中寫著：「……把水潑向曬衣場……我的臉呢？」形成種緣自潛意識的內外關聯的表現，使我們可深一層地體悟出他詩中的意圖，那就是在水洗得到的肉臉洗不到的心臉之間，現代人生存的世界裡，便產生了一條冷酷的割裂線與漠遠的距離——它是可怕的陷阱，是自我存在的困境，的確，當你的臉在無數的臉中浮動，當無數的肩膊在匆忙的街市中相錯而過，人與人的連繫呢？當紅綠燈不斷更換著一幕一幕的街景；當一幢幢的公寓，響出各人關各人的門的聲音，當你從越來越功利的現代型生存環境中掙扎著回來，當你不斷輾轉在上班、吃飯與睡覺等循環性的生活秩序中，當你疲累與困乏的時候，連咖啡與酒也不想喝的時候，你空了下來，我相信你會了解陳寧貴爲什麼在洗臉時會看見另一張臉的逐漸消失，與在潛意識中喊出「我的臉呢」？而你甚至會跟著去喊：「我的臉呢」？事實上陳寧貴這首詩便是在透露這一代凡是對自我具有覺醒性的人，都急著要從衆多的臉中，去追回自己的那張「臉」，也就是企求在重疊的底片中去指認出「自己」來，難免發生某些困惑與滲進了存在的悲劇感。

而這種存在的悲劇感，陳寧貴用他具象徵性的創作技巧轉移力，移給最親切的生活事件與動作，予以暗示與影射性的全面呈現，是深刻生動與感人的。

下面來談他這首詩在表現上，值得重視的地方：

(1)這首詩採用深入淺出的手法，獲得欣賞上普遍的感通性；又能建立起精神與內心活動的高層面，而使詩產生出一具有思想性與對存在有審判性的詩境。

(2)這首詩，他避開中早期現代詩艱深的意象語；一方面直接以平易簡明的生活語言，架構成生活行動化的語言「實視」環境；一方面運用小說的敘述性與戲劇化的動作情節，獲得詩情與詩思在發展中，盡量靠近生活場景、所流露的貼切性與感染力，是有新意與藝術構想的表現。

(3)這首詩的結構，也頗爲完妥，從第一節詩「……臉掉進水裡去」、到第二節詩，驚視自己掉在水中的臉「漸漸擴大，漸漸碎去……」（滅失入潛意識的世界）、到第三節詩「用雙手去撈……卻不是自己日夜懷念的那張臉」、到第四節詩「匆匆把水潑向曬衣腸……什麼也沒有發現……喃喃自問：我的臉呢？」……。整首詩看來，都可說是一節節的相扣連下來的，各個單元都能在有機與有秩序的關連發展中，歸向整體性的結構，而獲得詩的統一的意境。

(4)這首詩的語言性能，也許讀者覺得它在活動的過程中，其精密性、純度張力與質感等，有些地方，仍應加強，這也就是說詩語言「雕刻性」的「深度感」與詩語言「舞蹈性」的優美姿態等方面，陳寧貴他應做更進一步的努力，如果將這首詩當做打一場球來看，他這場球確打得有相當高的水準，雖然特別使人感到震撼的特技性表現，較少見；但也不能說沒有，那只是大體上看來如此，其實在詩中，他語言的個別動作，仍是有出奇的地方，如「臉在水中，漸漸擴大，漸漸碎去」，表現出這代人內在的自我，於忙亂的現代文明中，所引起的失落感，是能痛入心的，尤其是最後一節詩中的「把水潑向曬衣場……找了老半天什麼也沒發現」，確是相當精彩的，如果寫「把水潑在地上」，那是平常又平面的寫法了，誰都會，但寫「把水潑向曬衣場」，詩的內視世界便向內擴展且呈現出立體感來了，因為「曬衣場」是每天經常把洗好的衣服往那裡掛的地方；現在，作者把洗在洗臉水中的臉與洗臉水，一起往曬衣場裡倒，卻拼命的找不到那張「臉」。這便自然產生了暗示性的線索，引動我們的聯想，進入超現實中的更深一層的現實，去抓住更確切的「眞實」了——那就是「曬衣場」只管去曬一批又一批的衣服，絕不去記那是什麼衣服。這情形，正也是暗射出現代生存處境像「曬衣場」，每天一群群人的「臉」在那裡浮現，都一一的被遺忘，被淹沒，最後是每個人都被迫像陳寧貴在衆多晃動的臉中，去追問「我的臉呢」？可見他選定把「洗臉水」往「曬衣場」倒，是倒對了地方，準確而精彩的就把球往籃圈裡投。

最後我認為作者能本著自己一向對生命與藝術的狂熱感與執著感，不斷的向時空與人存在的世界做深入性的探索，使詩思獲得更感人的深度；同時又能進一步要求詩語言的純度質感與能量，去充任藝術精湛與具特技性的表現，則今後創造出更具有精神內涵力與令人滿意的作品，是可預見的。

# 握住兩面鏡子的詩人林野

廿年前，我說過這樣的一句話：「詩與藝術，已成爲一切完美事物的鏡子」，這句話反過來說，便是指詩人是拿著詩的這面鏡子，去觀照轉化與昇華一切進入存在的完美之境。

青年詩人林野此刻一手拿著醫學院碩士文憑，一手拿著即將出版的詩集，便等於是握住兩面鏡子，一面透視人的肉體；一面探視人的內心。

由於「學醫」與「寫詩」，在根本上都含有同情與人道的精神，這種精神存在於林野的生命中，便使他對萬物的關愛，投以雙重的保險，是顯得更爲深入與眞實了，從他數十篇詩中，幾乎每一篇都有由他內心中流露出來的同情與關愛的光芒，靜靜地暖入所有的生命與事物之中，形成他那含有眞摯人性與愛心的詩境，溫和親切如詩人泰戈爾內心中的畫面。

如在「師說」詩中寫給國中學生：「……春天不浪盪在荒嬉的鞦韆，秋日才能享受果腹的糧食……」是他做老師對學童們表示的激勵之愛。

在「斷線的紙鳶」詩中寫出走的國中女生：「……畢竟妳也是含苞不安的風媒花，隨風飄颺……，六點後，一群鴿子紛紛被鐘聲擊潰，焦灼的暮色掩映在姊姊的臉色……」是表現動人的親情。

在「方壺男子」詩中寫給友人：「……如何一種若近若遠的熟悉與疏離……如一條迤邐的河川忘情奔走兩岸……」是表現不能忘懷的友情與繫念。

在「秋」詩中寫的：「……楓林向晚，鳥聲歸寂，我的飄情小詩竟斑爛如昔，彷彿她少女初情的笑靨，酡紅在十月的湖上，我將乘畫舫而來，摘擷漣漪朵朵……」是對愛情的遐想。

在「清明」詩中寫的「自從一張張臉孔落葉般地打深秋的枝椏飄下，那些姓名都已通過火葬場的煙囪，散步爲雲……」是表現對死亡的憐憫，對時空的默思。

在「藥理實驗室」詩中寫的：「我始終仁慈，以麻醉刀與電灼刀約制牠們的憂懼……哈里路亞，在冷漠的黃昏裡，我以血漿完成論文的部份……」，是對人類以外的生命（也可概說是對萬物的生命）所表示的博愛。

在「寸草集」詩中寫的「當記憶的形成層不斷擴張，且逐漸木化，請將愛的話語刻在歲月之顏面，我的年輪將日夜吟讀……」是把對生命的愛，推入無限的追思與冥想中。

在「慈湖吟」與「青史」等詩中，是對歷史與偉人的追懷與崇敬；在「腳印」與「烽火詩抄」詩中，是對苦難歲月的苦懷與愁思；此外在「芝山岩」、「懷寧街」與「西門町」等詩，是對曾生活的熟悉環境，產生親切感人的憶念。

由上面的詩例中與整本詩集所表現的，我們可看出作者林野是以詩展開著一個「愛」的無限的世界——從學童的心態到年青人的愛情友情、到人生的生離死別、到對生存的感知與冥想，以及從實驗室到校園到郊遊的鄉野海濱，到帶有誘惑性與暗色的夜都市與墳地……都不但有他的心路經過，有他感情的河流在川流，有他想像的鳥在紛飛，而且更有他年青人純摯的性靈與愛的光流在平靜的流動，溫潤著這個世界。因此也使他這本詩集首先顯示出一個感人的特色——那就是他做爲詩人又從醫，於潛在的創作生命中，始終有一種莫明的力量，使他面對一切時，總是忘不了注入那份透明的關懷與愛心。

其次由於他學醫學，一種緣自心理與生理上的理解力，使他在詩中表現人的情緒、感官乃至潛在的心態等活動時，掌握其敏銳與細微的感應與反應等部份，是相當見效的。如他在「藥理實驗室」詩中寫的：「我開啓動物室那盞電燈，不安的光窺伺著夜壓迫過的瞳孔……」，眞是把等待做實驗的貓，與實驗室的氣氛，與實驗者的心態，所交溶成那種具壓迫感的「寂靜」「驚慮」與「懸疑」的狀態與情境，表現得淋漓盡致；此外，仍是因爲一種緣自醫學上對事物冷靜與精密的審視力與剖解力，於是一切存在達到「歸根結底」的過程中，所展開錯雜的思想網路，擴大範圍地掌握一切於散佈中存在的實況，這便也無形中影響詩人林野在以詩探視生命與事物存在的周圍世界時，習慣地採取「地毯式」的搜索，而使詩思在活動中，便也自然地被生活面上無數鋪陳性的景象所環繞，顯得「內容」相當的繁多與稠密以及言之有物與看中有見，這應是令讀者感到滿足的；尤其是當現代詩在目前一再強調迫近生活的實際環境以及靠向一切活動的實象實態與實情，像林野如此運用冷靜的知性與流覽性的敘述鏡頭，探視入一切活動的伸延性的實在景面，予以「廣體性」的表現，這在藝術的表現上，是接受電影上的掃瞄手法，有其可取與值得重視的一面，因爲它使畫面上的景象豐富了。

當然，若呈現過多的敘述與舖陳，被紛雜與繁多的景物所牽動，而不能「越」出，使之簡明進入純然與井然之境，獲得藝術的美感秩序，則詩思便很可能被敘述的散文性所阻撓，而使給出力相對地減弱，這現象已普遍地發生在目前的現代詩中，那就是不少現代詩人，從繁複深入的意象世界中，走向平易直敘與生活性的詩語言環境，詩是較生活化了，但因過度被動於衆多敘述性的景物與情態，反而被牽住，拉不出藝術性足夠的美感距離，詩本身的質感與自主性，便難免或多或少的要受到某些傷損了，這種傷損，往往大多是由於：

①詩人面向對象時，忽視布萊克(WILLAM BLAKE)所說的：「非只用眼睛看，而是透過它們去看」，因而使詩只停留在事件與物象平面的看見中，缺乏做向內性的抉擇與簡化過後所獲得的「深見」，便難免使詩思趨於單薄與不夠深入而缺乏韻致與弦外之音了。

②詩人觀察力與審視力不夠嚴密與精深，對一切所做的判斷與取捨便不夠準確，致使詩語言被動於衆多直敘性的景物與事件時，顯得冗長與繁瑣，給不出詩語言活動的美感與淨化空間便自然也影響到詩語言在「呼吸」中所產生順暢的音樂性與自如的律動感；甚至妨礙整首詩在結構上的完整性與造型美。

③有上述的兩種情形發生，現代詩企圖以生活直敘性的平易語言，進入詩境，有時反而因語言偏向過多的敘述性，拉長甚至拉遠了語言的距離，便達不到「詩是以最短的距離與最快的速度進入一切存在眞位與美的核心」之目的。

依上面所說的，來看林野的這本詩集，他的許多詩，都可說是能避開上述的缺點；但有一些詩，仍難免犯這種（是目前不少現代詩所易犯的）毛病，好在他是一個相當具有覺醒性而且又是相當優秀的青年詩人，更有誠懇的學習態度與對詩的熱愛，我們相信他的才識，他冷靜的知性，他今後的努力，與他曾以「腳印」一詩獲明道文藝全國青年詩獎爲證，以及我上面所例舉他的那些具有創造力、內涵性、現代感與相當有水準的詩爲憑，是能把那些缺點逐漸的克服過來的，我們甚至可在此預期他的詩，能向那更具有精純感圓渾感與完妥結構的詩境邁進，於未來創作更好的作品。

# 序詩人方明的「瀟灑江湖」

## ——提前發光的生命

當這一代大多數年輕人，很幸運地在物質高度繁華的現代生活環境中成長，而像詩人方明那樣體認戰亂所帶來的愁苦，的確是很少見的。他從僑居越南獨自逃奔到台灣來求學，遠離家人，遠離那繞著往昔迴轉的一切歡樂景象；從此去體會詩人歌德的話：「那個永不在憂愁中吃他麵包的人，那個永不消磨子夜哭泣等待著明天的人，他不認識你啊！上帝的全能。」

他背鄉離井，而家鄉的一切，雖仍歷歷在目，卻又遠得如不可觸及的遠方，埋在凝望著煙雲的深處，這種牽掛與遙念，已成爲他內心苦思的莫明的導線，像那靈敏的弦，隨時鳴動著感人的迴響——舊園故土的眷念，父母兄弟姊妹的親情，以及在鐵環、木馬與鞦韆上發笑的童年時光……這一切都隨著流浪的歲月，日漸成爲他更深的苦憶。如果悲劇是幫助人更獲得思想與智慧的力量，則這對於懂得「以詩的悲哀，去征服生命的悲哀」的詩人方明來說，便更是如此了，他爬昇中的生命，接受了這項莊嚴的給與。

由於他天性與心地純良，對眞摯人生的執著感，加上苦難的環境，在助長著他的多愁善感，不斷去關心一切的存在，去對一切進行沉思默想，並在醒覺中，服著精神的苦役，因而也使他年輕的靈魂，在沉重的捶擊中，提前壯大與華麗了起來，並透過文學放射出光彩。

從他筆下，無論是採取詩與散文的方式，所表現出來的那些深沉的愛，以及鄉思與家仇國恨，乃至大自然的景象與往昔生活的種種情景……等閃動在明麗的回憶與無限的追念中，均是那麼的眞摯專情，那麼的動心，那麼著實與有力地使我們再度發覺到，那自悲劇存在情景中昇華的憂思，確是文學中至爲感人且含有宗教膜拜情懷的一股永恆的力量，因爲它表現了對不幸與苦難的同情，把握了人性上無比的懾服力。

憂思在方明銳敏的心靈中，它不但使一切事物與生命，從他的詩與散文裡，所散發出來的甜美性，含有「酒」的深沉的氣息，而且也因它能壓抑且溶化一切不安與痛苦的感覺，趨向平靜的默思狀態，而獲得對一切在觀望時更佳的審視力，這便多麼有助於他在創作中，去拓展與推動他繁富且深微的想像世界，以繽紛揮灑的光彩，亮麗入人們的情思。

因而在這本選集中，我們首先感到著迷的，便也是從他文字中流出來的那些較泉水清澈、較酒醇純、較季節敏感的憂思；以及他在精微細密的想像世界中，所撒開的想像網路，使那眞摯感人的情思，幅射到大自然的任何景象之中，均引起心物相迴盪的永恆的呼應，而讓凡是在迷茫中奔波的一切事物與生命，都找到指引的歸向，並獲得被收容與照顧的慰藉。

此外，便是因他具有古文學的修養，能把握中國舊詩詞語言典雅幽美的韻味與蘊含，並確實地活用到現代詩與現代散文的創作中來，予以溶化與發揮，因此他的詩與散文，雖是透過他新的生存年代、新的精神意識、新的觀物態度、新的想像世界、新的藝術技巧、新的風格形式……所寫成，但從他的詩句與文句中，仍可隱隱約約地聽見中國古文學源流的迴聲，窺見古文學絢爛的光彩，聞及古文學芬芳的韻味。這是可貴且值得珍視的。

的確，當我們讀到他在「離騷篇」中的詩句：

借一把風
借一片江煙
我飄逸的衣袂載運幾許離愁
縱有落水銀花
美如散髮
……

這種仿古詩以景照心的自然筆法，表現出飄泊人生的愁緒與豪情，以及對故土的眷念，對伊人的思戀，眞是字字感人，揮眞情、動眞性，令人心腸迴盪；同時更是顯示了他在創作中不凡的心智與藝術的才識，能馴服與溶化新詩與古詩的語言與意境，使之呈現出那具有現代感與創意的新的文學生機來。

又如他在「花間集」詩中的：

且看我在水中托住繽紛的葉
及投石劃破水面的裂笑

……

也可看出他對景物的觀察，已相當的深微與精細，使景象鮮明生動的畫面層層凸現，而與心中的情思交映得那麼明麗美妙與自然，且溢出盎然的意趣，與相當的傳神。其靈視與靈悟之敏感，能觸及詩與散文優美純然的本質，也由此可見。

以上的這些話，除了抽樣地說出我對他作品的某些觀感，也可由此看出他這本偏重於散文的選集中，因獲得詩在文學中特別精粹的力量之大量投入，便使散文本身的品質與風貌，自然地顯出某些卓越性與傑出不凡的光彩來。同時更可看出潛藏在他內心中隨著流浪歲月而滋長的那些寂苦感，形成爲他思想與精神的鞭策力，在驅使他穿越一切的浮面世界，而觸及其存在的內在性，便也終於在創作中，把握到作品相當感人的深度。如他自己也在自序中所確認與企望的：「文學與寫作是我靈魂的皈依及生命泉湧的原動力……人生的旅途，猶如落日的孤美，惹你千萬情緒……世情私情編成那悲歡離合的絕章……」，如此看來他便不但是「爲藝術而藝術」來寫作的，更是「爲人生而藝術」來寫作的。他的這本選集具有藝術的美感，也具有生命與靈思的光輝。

（一九七九年）

# 3

後現代的後現代的新的現代，
無論「後」與「新」到那裡去，
都無法遠離人類淵博的「思
想」與「智慧」，因為遠離，再「後」來
再「新」，到最後都會落空，在
新的潮流來時，被沖走成為
過去！

羅門

# 序菲華女詩人謝馨《波斯貓》詩集

讀過菲華傑出女詩人謝馨這本詩集，我相信大家都會覺得她是一位生活體驗相當深廣，而且具有才情以及美的意念，理念玄想深思與激情的詩人；同時由於創作題材的層面廣，觀察力的敏銳，思考力的強度，想像力的豐富與多變性；加上她能以開放與熱情的心胸，來面對世界，包容一切，使古、今、中、外、大自然與都市中的時空領域，以及男女情感上的陰柔、陽、剛之兩極化，均打破界線，溶入她自由創作的心境，而形成她隨心所欲、隨興而發、隨意而爲的無所不能的詩風，是特殊非凡且值得重視的。

在詩中，她既能流露柔情蜜意，又能展露豪情逸意；既能發揮出強烈的感性，又能表現出冷靜的知性與心智，而溶合「古典」與「浪漫」精神於一爐，使詩情詩思能向外向內發射出較繁富與多彩多姿的光能。

她詩語言的運作力，不但具有直率、自如、暢通，而且富於象徵的意涵以及具有對準一切存在焦點與核心的投射力與引發力，能激發詩思產生較具強勢的反應機能。同時由於她的語言，富於生活的行動化與臨場感，而且有較佳的動力與動勢，能帶動讀者進入存在的具有啓發性的實覺與實感的空間，去發現詩與實際生活與內在生命是分不開的「美」在一起，這就相當的可貴。

雖然在整本詩集中，也有一些詩，或因受制於事件與新聞的抒述性、或因順應特殊的風土人情的報導以及寫景描物與抒述過詳，拉不出「轉化」與「提昇」的較理想的觀照空間，難免使詩思有偏靠散文臨界線的可能，而多少影響到詩的精純度與質感，好在她某些具有說明性的語言，在活動中仍保持情思活動較佳的緊密度，以維護詩思的存在實力。

現在讓我們來看她詩篇中表現較傑出與精彩的部分，既可看、可讀又可深思。

如在「時裝表現」詩中：

……
色澤與線條
款式與花紋
也屬於晝與夜的
交替
春去秋來的自然變換
……

一個扭轉乾坤的
一百八十度大旋轉
且用她的裙角
飛揚起　被遺忘了的
五十年代的風雲
……

她將「時裝表現」這一種屬於外在穿著生活形態的改變，來影射「時空」與「心態」活動的反應與變化。在詩中表現出自然、鮮活與深微之「美」，是驚異的。

在「絲棉被」詩中：

當然我無意
重覆抽絲
剝繭的過程：由蛹
至蝶，遠溯至
老莊底夢境

我只延著絲路，尋覓
溫柔鄉
的位置：彩繡的
地圖，在被面
勾勒出東方
旎旖的經緯。織錦的
羅盤，由纖細的花針
指向古典
琴瑟的一絲一弦
點燃一支紅燭。低吟
一首藍田
種玉的晦澀詩篇
啊！溫柔鄉
雲深，霧重
虛無飄渺如芙蓉帳
閉上眼，依稀聽見
春水暖暖
自枕畔流過……

作者將詩思詩意一層層的掀開，神奇而精彩。對於「物象」，「物趣」與「意趣」，不但有對照、交溶與轉化的能力，而且想像力活動的延展性與精美度，都實非一般詩人所能把握。像作者抓住「絲棉被」的「絲」字轉化成「絲路」；將「被」視爲「藍田」，它何止是用來種美夢、種詩、種東方的古典之情；而是在透過抽象感所實覺的虛境中，架構起一個千古常青吟唱不已的充滿了溫馨的生命與愛的妙境：「春水暖暖自枕流過」，像這樣輕盈幽美的意象，能不射中美的心境與永恆的愛。

在「點絳脣」這首精美的抒情短詩中：

婉約纏綿
深印
於你腦際
永不褪色

紅了
櫻桃的往事
你一遍一遍回味
……

她不但抓住這首詩玲瓏、精緻且具深情深意之美；而且像「紅了櫻桃的往事／你一遍遍的回味」這些詩句所製作的意趣與情趣，都應是有特殊的美的感染力與效應的。

在「渥因都貝」詩中，作者以較詳的敘述手法，在各種不同意識形態的事件與景象所串連發展的氣勢與實境中，滲入相溶和的情意，產生感性的美的顫動，靜靜流露出潛意識的「愛」的圖景，確是迷人的。詩中也常閃現著出人意表的可思可感的精彩的意象語：

美食的韻緻，你點的油燜田螺
令我想到一位現代詩人執著的
「螺旋形之戀」，你爲我叫的
……

我心中想說的是——
憂鬱可以美麗如燭光的舞姿
哀愁可以動聽如鋼琴奏鳴曲

在「超級市場」詩中，她以較靈巧的嘲諷，托出「都市」與「田園」、「精神」與「物質」存在的對比情境，是具效果的，尤其是她在詩中以「超越物外」與「超級市場」的雙「超」，在思想世界與詩境中製作的「形而下」與「形而上」的分離性，是奇特的。

在「選擇」詩中，她揉合經驗理念與意念的力量，於超越常人與常態、對生命所採取「明確理性」與「算命迷信」所作的選擇之外，進行無所選擇所做的選擇，這種表現，確能看出她思考與意向的特殊層面，而覺得此詩已含有禪性與哲思的效能：

紅燈亮時
你只能等待
而等待也是一種選擇
……
有時你必須求助於
一個銅錢的正反面
……
對人生，我無所選擇
一切早經安排——就這樣
你作了選擇

在「旋轉門」詩中，她將外在的「旋轉門」透過象徵的暗示性，形成人生帶有「神妙」與「遊戲」的三百六十度自由地旋轉開放的生之門。而沒有門的牆，人與人便被隔離不能相通了。由此可見她透過此詩，對生命存在所做的觀望與探索是深入的：

玩魔術那樣地
一轉身
即不見了，即進入
牆的另一邊，像坐木馬
於是出口和入口
成了一種
方迴的遊戲
……

的孩子，享受　　　人與人的隔閡
旋轉的樂趣　　　在沒有門的地方，也一樣
……　　　存在著……

在「古瓷」詩中，她仍是透過知性清明的感悟，以觀照與帶有暗示的白描手法，將「古瓷」轉化與昇華爲充滿著情意的生命形象，形成一種永久的期待。她運用意象之精確生動與繁美，又足可見她在創作中所一再呈示的才情：

……
以龍鳳之姿　　　展現於清純
以古典之影　　　浮印於渾圓
以不凋之花　　　如此冷靜

在「悟」詩中，她竟能將艱澀的「辯證」「邏輯」等硬性思考，溶解爲詩的婉轉交替的情思，進入圓融且含有玄想與禪意的詩境，實在不易。

也有　　　你
另一個你　　　另一個我
一個與你　　　一個與我
相同的你　　　相同的我
來代替　　　來替代

我　　　也有

……

在「床」詩中，她想像力的釣線拋得更遠了。透過超現實的潛意識與原始感，她把「床」的存在，竟看成有「在水平線上」、「在水平線下」的雙層妙境，且妙傳著兩種不同奧祕與多彩多姿的生命活動景面，任由讀者從心理學大師容格或佛洛依德潛意識的性心理美學去探索與思索，都會有奇妙無比的聯想與發現：

在水平線下

當呼吸均勻
起伏如波浪——千年的
海底，有彩色
斑斕的魚群，悄悄穿越
美麗的珊瑚叢林。

在水平線上

當鼾聲微微
如傳達訊息的聲鼓——來自
遙遠的洪荒。
……

在「迪斯可」詩中，作者很機敏的抓住特殊的聲、光、色、形等狀態，以構成有特殊感覺的視聽環境，來架造「迪斯可」具體存在的造形世界，是至爲精確的。而且語言的排列形式，也不放過「迪斯可」特殊的存在樣子：

把所有的
音響
光線
形態
裝在一隻萬花筒裡
搖之
滾之
轉之
一直到你
聽而不聞
視而不見
感而不覺
於是你聚精會神地
欣賞音樂
分辨色彩

識認你我

在「給花聽」詩中，她可說是一位「移情」表現的高手，將「花」寫得較富戀情的戀女還迷人。其實在潛意識中，她就是寫懷春的戀女；寫得「花」與「戀女」都美得分不開，最後是美成一體，美得那麼的生動與有餘味：

………
等妳，我的雙眼望穿
秋水後，兩臂
也已伸展如冬之枝椏
但我依然耐心地等候
春
總是會來的
………
而明晨——
浮上妳美麗臉頰的
是怎樣揮也揮不去的
豔如霞彩的紅暈

在「感覺」詩中，她進入生命的內層世界，透過抽象，抓住實體存在的精確與細微的感知，使「外在的物態」與「人的體態」交溶成潛意識中的「性」感性界，是富暗示性與具有特異的感覺的。

如果我能逐一說出
那些感覺
的名稱，明確地
如汽車零件——當你的手握住
我的手，你的唇
輕移過我裸露的肩胛
但我要你了解的
我底感覺——是數學

那樣地精確　純金那樣地不滲一絲雜質

在「波斯貓」詩中，作者已像是以語言媒體來繪畫的抽象表現派畫家。於心態、情態、與體態微妙的移轉與交合中，「波斯貓」可能是作者自己或任何一個女人含有溫柔、誘惑與詭異性的「美」的投影：

在光映七彩的白晝　悄靜的步履踩入踩入
我是九命迴旋陰陽界的異端　踩入你最最纖柔
最最深微的
說我是　霧　潛意識裡
說我是　女人
說我是童話中詭譎的魔毯

此外，她在「速度」詩中，從噴射機超音速的反方向，捕捉時間停滯的形象，以及覺得人生太匆促，與深知生命又不能不往前衝刺，所寫的詩句，都確有不少精彩的表現，尤其是「時間該殺」四個字，用得最精彩、最傳神，是十足具創造性的語言：

超音　和疲累
噴射機　……
飛行的旅客　人生太快速
感受的是：緩慢　時間

　該殺

在「香水」詩中，她特別透過抽象感與實知，將「香水」「美」的靜態與動態，寫得那麼入情、生動、活現與令人消魂迷惑不已：

被禁閉於水晶瓶中的
花底精靈，以非花
非霧的姿態，悠悠甦醒——
那些失落了的
遙遠的，充滿茉莉、玫瑰
紫羅蘭的春日，即不動聲色
且放浪於形骸
之上，旦回歸
於最初之一吻、一笑
…………

啊！一如提鍊後
不著邊際地像鳥
飛來，像雲
飄來
像水　流來
像玉人　風情萬種的
的昇華——
萬紫
千紅
了無……痕跡……

　夢醒後

在「藍眼膏」詩中，作者緊抓住「藍」的變化色調，並將之轉化昇華爲內心深淺濃淡的「情色」，這種精神美的作業，能產生如此奇異與動人的效果，它正是來自詩作者藝術技巧表現的優異才能：

塗上藍眼膏的時候
……………
我已懂得憂鬱，比爵士樂的
藍調底更低沈韻律
比畢加索藍色時期更陰暗底畫面，甚至
比藍田
更淒迷底詩句。我已懂得由濃
而淡、由淡而濃的
藍色的天空的無語底悲哀
由深而淺、由淺
而深的藍色的海洋的無盡底孤寂

在「線」詩中，作者僅用「以橋底姿態，綴拾起阻隔的萬水千山」，這兩句詩，就已把「線」本身的生命「線」，緊握在手中了；寫到

牢牢繫住，一紙　　　　　　　於千里，是姻緣
信息，　　　　　　　　　　於破鏡，是滿月的
……………　　　　　　　　夜晚

這一段詩時，這條「線」怎能不在作者的藝術表現手法中，變成那條「心與心」、「世界與

世界」之間的連「線」。

在「影印」詩中，作者透過生活的實存感與冷靜的思辨性，對現代人生存狀態所做的批判；是相當深入且嚴格的。

在「數字」詩中，則可看出作者善於從精確的觀察與體認中，掌握衆多事物的重疊層次，並使之進入同心圓，一併納入「數字」的統一結構系統，而顯示出「數字」在現代人生存世界的威勢，終於也指控人活在「數字」裡的事實。

綜觀以上對謝馨作品，採取掃瞄、抽樣與重點性所作的一連串例證中，我想大家可獲得一個較接近實況的觀感。

很明顯的，謝馨內在的生命、思想與情感結構，對詩確具有靈敏與敏銳的感應力，以及那股眞摯狂熱的激情；同時也有駕馭具藝術表現的語言與技巧，去爲具有深度的「美」的思想與情感工作的能力，而且更値得激賞的，是她確實在她衆多具有水準與內涵力的詩篇中，建立她一己充滿了「情」與「愛」、「感」與「知」、「靈」與「悟」的多面性的生命存在境界與詩境。

縱使她的詩，整體看來仍需要向詩的「純度」「質感」以及更清晰的語言脈絡與完妥的造型結構世界，做進一步的努力與提昇；但此刻都不會妨礙我們說她是一位確具有創作才情的傑出女詩人。

一九八八年十月初稿

註：由於本序文過長，只好盡量刪掉詩的例舉部份。

# 序詩人和權《落日藥丸》詩集

## ——在知性與感性的均衡狀態中建立極限表現的精短詩風菲華傑出詩人和權

在菲華詩壇，詩人和權顯然是一位相當活躍與受重視的著名詩人；同時也是一位至為執著與具有專業精神的詩人。除寫詩，尚寫詩論；對菲華現代詩的推展，更投入不少心力，因而又具有詩運者的身份；國內外第一流的華文詩刊與報刊，都發表過他的作品。

他的詩，由於始終同眞實的生活感受、同人性與人道精神，一直有著深切的關係，且具批判性，故在詩做為傳眞人類內在生命眞實存在與活動的最佳導體，這方面，他是相當強調與堅持的。因而他的創作態度，極為嚴肅、認眞與專誠，並抱持詩反映人生的高度價值觀。

綜觀這本詩集的整體表現，我們可發覺和權在創作的實踐過程中，所展現屬於他個人的特色與風貌：

*1.*在詩中，他不強調「知性」與「感性」分離的兩極化意識；他有效地濃縮詩中抒情的「感性」，進入冷靜「知性」相渾合的凝聚點，使詩既不冷感，也不濫情，既不任性在「浪

漫」的狂熱中；也不拘束在「古典」固定的理性框架裡；他牢牢抓住的，是「知性」與「感性」的中和與均衡。

2.在詩中，他以三百六十度的掃描鏡，將周遭的對象世界向內收，儘量排放出次要與不必要的部份，使之呈現出精簡、緊密、確實、適中、穩妥且具有質感與準度的創作形體與風貌，相對於澎湃、誇張、炫耀與大幅度地展現的創作形勢（除詩集中唯一的那首長詩「狼毫今何在？」之外）。他大多緣用「極限（MILIMA）」的藝術表現手法，以達到從「小」看「大」的創作效果。

3.在詩中，他透過心與物的觀照，切實把握兩者同步的疊合準度，然後運用意象語中確實的象徵暗示功能，凸現內心的意圖，達到預期的效果；幾乎每首詩都顯示出生命清晰的影像與造型；完全清除可能引起讀者抗拒的任何難懂與晦澀現象，至於他有時也因順應詩的「明朗」發展，採取「宣示」「直指」甚至接近「抒說性」的筆調，但他都大多以「藝術性」加以控制與調整，使詩思不致陷入「說明性」的兩度平面空間減低詩活動的形勢與張力。

4.在詩中，他的語言走向、形式、與藝術表現，均是由內而外，自然產生與形成的，故他與藝術的「形式」主義無關，他不強調流行與偏激，也不將自己關禁在任何一種藝術主義與流派的框架中。他始終自知一己能力所及處，穩健而不浮誇，並能確實有效地掌握詩中情思活動的動向以及整首詩發展過程的條理系統，而有較穩當妥善的完成，在完成中，他抓住的，是「詩」與「生命」雙重的「眞實」，是透過詩，穿越現實的外層世界，重現內心一個全新的更爲豐富的「現實世界」，這個「現實世界」，可說是凸現在他詩的澄清的心海上的一個具有永久性的美的存在，然而這個「現實世界」，卻仍不能將他的創作隨便誤放到「現實主義」或「新寫實」的單軌上去，形成限制他在詩藝術創作世界中，自由穿越的行爲意志。

5.在創作中，他打破時空的界線，拓寬想像的空間，打通心與物相互動的管道，使題材的運用相當廣，而且極爲生活化，並透過個人眞實的體認與深思，便大大增強作品的實度與其可看可感可思的親和力，同時，由於他面對一切眞實的存在時，具有相當冷靜的知性與內省精神，以及深一層的探視力，故詩中引發出具有潛力的思索性，更是耐人尋味的，至於詩語言運作的確定性、潔淨度、及其有效的收放與節制，都顯示他有足夠的駕馭能力。

此外，在詩創作過程中，意象世界的取鏡，確被視爲至爲重要的一環，在這方面，他除能有效把握到被拍攝對象的焦距與焦點之準確性，以達到詩中「明指」與「暗指」的實際效果，同時在鏡頭的選擇與運作中，也有不少的變化，使詩在「對比」、「複疊」、「移轉」、「反射」、「交射」、「直射」、「放大」、「縮小」……等變換鏡頭所形成的藝術表現形態中，便呈現出詩多面性的活動境域與美感效果。

如在「落日藥丸」詩中：

憂思天下，或許
不是癌症一般的
難以治療
只要
伸手取來落日藥丸
就著洶湧的海

暢快地
送下喉嚨

和權將詩的前三句與後五句，分開成兩個語言空間，採取「複疊」鏡，把詩中「憂思天下／或許不是癌症一般的／難以治療」，與「只要伸手取來落日藥丸／就著洶湧的海／暢快地／送下喉嚨」複疊在一起，便可在兩面「複疊」鏡中，隱約看到一個達到臨界線便不能不爆開的生命存在的悲劇世界——那就是「憂思天下」既然是或不是「難以治療」的癌症，並將「落日」當作「藥丸」，「就著洶湧的海」，吞下去，好孤注一擲的悲壯，那麼它究竟有沒有救，都已不重要，都已在「對質」中，不必再「對質」了，因爲在最後「放大」的「反射」鏡上，我們看到人類將宇宙快沈沒的「落日」當作治「憂思」心癌的「藥丸」，已是最後下的一道猛藥，已面臨不能不說出最後的結局，但不說出來，還是比說出來，更能保留生存繼續有「對質」下去的移轉空間，而令人從原先的「憂思」，又跌進新的深一層的「憂思」之冥想裡去，於是也使這詩在建立起具象徵性的知性思考世界，顯得相當的深刻與著力。

在「大笑」一詩中：

波斯灣滔天的白浪
轟轟隆隆
笑不停

笑

不准離境的
貴賓
笑
有多少正義哪
就有多少槍炮

笑
整個世界
是光明了
在熊熊的戰火中

這是採取「極限」以小看大的表現手法，短短的十多行詩中，沒有一個字正面說出「戰爭的冷酷」，也沒有一個字說出「反戰」︰相對的，詩中用了不少的「笑」字，看來「戰爭」戰得很開心，一直「笑」的不停，也帶來「光明」，但事實上，在這美麗的僞裝下，和權用了相當「狠」的「交射」與「反射」鏡頭，使戰爭暴露出更殘酷的面貌，使反戰的潛在聲音更爲強大。如詩中的「波斯灣滔天的白浪／轟轟隆隆／笑不停」，「有多少正義／就有多少槍炮／笑……」、「整個世界是光明了／在熊熊的戰火中」，便都是對「戰爭」提出反控，將「戰爭」這一具有強烈悲劇性的生存主題，採取輕巧明銳且夠狠的「交射」與「反射」鏡，使之更有效力的凸現出來。

在表現同以戰爭爲主題的「槍」詩中︰

砰！雁落下來
砰！鹿倒下來
砰！人躺下來
山坡，野地
街道，巷子
卡擦卡擦
舉槍的人
什麼都看得見
就是不會發現
瞄準鏡裡
那具赫然的

十字架

他採用「人物」「事件」「場地」等存在的空間分割鏡，然後有機組合這些不同的鏡面，進入主題世界最後所共視的中心目標：「……就是不會發現瞄準鏡裡那具赫然的十字架」。事實也如此，在砰！砰！砰！砰！的槍聲中，相繼倒下的世界，「戰爭」的眼睛，怎會把槍裡瞄準的十字準星，看成上帝的十字架呢？這種對戰爭殘酷所產生的反彈，是把上帝也巧妙的拉到事件與現場裡來，反戰的意識便不能不趨於強烈與深化，除此，詩中所塑造的具有造型與動作性的語言，也頗爲精鍊，而且語路乾淨，有層次感的運作脈絡，使整首詩的結構趨於完妥——從在砰砰槍聲中倒地的生命動態，到靜靜不作聲忍痛著槍彈襲擊的都市與自然空間，到取替上帝十字架的瞄準射殺目標的十字準星，架起槍彈奔馳的十字路，成爲死亡的專用道，使在詩中最後出現的「十字架」，在所有「意象」的圍觀中，竟是暗埋住的一顆威力強大的地雷。

在老丐詩中：

清晨　　無人理睬的狗尾草
遠天冷冷地　　葉上瑩瑩的露珠
翻著白眼　　凝聚著
蹲在牆腳下　　昨夜的冷冽

作者輕巧地運用相當精細的「移轉」與「反射」鏡，將清晨的景象，擬人化，同步且準確的「移轉」與「反射」到老丐的生命存在狀態，以及命運與情境中來，並充份發揮詩的象徵暗示功能。如「清晨／遠天冷冷地／翻著白眼」，表現老丐一早起來，便開始面對那連天都「翻著白眼」的「白眼」看人低的冷漠世界，接著是老丐被錢財權勢冷落、遺棄、卑微可憐如「蹲在牆腳下／無人理睬的狗尾草／葉上瑩瑩的露珠／凝聚著昨夜的冷冽」……詩中的「狗尾草」是「形」與「意」的雙性名詞，一方面，老丐是被遺棄無人理睬的牆腳狗尾草，一方面老丐行丐時低頭、彎腰駝背的可憐相，都「移轉」到「狗尾草」身上。此刻，詩中「葉上瑩瑩的露珠」若視作是「凝聚」在老丐潛在生命與悲苦命運上的看得見的淚珠，則此詩能不被視爲是一首滿溢了人性與人道精神的感人至深的作品？！

在「冰」詩中：

是因爲冷和硬　讓你看清楚
才透明的麼？　流動的我
我暗地溶化　仍是一樣的
爲水　透明

和權使用雙面鏡，將「冰」與「水」異形同質的存在實性——「透明」，溶合在一起映照在一起，過程是絕妙的。冷硬的冰的透明，暗地溶化爲流動的水的透明，這中間，剛與柔一體，靜與動一體，從這一自然界奇異的變化復又同化的景象，我們便省覺到屬於存在的一個相當微妙的循環互動系統，甚至影射那同時存在於人類思想中的「冷靜的知性」與「湧流的感性」的統合世界，以及暗示出「能縮能伸」的人生境界，可見這首短詩，除表現詩意象中的微妙畫面，尚透露一個具涵蓋性的生命存在與活動的純粹模式，是有創意的。

在「詩」一詩中：

輕聲問你
甚麼是詩
你含笑不答
只睇著
屋蓋上
一對依偎的
鴿子

他使用的是向內直抒的「直射鏡」，並隨帶象徵性的「反射鏡」彈頭，是詩集中除「澄清的心」詩外，最短的一首，也是至爲迷妳、輕巧、精緻與極具「極恨」表現的一首詩。語言的簡明度與自如性都很高，但詩的內涵世界，呈現在快速過來的「直射」與「反射」鏡中，卻是一座相當精美的詩的立體建築——當「輕聲問你／甚麼是詩」，回答不是聽覺的聲音，而是美妙的視覺聲音：「你含笑不答／只睇著屋蓋上／一對依偎的／鴿子」，於是「詩是什麼」，便「直射」到「鴿子」，再由「鴿子」身上所具有的純潔、和平、自由、以及相「依偎」的愛與海闊天空的飛翔等多面性的情境，「反射」到詩本身存在與活動的立體世界，終於達成「詩是什麼」的充份回答，也透露出詩應該怎麼樣來表現，方能保持住詩意。

在「海邊漫步」詩中：

在海邊堆疊沙堡的人
我不看

在水中隨波沈浮的人　　只看遠方，那一片
我不看　　讓風雨蹂躪後
橫行的毛蟹不看　　卻報以鮮紅玫瑰的
搖尾的野狗不看　　草地

和權使用多面「直射」的「終端」搜索鏡，終於在鏡頭穿越諸多變化的不足道的人生醜態——包括空幻的「堆疊沙堡的人」，浮淺的沒有主見的「隨波沈浮的人」、「橫行的毛蟹」般跋扈的人、「搖尾的野狗」般卑劣與下三爛的人……之後，清楚看到「遠方那一片／讓風雨蹂躪後／卻報以鮮紅玫瑰的草地」，以無限超越中的完美與永恆之姿，呈現在「直射」的終端搜索鏡中，使我們隨詩頓悟到老子要世人應從不足道的種種「道」，走進不可道的「常道」，去守住做爲一個正直、捨己、與具有久遠存在價值的人之道理，就像那永遠「報以鮮紅玫瑰的草地」。是故，這首詩已提供一座多面透視人存在的巨型望遠鏡，可收視並觀照存在於社會各種不同層面與形態中的人，並做批判性的分類指認，同時也使我們評說和權的詩一直在反映深入的人生，絕非空言。

在「大地震」詩中：

崩了，巍峨的石山　　塌了，宏偉的校舍
斷了，遼闊的橋樑
倒了，豪華的旅社　　七。七級強震之後

不見一絲裂紋的
是一顆顆
比摩天巨廈聳得更高的
名利之心

不見一絲裂紋的
是更多
矗立在這裡，矗立在那裡的
悲憫之心

他以幽默與諷刺的語態，將地震對內外世界的震情，分別安裝在三面相「交射」的三菱鏡中，肉目看見的外在世界，全倒塌在A鏡面上，內在心目看見的「比摩天巨廈聳得更高的名利之心」與「聳立的悲憫之心」等建築物，在B與C鏡面上，卻穩固的在相對狀態中，絲毫沒有崩裂。這妙就妙在它們三者都一同凸現在交射複疊的三菱鏡中，都處在共同的地震連線，而更妙的是再強的地震，也震不垮人類穩固的「名利之心」與「悲憫之心」，由此可見作者已選中了人類思想活動兩個至爲緊要的攻擊重點，而展示出對事物與生命相互存在所做的觀察透視與批判之深刻性與準確性。

接著我們來看和權在「鈔票」詩中，以緊迫的「對比」鏡，迫視出名與利最後的對決，在「大川」詩中，以步步推進的「直射鏡」，採取擬人化手法，表現出向前奔湧的不可阻擋的生命之川流；在「隔水天涯」詩中，以花瓣展開式鏡頭，呈現出景物與情思發展中幽美的層次感與連鎖性；在「空罐頭」詩中，同時以「直射」「對比」與「反射」等三組鏡頭，採用反諷手法，表現被指責中的「自以爲是」的可笑的人生；在「崖谷」詩中，以「對比」的仰視與俯視鏡，照射出無論人存在於高處的「冷」與低處的「暗」的冷暗中，都是一樣隔在無奈的困境裡，在「觀棋」詩中，以相「交射」的分鏡，透過外在景物與事件的觀點，將人世間對立與紛爭的生存實態，呈現在難合的分鏡中，顯得左右爲難的竟是在旁觀棋的旁觀者，在「迷惑」詩中，以「對比」的「交射」鏡，使讀者隔在相對的夾縫裡看世界，在相交射的抗力中，看清判斷力該往那裡下……。以上列舉的這許多時，都可說是在他同一創作風貌中，均具水準的好作品。

此外在「小風箏」、「不公平的媽媽」、「螢火蟲」、「小草」、「杉樹」……等小詩中，除也不放過他善用的意象變化鏡，同時溢流著可見的童趣，便形成詩集中部份相當精彩的童詩創作效果。

讀完所有列舉的詩例中，我們確可認證本文開始在綜觀部份，對詩人和權創作世界所做的判定。如果在最後尚要我對作者提出一些具有建議性的意見，我相信不少人都可能有這樣的看法，那就是面對和權創作世界的格局時，難免覺得他應向外擴張，做更大的突破，以擁有更廣闊與繁富的強勢世界，吸取創作更富強的力源。這不但有助他從意象世界中，打出更強的重拳，也有助他一向經營的精彩短詩系列中，所採用的「以小看大」的作法，獲得更充份的資源與實力。其實，和權在本集中所寫的那首具有試探與實踐性的長詩「狼毫今何在」，便是有意或無意中在進行著這項對他有更佳開拓性與展望的創作行爲。

# 序女詩人筱曉《印象》詩集

讀筱曉的詩，似乎用不著分析，就能在直覺的感知中，意會到她內心深處所傳眞的那些高品質的「情思之美」的資訊。我這樣說，並非指詩不必分析，像有一位詩人說的：「分析詩，等於打開鳥籠抓鳥，籠打開鳥便飛掉」。事實上，我仍認爲詩是可以加以分析的。但分析畢竟是較次要的步驟，主要的仍是在詩於分析前，對我們內心直感世界所侵襲的「全壓力」。這也就是我在藝術批評（詩是語言的藝術）中，較重視的觀點，如批評家馬太•阿諾德(M. ARNOLD)與杜威(JOHN DEWEY)所說的。

阿諾德說：「批評家必須就對象的本身，看清它究竟眞正是什麼」。

杜威說：「批評是對審美對象的知覺，必須受『第一手知覺的品質(THE QUALITY OF FIRST-HAND PERCEPTION)』的決定，在這情況下，如果批評家的知覺遲鈍，那麼再廣博的智識學問，再正確的理論，都無濟於事」。

的確，往往在爲「分析而分析」的智識化批評理論中，反而將批評形成機械性的模式與架勢，而忽視了詩本身所呈示的眞正感人的生命原力與機能。

依上述「主要」與「次要」的論點來看筱曉的詩，我們確看到年紀尚輕的她，已寫了一些較「名」詩人還要純美與精彩的情詩。

如在「再相見」詩中寫的：

……………

七月　偶然在小店相遇

靜默

如風乾

水草

偶而會想

再相見的時候

唇邊飛岫而出的

第一朵雲彩

該選擇那一座峰巒盤旋

……………

像這樣的「再相見」，相思之深，相戀之眞，如何去說呢？她讓「唇」把所有要說的，交給那「第一朵」飛逸如「雲彩」的「吻」——雲彩般的向具暗示性的「峰巒」盤旋，來透露，能不令人叫絕嗎？尤其是「盤旋」與「峰巒」等這些具有性美學與轉型能力的高品質意象語，都是向「美」的極端世界活動的。

像這樣想望中的「再相見」，筱曉在詩的尾段，將抽象的「靜默」，轉型與昇華爲「風乾」「水草」的實視疊景，把彼此別離與重見的「焦灼」與「溫潤」之情，寓意於「風乾」「水草」。這若非「神思」，那相視中的「靜默」，怎會在跨躍的聯想中，轉化爲「風乾」與「水草」？

從這一抽樣性的詩例中，已可看出女詩人筱曉非凡的才情，在創作中顯有卓越的轉化與造型能力，能掌握情景於虛實變化間的視覺畫面，而創造出「超以象外，得之環中」的境界。其實像這樣具有水準的詩，在她的詩集裡，實在不少。如她曾獲得青年詩獎的兩首詩「蹲在水龍頭下的婦人」與「歸期」都是好詩，因另附有評論，在此不談，其他如：

在「曇花」詩中，她以象徵與超現實手法，將「曇花」情人化的情態與情景，表現得如此的微妙與幽美：

「多年貼身而過的一瞥紅顏
濛眼的羅裙
總於燈火闌珊處」
我以最溫柔的眼
細細
握妳」

如在「給 Yellow River」詩中：

「夜晚，一簾星子告別之後
重逢
是種錯落的腳步
…………
…………
輕輕的回聲
是去夏離鄉時的
默默

她以內在交射互應的情景，建立起「情思憶念與追懷」相交響的回聲世界，是至爲迷人的。尤其是「默默」兩字鳴響著看得見的餘音，便美如手離古箏後的音境，只能「神」聽了。

如在「立冬」詩中：

想在這一晚
寫一封長長的信給你
字紙簍裡
無數揉皺的溫柔
相依偎
早已走遠——
那寄不回的往事

他先在詩中把情思做很好的埋伏——那就是再「長的情書」，也「寄不回往事」，只好寫了，不滿意便又往字紙簍裡丟，而丟在字紙簍裡的信紙，竟被她看成「相依偎」的「溫柔」。如此年輕的詩齡，已有如此傑出的靈視與轉化力，能不使詩神感到驚喜？

如「雨天・回家」詩中：

最爲感傷的話題
莫過於下雨的日子
想家
欲斷欲續的
窗外流蘇
像理了又亂的
遙
遙
遠方的路
在雨中
我
卻是
最易碎的流蘇

他把想家的心緒，寫得何等的精細入微；把「惆悵」之情，在第二段詩中，寫得較字典的解釋還深入。他將物我互換的對照鏡頭，運用得如此的自如明快——一方面把雨中想家的無限「遙念」，移轉且顯形爲「欲斷欲續的窗外流蘇／像理了又亂的遙遙」之實景，一方面在實境中，又讓「遙遙」兩字引著情思重進入無限感知的抽象之境，眞是令人讀後感到低迴不已。接著，她使「遠方的路／在雨中」這句詩，無限地拉遠且迷茫了「遙念」的空間距離，然後用相呼應的混合鏡，將想家的自己與窗外「欲斷欲續」的雨景，拍攝在一起，變爲「我卻是最易碎的流蘇」。詩中的「碎」字較「斷」字，便的確更能聽見「遙念」深沉的聲音了。

從上述的這許多詩例中，我們已不難看出女詩人筱曉，確是一位相當傑出且優秀的女詩人，她擁有豐富的詩情與詩想；她運用的語言簡潔、鮮活、明快而自如，具有靈敏度、暗示性與光彩；而且含有韻情音律與意涵，詩中呈現的視覺畫面以及造型、結構與佈局也相當完妥；並善用中國山水畫虛實交合與多留白的技法，以探求「入乎其內，出乎其外」與「空能納」的情境；甚至採取極限藝術(MINIMAL ART)的手法，以最低限的少量語言媒體，圖表現出內心的無限之境。

在對她做這樣大體上的佳評中，我們尚可繼續從她的作品中，尋找出她較有傑出表現的部份。

(A) 她運用意象的傑出性：

・如在「坡上的蘆葦」詩中，她透過意象，表現白遍滿野的蘆葦，寫出『你是一方淨化的遙遠』這句詩，事實上，意象中的物境，已被她內在的轉化力，於心相交溶中，變成無限的意境。

・如在「女人與風箏」詩中，她透過意象，表現「風箏」般飄逸的「女人」內心中隱蔽的情境，寫出「佇足坡頂／自手中昇著的白色紙鳶，竟也只是另一扇深掩的窗」。詩句中的「紙鳶」是「深掩的窗」，意象美而玄，意味也深而妙？！

・如在「玫瑰」詩中，她透過意象，表現玫瑰般美得短促的生命情境，寫出「花凋葉謝／竟如過境的早春／褪爲霞殘」，詩句中，玫瑰艷美的花瓣，凋謝後，褪爲「霞殘」的「霞殘」兩字，還有比它更美更精準的字眼嗎？

・如在「夜想」詩中，她透過意象，表現對愛的深情，寫出「你是我口中不忘的千言……虔虔的眼波／溢滿兩岸／你是我出水／最最害羞的芙蓉」。這些詩，詩句中「口中不忘的千言」，便是說所有的言詞只重複的說「你」，情好癡好深；詩句中的「出水最最害羞的芙蓉」便是把愛說得萬般的喜動，純摯而稚嫩。

・如在「風起時」詩中，她透過意象，表現飄動在內心中莫明的情思與心緒，寫出「如我的髮／飛散成小鎮唯一的風向／……今夜／是南歸／或是北流」這些詩，詩句中的「髮」，在風起時，飄成「小鎮唯一的方向」，豈不豪情萬千；詩句中的「南歸」「北流」，眞是心胸瀟灑，意態飄逸可見了。

・如在「重逢」詩中，她透過意象，表現重逢的特殊感觸，寫出「我們的重逢／會是那一種氣候／……也許重逢／只是夢中的典故」這些詩，詩句中的「重逢」喻是「氣候」，能不產生美妙的驚疑與猜想？喻是「夢中的典故」，能不看出筱曉她創造新異意象語的特殊才能。

·如在「阿里山印象記」的「窗景」詩中，她透過意象，表現向車窗外阿里山風景凝望的情境，寫出「凝是山窮路絕的山景／沿空潑墨行來／所有驚嘆的眼眸／貼窗成蝶」這些詩，詩句中的「凝」喻是「山窮路絕的山景」，便把「凝」的極限視境與靜態的視覺空間，呈露無遺；山景既自動的「沿空潑墨行來」；「潑墨」兩字的動勢，便將山的景觀揮灑得淋漓盡致。難怪「驚嘆的眼眸」，要在栩栩如生的美麗山景中，「貼窗成蝶」了。「眸子」既是「蝶」，風景不在「美」裡紛飛，成嗎？這種表現，技巧能不高？

·如在「望海」詩中，她透過意象，將海浪與望海無窮盡的迷惘之感，向內轉化過後，以「失落的馬蹄聲」與「過往雲煙」爲喻詞，寫出「望那欲去未去的海流／是否轉載失落馬蹄聲響／是否轉載過往一段雲煙」。如此詩句，能不使人的內心對「過往」與存在時空產生莫明的鄉愁與感懷？

·如在「霧——南橫印象記①」詩中，她透過意象，把「霧」看不見的透明質感與美感，喻爲「攬鏡的峨嵋」，把「霧」行走的姿色，以「緩緩飄行」「一裙輕羅」與「含羞欸欸」來描繪，而寫成：

遠遠——

攬鏡的峨嵋緩緩飄行
一裙輕羅
含羞欵欵

像這樣的詩，她豈不是以語言創造了一個透明美麗而眞實的抽象世界，復又在這抽象世界中，將「霧」如仙女般美麗動人的形象，塑造到有畫面有造型甚至有動態美的詩的藝術世界中來嗎?能不使詩神也感到格外的驚喜?!

從上面所列舉的這些詩例，可看出筱曉透過意象，使詩的語言，自兩度的平面空間，進入多次元的多面空間，去展現的詩情詩思與詩境，均是頗爲深入、精彩與具有佳品質的。

(B)她運用語言技巧的傑出性：

(1)善於用重疊字，以產生語言的「雙壓力」功能以及疊韻與回弦的音樂性：

• 如「廟會」詩中的「望不斷的香火／迴旋久久」的「久久」兩字。
• 如「你走后」詩中的「母親在窗下／剪你的影，柔柔」中的「柔柔」兩字。
• 如在「春回」詩中的「像望不斷的山水嬝嬝依依」中的「嬝嬝依依」四字。
• 如在「曇花」詩中的「傳說有一種愛情／純純似曇／交錯的美麗／即深深歸隱心林」中的「純純」與「深深」四字。
• 如「給yellow River」詩中的「輕輕的回聲／是去夏離鄉時的默默」中的「輕輕」與「默默」四字。

- 如「窗語」詩中的「溫柔柔的所有／竟隨微星沉沉落夢」中的「沉沉」兩字。
- 如「蹲在水龍頭下的婦人」詩中的「你的白髮／低低的在水底靜默」中的「低低」兩字。
- 如「相思」詩中的「不經意的淺酌／卻成久久未能散去的暈眩」中的「久久」兩字。
- 如「雨天·回家」詩中的「欲斷欲續的窗外流蘇／像理了又亂的遙遙」中的「遙遙」兩字。

上述的這些詩例，無論疊字，是用來當名詞、動詞、或形容詞用，都往往不只是使詩的語言，獲得生動的音樂性與相依偎的親近感，甚至有助於架構那令人思索不盡的詩的意境——如最後一個例子的疊字「遙遙」，所展開之境，只能悟了。

(2)善於掌握詩語言的韻致與餘趣

如「**夜問**」詩中的

『問你
一季的花紅
何時』中的「問你」與「何時」，所形成以問裡再問爲相答應的妙境。

如「**夜送**」詩中的

「冷冷風中／你臨離的容顏／緩緩行遠／……滿溢的心事／迤邐天涯」等詩句中的「緩緩行遠」與「迤邐天涯」，所留下送別的餘音與遐思，能不使人內心鳴動不已嗎？

如「**思念**」詩中的

「不想常常想你
潺潺的思念
頻頻引我
　走
向」等詩句中的「走向」，究竟走向哪？不說出較說出更高妙，且有餘味，同時她將「走向」兩字單獨平排，所形成的內在延線，牽引著無限的內視空間，全交給思念中的「你」，那不也就是語言技巧的微妙設計嗎？

如「**你走后**」詩中的

「多年前一個下雨的午后
你的名字
湮沒　水中」。她將時空的疊景——「多年前」與「多年後」、「下雨的午后離去的你」與「湮沒在水中的你的名字」……交視在一起，怎能不使讀者將「湮沒　水中」這四個字越看便融入那更深的思憶之中，而留連忘返呢？

寫到這裡，現在我們回過頭來，從全篇文章所列舉的詩例中，來看筱曉這本詩集。我深信大家會認爲筱曉是一位創造了具有一己詩語言與情思特有風格與個性的抒情人。

她的語言，除吸取中國古詩的精純性、觀照力、韻味與節奏感，以及達到上面從實例中所說的簡潔、鮮活、自如、有暗示性與光彩外，並掌握了與現代人心態活動相溶合的語言運作空間。使語言媒體在抒情的過程中，一直保持住那生機勃勃的現場感與親和力，去接近與感動讀者的心。

她的情思，更是一直在詩中，把握住他個人特殊而優美的情感動向，並創造了下面三種迷人的情境：⑴表現「柔」中的輕柔、纖柔與溫柔三種柔情。⑵表現「摯」中的眞摯、誠摯與純摯三種摯性。⑶表現「美」中的柔美、幽美與馨美三種美感。的確，她詩中的抒情世界，雖比不上鄭愁予的成熟色彩濃與色調高，但從她抒情詩中所自然流露的那些特別迷人的原本性、純眞性與稚嫩感，卻使她表現了另一些含有特色與高品質的情境。因而也使我們發覺到她無論是對情愛之愛，對景物或生命之愛，都一心一意的透過詩，回歸到原本的純境，去表現愛。正如她自己所說的：「這份緣，總像山水的原始，靜靜書畫自然……………初識的刹那，她已深情的扣住，欲返欲還的凝盼……不滅的童心……這樣的執著，很像一首詩，一首很現代又很有未來感的詩……」。從她的這些話中，我們可看出她內心將「愛」與「詩」，視爲永恒存在的這種高貴情懷，是何等的專情與令人感動。

最後我特別要說的是這篇感評文章，一連串的探視筱曉抒情詩中較傑出與美好的部份，那是希望她年輕成長中的創作生命，能抓住這些不凡的優點繼續不斷的向上爬昇。至於全集中，仍有某些作品，缺乏例舉詩中的水準，甚至在詩思與語言技巧方面，都較爲弱化與少有表現，這便有待她在相對照與自省中，去力求改進，以臻至理想的佳境。

# 序女詩人白葦《白衣手記》詩集

## ——追求自然含蓄／淡雅清麗／意眞情切詩風的／女詩人白葦

詩一直被認爲是傳達人類生命活動最精美的線索，讀白葦這本詩集的六卷詩之後，我想大家會更加認同這個看法與觀點。

白葦透過她年輕的格外純眞、誠摯、善良且溢滿了愛與同情的詩心，面對存在的世界、面對一切的事物與生命，在詩中所流露的詩情與詩思，便也格外的自然、眞切與感人，毫無矯情故作之處。

她身爲「白衣天使」——護士，每天守望的幾乎都是人類「生」與「死」兩大生存主題相爭辯的邊際地帶，看嬰兒的誕生，也看疾病與死亡將人的生命奪走，因此，她也較一般人對「生命」兩字的眞實性，更銳利敏感。每天目睹「生」與「死」的眞情實景，使她在這一生存的特殊動向與觀感中，創作出這一本較偏向於具有「主題性」與「系列性」的詩集，呈示個人特殊的詩想與意念。全集由六卷詩構成。

在第一卷「白衣手記」的十首詩中，除了「死亡」是黑色的，作者在詩中緊抓住「陽光」、「燭光」的純淨是意象，以及「我潔白纖柔底裙襬」的白色，所代表含有希望與溫暖的光明面，形成「生」與「死」強烈的存在對比空間，已一再凸顯這卷詩內涵世界的基調，是精確與堅實的。在「燭光」詩中：「讓我把燭光擎舉／擎舉起這聖潔底明淨／把自己雕成蠟炬」；在「陽光」詩中「輪椅沈沈地軋滑而過／我們要去探訪跳躍著陽光底地方／我潔白纖柔底裙襬……／自長廊的這一端頭／便舞起陽光的姿韻／向你輕輕招手」；在「白色的帷幕昇起」詩中：「而白色的帷幕昇起……／我卻最喜歡覷著你們掬著陽光／奔跑的模樣」；在「愛說」詩中：「愛說／我是光與熱的實體／我就是溫存而體恤的心／我是春天的血脈」……從上述這些明朗且溢滿意涵的詩句中，可窺見作者已把他身爲「白衣天使」——護士至爲親和的生命形象，以及其與醫院和病患相關的工作環境與生活中，所流露的無限的溫情與關愛，都做了確切與眞摯表現，而且意態盎然，情景也自然感人。

同時在「死亡」詩中：「死亡並不駭人／駭人的是四季的軌跡／被黑暗禁錮在時間之外」；在「送別」詩中：「今生的悲喜哀愁已無由回溯／一切將隨著死亡棲止」銳敏點出人生所不能不面對病死所帶來「存在」的黑暗面。在「天使心」詩中，作者以具有蘊含與力感的直抒語言，將白衣天使的整個生命形象寫照出來：「天使心／與死亡比鄰而居／看萎落猶如花時在死與不死之間」，這些詩句眞是刻劃入微，形容盡致，精含於內，令人深思。

在第二卷「兒科病房手記」的幾首詩中，作者從嬰兒的生與死這一個專題中，去探視生命的景象與行蹤，採取不同於一般的生活經驗與部份專業知識，創作出較特殊的事象與情景。

如在「危象」詩中：「哭聲和著笑語／奶水尿片與夾背的汗珠兒／在母親溫暖的臂彎中／你迎著晨曦／欣欣而向榮」；又如在「夭亡」詩中寫的：「你在子宮標示的法紀之外／在母親的嚎啕聲中泅泳／針管的藥水匯成細流小小／欲渡你穩舵轉航……／母親在淚光中殷殷盼望……／當波紋靜止／監視器單調地反覆掃描／你作別時的手勢……」；在「等待」詩中寫的：「兩耳間垂掛著春天／頎長而敏銳而伶俐的一種／聽覺／你在孩子們的胸腹上／聆聽審辨／繽紛幻化的是蛹是蝴蝶／你守候著春天裡／繁花的蓓蕾……／我們驚疑著猜度／花開的音律將自此間／潺潺流瀉／且耐心等待／蛹化翻飛之前／有一段禪寂歲月」；以及在「春天的臉」詩中寫的「春天一個呵欠／搗翻了孩子們璀璨的水晶夢境／年輕的母親絮絮不休贅述伊心中憂懼／而我們喜悅的生活／我們慣於一起尋覓春天的明麗」與在「蒔花一事」詩中寫的「花香的軌跡／依稀是在母親的淚水父親的華髮間深深犁入……」等上面的這許多詩例中，都不難看出作者確是以至爲細微與深切的觀視力與筆觸以及新寫實手法，將成長中的嬰兒，同時置於父母（尤其是母親）的「慈愛」與「擔憂」中，也同時置於「明麗喜悅」與「陰暗傷亡」的兩極化中，去表現出生命存在的至爲著力與相當沈重的情思對比效果。

在第三卷「癌症病房手記」的幾首詩中，作者身爲詩人，又在醫院裡工作，面對廿世紀人類最懼怕的——癌症，在創作上，自然更具有臨場性的經驗、見識與感觸，像詩中寫的：「這不治的沈疴／只有眼淚能解／……癌細胞一似決堤的洪／氾濫奔竄／直搗五臟六腑……／醫師們按圖索驥／探尋你生命之牆最穩固的據點……／淵博的藥學理論／在鬆塌的砂礫中陷落／監視儀遍尋不著你心律飛揚的方向／時光靜止／遊離的孤獨感靜止……」這些具有死亡特殊意識與思考深度的詩句，對癌症之可怕與顫撼人的描寫，眞是運用了「新寫實」的藝術表現手法，達到力透紙背的效果。

同時作者也在這卷詩中，靜靜透露著「癌症」潛藏於人類生命與歲月深處的無助無救的絕望，深沉而且悲痛，如「憂傷如陣雨」詩中的「憂傷來襲／如陣雨自八方掩來……」，如「哀傷之美」詩中的「哀傷之美／生命最深邃繁富的展示／自你迷濛雙眸／還有盈盈淚水……」；如「最後的航行」詩中的「你只能在夢中張望／風雪中航行的寂寥與蒼茫」……，等這些詩句，都可說是將「癌症」沉溺在無限憂傷與痛苦的淚水之中，讀之除了引人同情與關懷，更引人深思。

在第四卷「葦間集」的幾首詩中，除「哀思」一詩，屬於傷感的作品，如詩中寫的「母親的墳地……父親的新墳……／親情深恩存植成一坯黃土……／都入故園夢裡／化濡古牆上斑駁的蒼苔」；其他各篇都分別表現其他不同的生命情境。如「最初」詩中寫的「最初……／步履是循著星光走下去的……／而夜深沉寂／只有你步履的聲音起落幽微……」，是表現一種屬於內心中沈靜的幽微之境；又如「生活」詩中寫的「我走入生活中／又自生活中與生活相離／我想望著孤絕的美與奧祕……」是作者自我空間的特殊架設，流露富於哲思性的玄想，是頗爲精采的；又如「一切屬於玫瑰花的美麗」詩中，表現對友人于歸讚美與祝福所寫的「把一切屬於玫瑰花的美麗／撰寫成青春的美好……／而一切屬於玫瑰花的美麗／在曳地白紗的婚禮之後／盛放……」；又如在「生日快樂」詩中寫的「……告別歲月的方式……／險巇的山徑／遙遙指向天邊的彩虹」，對生日的期望，指喻爲天邊的彩虹，讓生命的存在，溢滿了多彩多姿的理想與夢境；又如在「柳樹記」詩中，作者採取人與自然的觀照，希望人活在都市的建築物中，仍有柳樹的飄逸感，但陽台如何種柳樹？作者只好移情爲「我遂捨盆栽柳樹／任由微風拂動的影子／扦插在無有際涯的胸壑」，這樣，作者的生命架構，豈不在詩中轉化爲隨風飄拂的柳樹，從盆栽而點化出心中境界幅度之遼闊，茫渺而無際涯，而發揮詩的象徵意涵，呈示了傑出的藝術表現技巧。最後「引暮色入詩」詩中寫的「渡輪挽著淡水河的夕照款步走來／粼粼的波光映著晚霞緋紅的彩衣／觀音山如如自在／……其時暮靄已漸轉深濃／有習習的海風走入黃昏，引暮色／入詩」，也是相當能把握情景與氣氛的一首詩，近乎是一幅景色迷人的水彩畫。

在第五卷「大地」的幾首詩中，作者以「寫景」與「抒情」的雙向發展，表現大地與自然間的各種特殊景色以及個人的情懷。如在「黃昏星」詩中的「你熠熠的輝芒／……成漣漪／而漣漪自晚雲中擴散／而迤邐成斜斜底天河」像這樣的光景，誘使讀者的心境同有絕塵遁世之想。又如在「山中詞」詩中，作者將上山人經過陽光、花絮、林木、松濤、山泉、蹊徑、古道、峰巒、斷崖、雲霧……等各種奇特的自然景物，最後在這樣繁美的畫面上，用淡淡的幾筆寫下「登山人的行腳／輕緩地上昇／輕緩地降落／而無韻腳的松濤／漸行／漸杳」，眞是把山中行的空間境況寫到神仙活現的「禪」裡去了，令人聯想到「萬徑人蹤滅」的寂然之感。同樣的，作者在「邀霧」詩中寫的「乍勻乍濃／……乍濃乍勻／……我足履峰頂蹊徑／遙望你／把跋涉讀成一册／虛無」，也是透過大自然的景象所展現的靈悟之境，至於「白雲帖」一詩中的「浩瀚的天宇中／遨遊／從我而始／方向／因我而終／……在三九九七公尺的頂峰／坐著我／凌虛／御風」，更展現了萬物隨我而往的勁健豪氣之境，而突破了前些詩中情思活動較纖穠與細緻的狀態與形勢。

在第六卷「遁情五帖」的幾首詩中，作者所表現的，多是著重於愛情的世界，或也透過時間性與帶有夢幻色彩的感懷，來表現內心對生命存在的情思與愛意，是頗使人心動與嚮往的；如「愛之喜」詩中的「愛之喜短暫……／宛若春華秋實／是人世間的一番煙景」，令人讀後情致纏綿，感而嘆之；又如「秋天裡的咳嗽」詩中的「秋風起了／楓葉在海拔高處／一陣猛似一陣地咳嗽……／走在秋風裡／不禁擔憂起來／上一次感冒後的免疫力／能不能安然度過／漸漸寒涼的秋季」，這種高敏度的「觸景生情」，使人彷彿與大自然一起在秋季著涼，近似「相思黃葉落」的感人情境；至於最後的那一首「有一天」詩中所寫的：

「在黃昏暮靄蒼茫時分
青空對大地雍容而安祥
溫柔而深情的擁抱
在這恆定不變的愛的臂彎之中

疲憊的流浪者
嚥下最後的一聲喟歎
孤獨地進入永恆的睡眠」

，作者以平和，豁然開朗的心胸將生死與世上所有的情愛都轉化與提昇入宇宙與大自然存在的永恆結構與始終之境，是具有內省與觀照精神的，值得大家深思默想。

綜觀上面對六卷詩所做重點性的抽樣賞析與詮釋中，我們大致可得到一個較接近理想的論斷：

㈠由於作者具有專業的工作經驗與知識，這本詩集的主題，多少有偏向於存在「系列性」的創作形態；同時值得一提的，是所有的文學與藝術創作，絕離不開生命與生活，尤其是人類的生命與生活，而她的筆尖幾乎是一直將「生命」與「生活」釘在創作的圓心裡，讓外在內在所有的景象，都繞著「生命」與實際的生活轉，因此他的每一首詩的情思活動，都參入了眞正生命與生活的脈動力，眞摯而感人。

㈡由於本文一開始就已指明作者是一位格外純眞、誠摯、善良、內心充滿了同情與愛，態度自然謙和，不矯情不做作，故在創作中，能建立其自然、含蓄、淡雅、清麗、怡情適性、平易近人、閑靜致遠、意眞情切（甚至也多少呈露纏綿悱惻豁然開朗）的詩風，而也因此形成他個人特殊的風格，是值得重視的。

㈢在藝術技巧的表現上，他不太走「超現實」「立體主義」與極度的「象徵」路線，這樣雖會失去豐富的變化以及疊影的神祕感與潛意識的奧祕感……等表現，但相對的，也使他的詩與較晦澀較讀來困難的詩，保持距離，而保持較可讀可感的效果。因爲白葦大多採取偏於「白描式」的狀物、抒情、表意手法，近乎是著重述明性的「賦」體，這樣，的確比較容易直接與廣大的讀者接應與對話；像是以詩的語言線條，所畫的一幅著重於兩度空間平塗的尚有意境的風景水彩畫或油畫，有較明晰、流暢的美麗畫面；當然它也可能相對地妨礙作者向生命與事物深層進一步去探索與塑造詩想更具強度與實力的意象「立體造型世界」，而應加以反省，以免創作技巧於不愼中，受困在直抒而不夠深化的說明世界中，而失去詩原本所重視的豐富的象徵意涵及其向內在無限地延伸的美感與精神境界，這是詩人白葦在部份作品中，必須加以注意的；同時爲了使每首詩都能臻於完美，我認爲白葦在語言的潔度、精純度與結構的嚴緊性以及情思世界全面的通變與通化能力，仍應加強與努力。

# 序大陸詩人楊森《夢是唯一的行李》詩集

## ——直接與生命對話的詩人

如果詩與藝術的確如我曾在論文中說的：「它幫助人類把潛藏在生命與事物深處的奧秘的『美』喚醒；並在不斷超越中，將一切帶回到單純與原本的存在……」，則楊森君的詩，幾乎全是作業在這個顯著的主方向上。

讀他的詩，的確給人留下相當特殊、深刻與清新的感覺。

(1)他的詩，純在眞中，眞在純中，自自然然，樸樸實實，平平易易，但也淺中見深；不需要語言虛飾的外衣，讓語言美在自己的素色與潔度裡，靜靜溢流出生命內在的意涵。這是「商業化」「職業化」心被污染的作家，無法進入的語言工作園區。而楊森君他的詩心與他詩的語言，總是能回到花朵剛開放的位置，鳥剛展翅的位置，河剛流動的位置，去同一切存在的原性，進行深切的對話。

像《再次傾聽》詩中的：「再次傾聽／愛情的語言／我就像山地裡的／一株旱麥／遇雨／顫動不已……」；

像《雪》詩中的：「……／今生今世／只要黑過一次／就不配說自己有過／雪的一生」；

像《家》詩中的：「家是一頂帽子／一個人戴不算大／十個人戴不算小／離家的浪子／下雨時／最先淋濕的是頭髮」；

像《霧》詩中的：「席地捲來／裹住林子／鳥在其中歡叫／——是抵達／天高雲白的／那種叫」。

這些詩例或許尚帶有一些童詩的意味，但那也是一種有效益的藝術參與，因爲它不只是加強與深化詩中原有的「純眞」與「可愛」之美的質感，而且給成年人開放一個具有靈思的童性世界。

(2)他的詩，都很短，但意味深長，讀起來，只一點點，但一點就通，一通就悟，一悟，詩與生命便一同走進暗示的無限世界。

像《超現實》詩中的：「一棵樹／夢見我／變成／一把斧子／／便提前／枯了」。

我們可想到人一功利，便會腐化，也可想到詩與藝術一有預設的「載道」，便受限制甚至僵化；當然也可採取全方位開放的觀點，而看到凡是進入規定框架的一切，都勢必成爲有限的存在……

再看他的另一首詩《習慣》：「馬　比風跑得快／但　馬／在風裡／跑」。雖然全詩不到十二個字，但透過「象徵」與「超現實」的暗示與緣發性所產生由微視到巨視的放大鏡頭上，竟看到人類生命存在的一個永遠無法突破的氛圍與一個帶著宿命性的不可奈何的存在模式。譬如在勢利鄉愿的社會裡，一般的「習慣」上，往往你再卓越，再傑出，也出不了頭。如果沿著這詩語言的象徵符號向存在的終端世界探索，尚可看到人類生存在一個更爲宿命與更爲荒謬的模式中。那是全人類活著，都不可能不死，那麼人類在跑不出去的「死亡」裡跑，跑得再風光，最後仍跑不出死亡……而這也是人類生存千萬年來潛在的隱憂。

由這兩首短詩，可看出他詩語言所產生思想無形的爆發力是相當可觀的。

(3)他詩中凸現特別「簡單」與「輕巧」的型構，也絕非一般人在習慣上所認爲的那樣表面化。而是透過他至爲純淨明晰的心境，運用他對一切原本存在的直觀通視力，並無形中採取極簡藝術(MINIMAL ART)的濃縮表現手法，提升「簡」明到有質感的「精簡」，提升單薄到有厚度的「單純」。然後將「精簡」與「單純」架構成具立體感（非平面化）的新的「簡單」世界。因此也無形中使浮動的「輕巧」轉型爲有內涵力的「靈巧」。這都正是導使他創作精神趨向卓越性的力源。而這種卓越性的思想因含有玄機深意，接近禪性，便也自然使他的詩多少帶有些禪意。

像《落果》詩中的：「風停了／樹／還在搖／樹上的果子／有的就是這麼落的」；

像《成熟》詩中的：「鳥飛起來／與風無關／果　落下去／與沉重無關」；

尤其是像《狀態》詩中的「茶涼了／杯子／也無奈／／不喝／就倒掉」更是不留痕跡與更禪的把生存在欲爲又罷的那種難處與妙諦流露無餘。眞是在詩中創造了可聽見的空靜之音，可看見的象外之相。難怪他自己也在《給我》的那首告示詩中寫下這樣的詩句：「給我空間不要大小／給我時間　不要長短／給我方向　不要道路／給我語言　不要內容／……」。

此外我覺得他在詩中也創造了一門不靠智識學問而是透過詩直接以「生命」來思想又對「生命」存在產生無限暗示與啓示的學問，呈現出詩特殊的原創力。他如此年輕便能在潛在的心靈中，對生命與事物有如此多端、敏銳深微的感觸、體悟與判視力。因而也自然使他成爲一位年輕但已具有慧性與哲思的詩人。他的詩除了上面所說的，語言簡明、順暢自然、平實與經常出現超現實情況，以及能使詩思潛入存在的內層同生命的本質與原性相交會外，更奇特的，是在無形的暗喻中，一次又一次的對人類生命存在進行著明銳的質疑問答。如《喻一種愛的方式》詩中：「一顆優秀的果子／因爲懷疑它有蟲子／你一層層地削／削到最後／沒有蟲子／果子也沒有了」；

如《成功者》詩中的：「有人砍倒了／一棵樹／然後，騎在樹身上／說／我終於爬上這棵樹了」；

如《秀才》詩中的：「秀才　引經據典／找了許多關於錢的／罪惡的理由／然後　爲自己身無分文／閉目養神」；

尤其是像《黎明》詩中的：「窗外有一隻小鳥／叫了一夜／／我在樹下／拾起那隻小鳥／／小鳥死後的嘴張著／還想叫」；

還有像《廢墟》詩中的：「一隻鳥／斜飛著　喚／一棵樹的名字／／一定有什麼／對著我的眼睛／喚了　淚的名字」。

這兩首詩更是在人類面對存在質疑與做問答時，要用痛苦的「傷口」與「淚眼」來面對了。話是說得很淺白，像是在說童話，但一顆顆心與靈魂都深深往下沉與思，那是包括世界上有思想有學問的大人的心與靈魂也在內的。可見作者詩中的「童話」性，是滲有生命的玄想與哲思的，而提高詩的意境值得重視。

寫到此，我在想，對於這本詩集其中的詩，特別值得去說與激賞的話，都大致說了。或許我們覺得楊森君的詩，尚須在格局上拓展，在思想幅面上，應進一步推廣；在語言的精純、精深、精美度方面，仍要加強；其中，有些詩似也缺乏普遍的水準，這都是他日後要去繼續努力與謀求改進的。我們也相信他能夠面對挑戰。因爲他是對生命與詩都執著與誠懇的詩人，有才情，年紀又輕。

最後，我們以360度的描瞄鏡來看這本短詩集，它確像一個迷你可愛的星空，那許多短詩，便像是一顆顆光度大小不同的星朵；它也有如一個迷你可愛的林野，那許多短詩，便像是一顆顆大小聲音不同，傳說著生命的綠樹。

一九九三・六・三十・於台北

# 序《雲逢鶴詩選集》

讀雲逢鶴的詩，給我最先留下的印象，是語言自如、質樸、洗練、清晰、流暢，無論寫景抒情，都相當的誠摯感人，尤其是他對土地、生命、友情、親情以及歲月的感懷，更是溢滿了愛甚至悲憫之心。從詩中可感到他是性情中人，見到面更是：他對詩的熱愛執著與癡情，不是一般詩人所能有的。

或許他有部分詩仍難免偏於散文的平面抒寫，未做向內轉化、呈現出詩特別看重的深一層的象徵意涵，但由於他詩中具有上述的那些優良質素，便仍保持可讀性與感人之處。

其實，他有不少詩作，顯也有詩的藝術表現，如在《懷念》詩中開頭的幾句：「記憶裡的山稔花／是淡紅色的小小的／是山野裡的／窮孩子的笑。」他採取電影平行的對照鏡頭，與相當深微的象徵手法，讓「懷念」中的景象——山稔花，在記憶的綠野上，呈現窮孩子的笑，那是何等可愛與能抓住純摯性與自然原本性之美的「懷念」；尤其是那個「窮」字用得入木三分，便更深化了「懷念」的可貴與格外的令人珍惜了，因爲窮孩子是很少有笑的。可見這個「窮」字是將詩思向內在深層世界轉化的力點，也在測試詩人在詩語言運作上的才情。如果把「窮」字拿掉，詩的意涵會流失不少。當作者最後寫到：「我呀我懷念／那被放火燒過的質樸無私的山野／那被無情砍伐過的／低矮誠實的山稔／我懷念同我一起／採過山稔子的兄弟／永遠記得窮孩子的笑。」「懷念」中的山稔花是的確緣自對人類對大自然景觀被殺害的關懷，而又形成一首相當感人的環保詩。

在《聽泉・在海之源》詩中：「於今在海之源／天之下地之上／聽山色變幻／泉流聲聲／幽徑靜止於山／老樹入定於岸／我是個千古行客」。他幾乎是兩極化地表現出那雄健、豪邁、豁然開朗的心境，不同於《懷念》詩中的純稚、柔和與恰切自然之情。他將自己放在海、天、地以及山色變幻、泉流聲聲的情景中，這樣對生命的塑造，其形象的寬宏與壯美可見。詩的語言不但堅實有力而且筆簡意豐，尤以動詞「靜止」與「入定」的威勢，已強占到名詞的地位，這也正是詩思的渾化力擴張與延漫的卓越表現。

在《燃燒・一種幸福》詩中：「有一種思想／只能用山表述／有一種感情／只能由海傾訴」，「燃燒是一種幸福／山在樹中燃燒爲綠／海在水中燃燒爲藍／大理石在太陽中燃燒爲光／海風在胸廓中燃燒爲偉岸之氣／我亦燃燒燃燒著／一個海島人血肉之軀」，「鬢髮飄揚如焰／半輩子沒說清的話／讓山去說讓海去說」。作者在開始前四句，很明顯是以隱喻與換位的藝術表現手法，突顯「知性」與「感性」的思想具體形態。知性是冷靜的，讓山來說，感性是波動的，由海來說，詩便產生有隱藏與移變性的美感，排除直線形的單調。若直寫「知性靜如山、感性動如海」，便把詩寫死了。

接下來的詩行，仍是「換位」手法，使景象移變與蛻化，如燃燒變綠、變藍、變爲光、變爲偉岸之氣。同時也採用進行式疊景，架構起對生命觀照的繽紛絢爛的畫面。

最後作者寫「半輩子沒說清的話／讓山去說／讓海去說」，如此直率、斬釘斷鐵的語言背後，那是何等超然絕俗、胸襟瀟灑與有氣概的精神流露。

接下來看他的《不眠的樹》：「今夜我是暴風雨後／郊原上一株不眠的樹／清疏的枝葉／掛著半輪月明／還有那半輪呢／哦我沉默了／朋友，你知道嗎？／遮缺我們的明月的／竟是／自己的地球。」此詩同樣是以象徵手法，透過內心抽象感知，重視生命存在的眞實形象，有現代存在思想(EXISTENCISM)色彩。詩中「暴風雨後的郊原」是動蕩後的情境，而「不眠的樹，清疏的枝葉，掛著半輪月明」，便是在不如意中仍懷著非滿月的半輪月的希望。最後作者更在潛意識中對人類存在提出無奈與至爲深沉的警示：「朋友，你知道嗎／遮缺我們的明月的／竟是自己的地球」，這也就是說，人活在地球上，許多不美滿的事，都是人自己的愚蠢造成的，詩思顯得相當深刻與具批判性，而且語言與技巧引發的反思與對比作用是強烈的。同時結構相當完妥，確是一首富於寓意與奇巧妙悟之作。

再下來看他的《讀國畫「鷹」》：「鐵翅膀／鐵的鉤爪／爲何落到紙中來／留在這，方尺之內／風在疾走，雲在馳奔／山林，發出了野性的呼嘯／快，快將窗戶打開／讓他凌空飛去。」我相當喜歡這首詩，無論語言、意象與結構，都至爲完妥與突出。題目用「讀」不用「看」，就是突破慣常性用語，顯得高明，因爲「看」是平面與較一般性的視覺形態，「讀」是有思考層面與立體感以及有聲音的視覺活動。至於在詩中以深入的透視力將人存在面臨重大的阻力與困境，有效的壓縮在僅短短的八行詩中，可見其創作的心力與功夫之深。譬如鷹是具強健、沖擊性大的生命體，是屬於廣闊的天空的，但卻被抑壓成爲「方尺之內」的紙上鷹，這種帶有反諷與沉默指控的意象語，是具有爆發力與創意的。

接下來的後四句，以自然界的活動影象與原本的「自由呼喊」來 VS（挑戰）那困禁在紙上失去生命的「鷹」，造成強大的對比張力，而激化與深化整首詩的精神意境；至於創作的另一個卓越點，是成功地運用極簡藝術(MINIMAL ART)表現手法，以極少量的文字符號，將人存在的重大思想，精準的從詩的直感與通觀中，提升進單純與集中的視點來，將這詩完成，並在最後兩行「快，快將窗戶打開／讓他凌空飛去」，留下生命存在新的期望空間。的確這首詩非常奇巧地勾出「人」與「籠子」與「天空」互存的形象與架構，並充分發揮詩象徵與影射的力量。

最後我們看他的《黃昏》一詩：「步入黃昏便步入／萬古蒼茫沿天地交融之線／／一輪盈盈紅日／挨我肩膀徐徐滑落／／所有顏色進入朦朧／一切形體復歸混沌／遠處驀然亮起／人家燈火——新的宇宙之光」。像這樣的詩，若不是作者對生命對時空有過深入的探索、體認與覺知，就不可能有這樣深入的詩思與精神境界。當然若沒有駕馭語言的功力、與藝術的表現技巧及有機發展的結構體系、詩思與精神境界，也就不可能輸放出美的爆發力與感動力。

像「步入萬古蒼茫沿天地交融之線」所製造詩思活動的抽象空間，近似中國山水畫的空白。而空方能容納萬境，方能升起萬物的形而上之道。又像「一輪盈盈紅日／挨我肩膀徐徐滑落」中的「紅日」本來是在遠遠的天邊滑落，而拉近到從作者的肩膀滑落，這顯然是超現實的創作行爲，用不著明說，天、地、人已三位一體，並肩在一起來看生命與世界隨著「黃昏」沉沒的奇景，而難免黯然神傷。

這詩由「點」，「步入黃昏」到「萬古蒼茫／沿天地交融之線」的「線」、到「挨我肩膀／徐徐滑落」的「一輪盈盈紅日」的圓「面」，到「所有顏色」與「形體」都化爲無邊無際的「混沌」，已逐步形成生命向終極推移的有序進程與型構。最後，人唯一能寄望的，便是在蒼茫、朦朧混沌的「遠處驀然亮起人家燈火——新的宇宙之光」——世界最終也是最始的一線希望。

整首詩活動像是用平實、潔淨、有力的筆觸，在空茫廣漠的時空背景上，畫出人的生命進入終端情境的一幅有感染力的抽象畫，使人看了悟生妙覺而有渾然與天地共流之感，確是一首含哲學意味與令人對生命沉思默想的好詩。

寫到這裡，從以上所談的，給我整體性的觀感大致如下：雲逢鶴確是一位顯有生活體驗，有思想、知性與感知兼備的詩人，在詩中，既能情意飄逸、恬淡閒適；也能剛健渾厚、寬宏曠達，而更值得珍視的是這一切，都滲進一個「誠」字。

在詩的藝術技巧表現方面，他有不少詩，多採取「象徵」的暗示手法；至於有思想深度的「白描」、有作用性的「投射(PROJECTION)」、有多面疊景的「立體(CUBICSM)」乃至將一切提升至單純與精純的「極簡(MINIMAL)」表現等手法，都可在他的某些詩中找到，可見他的詩具有藝術性；再就是詩語言的自如性、流暢度與準確性，他也相當的能掌握，頗具功力；同時他每首詩，都幾乎有穩妥的結構。若能堅守「詩」與「散文」的明顯界線，一方面盡量不使散文的平面抒寫進入詩境；一方面使詩經營的意象世界更加廣闊、豐富與立體化，並加強意象語的張力與爆發力，則對詩思與詩境的深化與拓展，應是會更有幫助的。

4

不珍視過去的人，他註定是沒有活過；
因為下一秒一來，他便死在過去裡；他
也因而活在由一秒秒連成的時間
美麗鎖鍊中的死刑犯． 羅門

# 內心深層世界的連鎖引爆線

## ——除了死亡，世界上最具威脅性的是「美」

有一天我同一群文友在一起談文論藝，我仍像以往一樣非常認眞與懇誠的說，流行一時與浮面的，都會像「放煙火」般很快的死在它的光速裡，不可能昇華成爲永恒的「星空」；但像數百年前的貝多芬與莫札特他們偉大的交響樂，能相連穿越菜市場的雞鴨聲、機械的尖叫聲、議會的爭吵聲、砲彈的爆炸聲以及時空的茫茫之聲，而將人與世界永不終止的帶領到無限「美」的顚峰世界，引起心靈永久的感動；它便的確已成爲一種不死的「前進中的永恒」的存在。

當時或許有人能認同我的看法，但也有人認爲我過於理想化，將藝術看得過於崇高與偉大，並說貝多芬是屬於十九世紀的，意思是指他是過去的人物，他存在於過去，已過時。我聽了感到相當詫異與疑惑，便忽然想到過去曾在文章中說過的那些話：

人類的思想世界，活像一透明的玻璃鏡房，當我們果斷的判定自己在鏡子正面所見的是絕對時，而背後便可能看不見與出現盲點，因此，應在鏡房裡使自己360度的旋轉，從特定的視向，進入全面開放的視野，盡量去掉背後的盲點……。

是的，我同意貝多芬的交響樂，對樂音所採取的包裝形式，是十九世紀的，是在過去的年代；我也覺識到進入廿世紀末之後，人類生存在物化與高科技的後現代文明社會，不斷被物質、速度與行動追擊在「感官」與「外動」的世界裡，像貝多芬莫札特的音樂，內心所昇越的那種「形而上」的巨大的美感力量，確被物質世界與流行文化偏向「形而下」的生存趨勢與風潮，所排擠與抑壓，是事實；但這仍不能輕易說，貝多芬與莫札特偉大的音樂生命，在人類內心世界以及精神與思想中所引發的不可抗拒的美的震撼力，已完全消失，已不存在，已過去。事實上，它在人類內在生命深層無限開放的聽覺世界裡，不但不會過去，而且是存在於十九世紀，也繼續存在於廿世紀、廿一世紀與永遠的存在下去，並成為「前進中的永恆」的存在；我如此肯定的說，是基於：

一、人除了肉耳在感官裡，擁有「快感」的聽覺世界；應尚有心耳在靈覺中，擁有更高層次的「美感」聽覺世界。

二、貝多芬與莫札特的音樂在演奏時，那只是一些聲音，但卻能把台下無論是皇公、高官、權貴、科學家、哲學家以及所有愛好音樂的人——他們心靈的門，都一一打開，並信服與忘我的引領到「美」的頂峰世界，擁抱到那無限華麗的生命空間。至於這些聲音所音爆出如此不可抗拒的震撼力，究竟含有多少噸的智識、學問、思想與情感？那確是科學的X加Y都無法計算的；因為它是存在於人類內心世界中威力強大的精神核能，在「美」中放射出生命永恆的智慧之光。

三、如果貝多芬與莫札特只存在於十九世紀，爲何到了廿一世紀，一千年來，全世界各地著名的音樂組織團體，乃一直爲紀念他們舉辦音樂會，由著名的交響樂團與演奏家來演奏他們不朽的作品，仍一直轟動音樂界與引起聽衆的感動不已？很明顯的，是他們的音樂中，的確潛藏著一種死不了的能穿越不同時空帶著人類生命在「美」中，進入「前進中的永恆」之境的偉大力量，使人們信服、仰慕與嚮往，這種情形，也多少像千年前的大詩人柳宗元寫的「獨釣寒江雪」，現代詩人或許不再用這樣的寫法，寫法也許是過去了；但寫在他詩中的「雪」卻一直凝結在人類面對孤寂時空的心境中，是歷經一千多年永遠化不掉的，是不會消失與過去的。事實上，它已成爲「前進中的永恆」的存在，並一直讓海內外中文系的老師來解讀與拿鐘點費，也讓思想家與哲學家來沉思默想人類生命存在於茫茫時空中的境況。由此可見有些東西會過去，有些東西是不會過去的。

寫到此，我想坦誠的以我創作近半世紀的詩生命來做旁證，在以往我曾在文章中提到，於中學時代，我是愛聽古典音樂先於詩的，直到現在，我仍懇誠的說貝多芬與莫札特等的音樂，確給人類生命帶來世界最珍貴且永恆的禮物：「美」；而「美」不但是一切存在的內容；「美」甚至是道德中的道德。是構成上帝生命實質的東西，是「永恒」的心。若將藝術所創造的「美」抽離，藝術還有什麼好說的？就連人的世界與上帝的天國雖不至於落空，也不會美滿與完善到那裡去。的確，世界上最美的人群、社會與國家，最後絕對是由藝術所創造的

「美」的內容來達成的。

記得在四十年前（一九六〇年）爲紀念貝多芬的誕生，我反覆的聽貝多芬的「第九交響樂」，內心被他音樂中莫名的奧秘的美感力量所觸動，便寫了「第九日的底流」這首對生命與存在時空沉思默想的長詩，以流露出他音樂中對我內在生命所激化與開展的無限廣闊的「美」的視聽世界。這首長詩大多在深夜寫，只留下桌上一盞燈，周圍是沉靜的深夜，我是故意將世界深沉到夜的寂靜之底，然後來回放「第九交響樂」其中最能將世界從激動中抑壓到諧和的沉靜之境的樂章。此刻，時空的臉以及人類所有的臉都隨著音樂順從、信服、虔誠與膜拜的朝向宗教的方向，進入詩的心境的永恆的探望。這首長達百餘行的詩，定名爲「第九日的底流」，其中「第九」兩字，顯是同「第九交響樂」的名稱有關，「底流」便是隨著流動的音樂，生命也在心靈與時空的深處，流成那條潛在的生生不息的河流。

這首對貝多芬充滿感懷而演化成對生命與存在時空沉思默想的長詩，我除了以往一再在文章中說貝多芬是我心靈的老管家——他在開始乃至直到現在，對我創作生命所賜給「美」的激化作用與動力，是強大無比的；而且我更在這首詩的開始特別寫下這段話：

> 不安似海的貝多芬伴『第九交響樂』長眠地下，我在地上張目活著，除了這種顫慄性的『美』，還有什麼能到永恆那裡去。

我追念貝多芬音樂生命的不朽，在四十年前寫了這首長詩，對我來說，它確是較我所有的詩，都更能概觀我面對生命、存在時空以及死亡與永恆等進行探索與沉思，所引發的內心感懷與悟知；而且具多面向以及思想的內化力與內延性的深廣度，同時也似乎同「第九交響樂」的音容、音貌、音色、音感與音境，在內心開放的廣闊聽覺世界中，有相脈動與共鳴共感之處，也的確在內心中感知那種前進中的永恆的存在。

面對這樣的存在意識，我接著要問的，是貝多芬的音樂，在我內心磁場中，所引發的那種緣自「美」的永恆存在的回響，驅使我寫這首長詩「第九日的底流」，它是否也把相關的「前進中的永恆」的生命存在信息，在茫茫的時空中，散發出去？至少我是順從且忠信詩與藝術的永恆存在的信念來做了，如果也寬容我說實話，「第」詩在「前進中的永恆」存在世界中，應是或多或少獲得了一些確實的回應，這回應是由兩位傑出作家的創作生命思想中傳眞過來的——

他們兩位都是在近三十年後讀到我四十年前寫的「第九日的底流」，內心有切實感動所發出回應的聲音。一位是揚名海內外的傑出詩人作家除寫詩尚寫精采論文的林燿德，他讀「第」詩後說出內心的話：

羅門大師：

這幾天讀您「第九日的底流」、「死亡之塔」諸詩，幾可背誦，內心受到的撞擊實在不可言說，以往讀這些作品感受並未如此之深，可見您的作品是一種向世界與人類生命內在本質的無限性質遞突穿的「生命體」，他們得自您的能量是永遠不會消滅的，所有的讀者也基於自我的能力，而在作品間找到自己存在的位置。

我深深的被您的詩作所感動，所震懾了。獻上思念以及一點淺陋的感想。並請

道安

晚　燿德

八十五年十月廿一日夜

一位是愛好哲學、詩與文學的廈門大學研究生張艾弓，當他處在目前金錢掛帥、物質文明高度發展的都市生活環境中，曾被「形而下」可見的外在動力，驅離「形而上」不可見的內動世界，內心出現有虛幻、頹廢與後現代漂泊的精神狀態，對內在思想世界研究與探索的著落點，也有鬆動的現象。此刻，他的指導老師，將我的詩與論作給他能看就看；其中最引他注意與感動的，就是我進行內心探視與抒情寫在四十年前的那首長詩「第九日的底流」，重又引發他心靈深處所埋藏的思想機能與生命動力，他便再度向內去看自我與人存在的狀況與動向，他也因而定靜的回到心裡來，花了三個多月一面思考一面寫了壹萬多字評那首詩的論文；接著又花二年時間，寫了《羅門論》獲得碩士學位。在〈第〉詩的論文中，他開始寫的那段精要的話，確已多少涉及「永恆」的指意，他說：

詩人羅門的〈第九日的底流〉是一首關於藝術——救拯、時空——悲劇、死亡——悲劇的長詩，它的發表距今已三十六年。在這三十六年後的今天，大家對藝術的地位和價值仍是搖擺不定；儘管人類的觸角都伸到了星際空間，可是時空對人類的鎖閉依然

故我；死亡也同樣在展現著它恐怖與親和的兩副面孔，人類未得成功地逃離時空的圍困和死亡的陰影，〈第九日的底流〉卻成功了；詩與藝術那面神聖的大旗，三十六年來始終飄蕩在最高處，衝出時空的層層合圍和死亡的威逼而呈現在這三十六年後的視野中，依舊動人、憾人、感人。（見文史哲出版社一九九八年出版的《羅門論》）

同時他在論文的附註中說：

這篇論文歷時三個多月。在羅門眾多的詩篇中，〈第九日的底流〉是個評論的禁區，極少有人整體上的涉足，大概是其艱，其險、其難於把握，今我把我推到這個『前不見古人，後不見來者』的境地，來探這個雷區，也是對自己極限的一個測試。

很感激俞兆平師將羅門的作品推薦給我作爲研究對象，也很感激羅門在詩頁和文章中給予的教誨，要不是俞師的嚴格要求和督促，像我這樣的人估計早就飛了，飛到街市中在也回不來；要不是羅門在詩行裡，語句間矗立的身影和敏銳的目光，我或許也不會摸回到回程的路。這條守在書桌旁的路可能會很孤獨，在當下這個語境下，也很淒涼，但卻是最有意義，也許是最健康的，我將向〈第九日的底流〉中的羅門學習，去獨守那份悲劇感，勇敢地承擔起來。……

張艾弓　1996.10.5　凌晨　廈大（見文史哲出版社一九九八年出版的《羅門論》）

由他們兩位讀我四十年前寫的〈第九日的底流〉這首長詩，內心因感動所說的話與發出的聲音，便可見這詩也確已具有它的某些不死性，能穿越時空，進入「前進中的永恆」的存在動向，繼續對人類的美感心靈帶來衝擊力。

因而我也深信詩人與藝術家的創作，尤其是像貝多芬與莫札特等大音樂家的作品，是能穿越無限時空，呈現出不但偉大而且「永恆」不死的生命存在力，為人類永遠的嚮往、崇敬與讚美，絕不會由於大多數人毫不為他所動，讓它受阻在製作官能快樂與熱潮的聽覺世界之外，聽不見，便說它不存在，已出局與過去，那是有違事實的；正像我們熱愛訴諸於靈聽具有深度與高質感的「美」的交響樂，便說偏於大衆能聽性與通俗性的音樂，是不存在，是低思維沒有存在的必要性，那都一樣不妥，也不是事實；其實兩者都一直各存在各的。

縱然如此，我仍堅信我曾說的，古今中外的詩人作家與藝術家，無論是從田埂路到高速公路到上網路，都應帶著能穿越不同時空與年代的具有「偉大感」與「永恆性」的「美」的生命思想上路，否則上路，沒有東西能持久的留下來，那真的是白來了。是故我們若將貝多芬與莫札特，他們在音樂中，所不斷施放的那些確具有「偉大性」與「永恆感」的「美」的震撼力，從藝術創作與人的內心世界抽掉或根本「聽而不見」，那絕非好事，因為那樣，世界與一切想昇越到「美」的頂峰與進入「前進中的永恆」世界，到那裡去找足夠的資源與絕對的力量？十分令人疑惑。

（發表於二〇〇〇端午號，藍星詩學第六期）

# 圖象詩的探視與追索

## ——三十年前我已談到涉及（二〇〇〇年）目前詩壇談的「圖象詩」相關話題

這篇文章是從我個人多年來創作的實際經驗與體認，以及對目前人類被物質、速度與行動不斷追擊在可「見」的世界中進行觀察、透視與思考來寫的；要談論與陳述的有下面兩部份：

### 第一部份：「圖象詩」世界的一次大引爆——它記載在三十年前的一九七一年《藍星年刊》

《詩學季刊》六月份三十一期推出「圖象詩」大展，應是詩創作具創意與前衛觀念的一次詩特展；同時也使我想起三十年前在《藍星年刊》提出以「電影鏡頭」寫詩的構想，那近乎是意圖將平面書寫的靜態「圖象詩」進一步變成立體掃瞄的動態「圖象詩」。似可美其名爲「電影詩」，而這一在三十年前提出的具探險性的理念，在此刻重又引我對「圖象詩」再度的關注與思考。

在談論「圖象詩」之前，我想有必要說一些相關的話，由於「影像」與「印象」都有一個能記認的「象」在裡邊；當我們說「印象」深刻，便是指停留在你心中離不開一直要你去看去想的那個「象」。作者當然希望寫的東西，能迅速且「優先」地在讀者心中留下印象。是故，直接以具體的「象」，便事實上較在文字中去找看不見的「象」，對大衆讀者，尤其是對存在於後都市被「物（象）」、「快速度」與「行動」追打得氣都透不過來的大衆讀者來說，是佔絕對優勢的。因爲他們在這一秒鐘還未站穩，下一秒鐘已闖進來，他們要抓住的，是眼前「可見」的；「不可見」的都迫著放棄與快速的消失，成爲不存在。所以後都市人的「眼睛」看板上，貼滿了千物萬「象」的廣告；「電視」與「網路」，已成爲後都市人「眼睛」流浪的途徑與收容所。的確，一張開眼，滿目是擁擠過來的「象」。如此看來，「象」既在第一線直接控管人的視覺活動，詩人想把詩中看不見的抽「象」中的「象」，變換成讀者能看見的具體的「象」，應是創作上一種應變的訴求，甚至是在詩自由開放的世界裡，很可能爲詩開拓出一條傳送作品的新的藝術航線，值得大家來面對與關注。

回憶一九七〇年（三十年前），特別具前衛思想的圖圖畫會藝術家郭榮助，因他哥哥代他辨出圖護照，被車撞死，他便打消出國念頭，抱住哥哥骨灰在石頭山廟裡守哀一年。這期間，他讀我的「死亡之塔」與批判都市文明等詩作，因詩同他哥哥出車禍而死的心情沖激在一起，有所感觸，後來他在「作家咖啡屋」同我談，由他發起同他圖圖畫會幾位畫家與一些藝術家以「死亡」與都市文明兩項爲思想主題，在「精工舍」藝廊，舉辦一次結合詩、繪畫、雕塑、音樂、舞蹈、劇與電影……等多元的綜合藝術展出（註一），也是他們具前衛構想與新觀念的一次出國告別展，同時更是台灣首次全方位的總體藝術演出。於當時，確給我多年來在「詩」與「藝術」雙向交流的心路歷程上，帶來從未有過的強烈衝擊，尤其在展出過程中，我看到地面、天花板與壁上寫有我的詩句，銀幕上放的那許多含有超現實感覺同死亡至爲關聯的陰沉的幻象與氣氛，以及發出悽涼驚怖的聲音，那麼的給人壓力與恐怖的感染性；看來確像是一首可「見」的死亡詩。於是便也使我對詩與藝術共同開發人類內在無限深廣與繁美的視聽世界，產生進一步的思索與探求甚至奇想——當時我曾同郭榮助與一些藝文朋友談到以「電影鏡頭寫詩」的構想，他們都相當贊同。但郭榮助出國，以他傑出的創作表現，很快獲得比利時國際藝術雙年展大獎，我除了去信祝賀，後來也無法像以往那樣同他在一起深談了，至於我奇想「以電視鏡頭寫詩」的觀念，便只好將它發表在一九七一年（三十年前）《藍星年刊》那篇「詩的預言」論文中（註二），遺憾的是，我只提出這個理念，並沒有實際去做，那也的確是基於作業上的高難度，等於是在拍短片電影，在當時一個窮詩人，是較難去碰的。縱然如此，這個已寫成論文的創作理念是產生與存在了。

而事實上，我早在三十年前提出以「電影鏡頭寫詩」這一理念，此刻看來，應是帶給「圖象詩」創作更自由廣闊的思考空間，理由是「電影鏡頭」可更自由機動的將大自然與人類世界所有可見的千景萬「象」都分別的大描寫在銀幕的稿紙上，並在預見與預想中，將詩人內心中的「意象」與銀幕上的「影像」同位性與相對照的呈現出來，這顯已建構一個具有大造景、多面相（因尚參與有音樂燈光）與大表現舞台的「圖象詩」創作世界，而在平面「圖象詩」所表現的「靜」態視象之外，尚有立體與變化的「動態」視象以及音樂的聽感視象，大大豐富且擴張「圖象詩」的視感。如此看來，以「電影鏡頭」寫詩，應更具可看性、優勢與風光是可見的。

當然有人會問，這樣的構想可能實現嗎？我認爲有可能，尤其是在目前生活中，電影、電視、網路普遍發達的今天，可能性大增，只是上面曾提到製作上難度高、成本大，詩人還是不易去碰，可是不易去碰，並不等於不存在；再就有當我們想到不少導演以「詩」的手法拍「電影」甚至拍整部「電影」，如七十年代引起注意與討論的「7又1／2」那部電影。我們是否可反過來思考，也以「電影的鏡頭」來寫詩？回答當然是可能的（在後文會有說明）。

爲較詳盡與完整地陳述這一構想與理念以及對藝術探討的坦誠與眞實性，我想有必要將三十年前在《藍星年刊》發表的那篇〈詩的預言〉重提出來，於某種程度上，對當前逐漸風行的「圖象詩」創作之探索，料必有其某些存在的歷史意義與參考價值。（全文如下，一字不改）

做爲一個創作者，他必須在人類已創建的境域中，爲未來的增建工作，做種種可能性的探索與努力。

如果詩的確是像我所說的：「它幫助人類進入生命與事物的深處，去將美的一切喚醒」，那麼換言之，詩也就是埋在事物與生命深處被人類心靈所感知的那些確實存在的美的東西。這些美的東西，任何人都可在不同的情境中，隨時遭遇到，而在內心中形成各種不同的屬於一己專享的美感活動。可是要想將這種專享變爲他人的共享，則必須透過傳達的媒介物，而這種傳達過程之完成，便也是一首詩的形成。可見做詩的媒介物的機能及其純粹性與靈活性，都多麼影響著一首詩的生命之成長與發展。那麼自有歷史以來，詩人們所使用的媒介物——文字，在達成詩的純粹生命這方面，是否被認爲是最佳甚至是唯一的媒介物呢？如果答案是不能肯定的，那麼詩人們是否可在創作世界中，同時試探去使用其它有助於詩的傳達的媒介物？當然這絕不含有絲毫否定以「文字」做爲詩的媒介物之任何意識在，正像我們過去構想以飛機也做爲未來的交通工具，並不放棄我們目前仍一直在使用中的汽車。現在要問的這些可能被運用的新的媒介物究竟是什麼呢？

首先，誰都知道詩與其它的一切藝術（包括音樂、繪畫與雕塑）均是透過作者內在的視聽，而對一切有了深一層的看見，然後再透過傳達的媒介物而將之形成那種「美」的存在（作品）。這中間，音樂家以聲音做最直接的媒介物；畫家以形象與色彩做直接的媒介物；至於詩所採用的「文字」，因受語義的牽制，較諸音樂家畫家所使用的，則其靈活性與直接性上事實上顯得不夠。因此也使詩人在創作上一再面臨了下面兩種難於突破的難局：㈠詩既是以文字爲媒介物，則詩必須透過語義這一關，形成藝術直覺世界的一層障礙，產生美感活動的延誤性；同時因透過「語義」所形成的轉播現象，較其直播，對於詩的純貌之傳眞，也多了一層干擾。㈡詩以文字爲媒介物，它好像永不可能像其他藝術所使用的，能在人類的藝術世界中成爲世界性的語言，它必須經過翻譯，而翻譯詩，等於是仿製一相類似的生命，上帝都無法那樣做，一個翻譯家更不用說了。

那麼想突破這兩種難局，則首先必須找到那種直接且能成爲國際性語言的材料，做爲詩傳達的媒介物。本來詩是存在與活動於各種心靈不同感知層面上的一種純然的「美」，那麼要把這種美從個人的專享變爲大多數人的共享，其媒介物我們懷疑是誰（是荷馬，是詩經裡的詩人）一開始便有權將它定死了，只能用文字，而不能用其它的諸如聲音色彩與形象等？如果我們發覺以具體的聲音形象與色彩做爲媒介物，較以透過文字所聽見所看見的抽象的聲音形象與色彩更實在，更能直接地激發人類的心感活動，我們是否也有理由去考慮用它？也許有人認爲那是自古以來定死了的，聲音是屬於作曲家的，形象色彩是屬於畫家與雕塑家的。可是如果我們在觀念上認爲這些未被音樂家畫家所使用前的聲音形象與色彩，都只是一些未被運入藝術創作世界中去的自由存在的材料，同時詩人也覺得直接以這種具體的聲音、形象與色彩等做爲材料，在實際的視聽世界中交織成那可見的場景，將具體的詩境透顯，更能獲得滿足，我們是否也可那樣做，而使詩的創作世界開發出另一新境？這問題可從一些已成的事實來看：㈠當我們進入一個被自然界的色彩形象與聲音所交織成的美感環境中，便往往情不自禁地喊出「這眞像一首詩，美的像詩境」。那麼詩人在此刻是否可把握住這一純粹的「美感」，從觀察與經驗的內視世界中，順著詩思的發展，去使用具體的的聲音形象與色彩，製作成一直接向我們展露的詩的實際場景？㈡我們詩人們當中，曾有人將所表現的主題——「鏡」與「森林」等，使詩的句子排成鏡與森林的形狀，以圖在詩中獲得一種具體的形象美，這雖是限於表象上的有限的作法，但可見詩人對於活動在詩中的不可見的形象，已有使其顯形的慾求；又最近詩人葉維廉乾脆在詩行中滲進了一些與詩思發展有關的圖形。這都無形中是在助證著我的這項新構想——一個詩人在追求詩的絕對純粹性與直接感受的過程中，內在受了語義局限性的壓制，已自然地顯示出這種突破的現象，這現象也許是人類詩史躍進另一創作新境的預示。當詩人已被容許去使用具體的形象美、色彩美與聲音美，作爲直接可見的媒介物來構成詩境時，則這種顯形性的詩境，對於生存在那越來越掙脫不了生存的實際場景的現代人，該有可見的吸力與實趣。

此刻，也許有人認爲詩人一用了具體的形象色彩與聲音做爲媒介物，在藝術世界中會發生某些混雜與產權不明的現象。可是我有理由來澄清這項問題：上面已表明過，聲音、色彩與形象在未被藝術家使用前，它們只是自由地存在的材料，非音樂，也非畫，正像文字不一定是詩。所以當畫家必要時在畫中用了詩人使用的文字，甚至像克利、米羅等人在畫中用了詩意，或者像鋼琴詩人蕭邦在音樂中流露詩情，我們都不能說它們是詩，因爲它們最後的歸向仍是畫與音樂。同理詩人如果基於表現上的必要，使用了未運推畫家與音樂家創作世界中的自由存在的材料做爲材料，也理應是被容許的。問題還是在他用了之後，其表現與最後的完成上是否爲詩。這情形，頗有點像美國開荒時期的牧人，帶著創造的意念趕著牛群向目的地出發，發現自己要到達那邊，已難免要路經另一些牧人的牧場，可是他開發與創造的目的地並不在此，而是在他自己已定向的世界中，這例子也正是說，詩人在追求詩的純感世界，在未來很可能也採用具體的形象色彩與聲音來做爲創造一種能顯形的詩境之材料，但它在最後所完成的，仍是一首詩而非畫或音樂，當然更不是電影或設計藝術——縱使詩人使用這些具體的材料製作成的詩境，必須用攝影方式將之傳達與保存下來，可是在新的觀念產生之後，其所使用的攝影表現法，仍被視爲是傳達「詩」的材料工具，其創作的精神本質與結果仍是詩，而非攝影或設計藝術，如果這一觀念能成立，則我的預言已爲全世界的詩人們帶來兩項福音，且在未來有實現的可能。

第一項福音：是克服了文字在傳達上造成的地域性的障礙，而使詩（ＰＯＥＴＲＹ）形成詩作品（ＰＯＥＭ）時，不必經過多國文字的翻譯，便可像其他直覺藝術那樣被全人類直接感受——這也就是說詩所使用的媒介物，在順著詩思發展而達成詩境的過程中，也已屬爲那不須翻譯的國際性的語言。

第二項福音：是詩人內在的視聽，可由抽象的看見與聽見轉爲具體的看見與聽見；詩境可由製作的實際場景形成——這種顯形的詩境，不但能流溢出濃厚的實趣，而且對於人的感應也形直接，且具有逼近性。其理由是在現代，一件東西的形象聲音與色彩在具體的存在中，較在抽象的存在中更接近我們，「更接近我們」這一情形，對於這代人不但具有迫切感，而且更具有被接受的優先性。因爲這代人，絕大多數可以不生活在形而上的抽象的玄境中，但已越來越不能不生活在他們所面對的生活實境中。此刻詩人能將詩自文字中產生的不可見的精神活動實況，轉從直接可見的東西上去、形成那種迫向人類實際行動世界中來的直接供應力，便正好是對準了這代人生存所偏入的現實性的動向，也就是對準了這代人生命活動中的焦急的「飢渴點」。這樣做，也的確較詩人在目前強調所謂以生活的語言寫詩與所做的直接表現，則更直接且澈底了。因爲它是將那透過詩思所製作成的實際場景，在可見中推向這代人關係的視聽世界，引起詩的美感活動——也就是使詩境透過顯形的具體視聽世界中去完成，而與人類實際的行動環境獲得一種面對面的遭遇。這種卡入人類行動環境採取實際場景對詩所做的直接傳眞與表現，也許給於人類共享這方面具有展望與較佳的推廣性的；也不致於像目前的情形，「詩」睡在文字堆中，無論它是睡得如何的高雅與幽美，已越來越像是睡在那遠離大多數人的冷冰冰的「寺院」中，因爲在透過鉛字所製作的不可見的內在活動場景，同其現代環境那強迫你接受的繽紛的色彩、交錯的形象、交響的聲音所形成的越來越佔優勢的可見的外在活動場景，一相對照，便用不著說，我們已想得到，究竟那一邊對這代人具有絕對的吸力。這情形，正像一個生活在現代都市的男子，他走到街上，究竟是一個穿者迷你裝、身段像河流般流入他眞實視境中來的那個妙齡女郎，有著不可抗拒的魅力而易引起他動心，還是那個遠居在「寺院」中可想而不可見的「修女」？這一冷酷的事實，迫使我們體認到：最接近我們的，立刻要兌現的，如釘頭等著釘錘一直捶下來的，……等這些生存的急態，已構成現代環境對這代人強大的圍壓力，使大多數人特殊的心勢活動已相連地逃避一切屬於不可見的形而上的活動，因而也使詩被推入冷宮。不少詩人已因勢而設法在詩中盡力抓住我上面所說的那種「直接供應力」，所謂以直接的生活語言，以及語言所形成行動中的景象，來盡可能透過這代人生活的實境實情實趣去製作一種較貼切的詩。可是詩以文字爲媒介物，在藝術世界中總是較音樂較繪畫所使用的缺乏直覺性（也就是缺乏直接的供應力），尤其是在大多數人越來越背離「詩境」而陷入「物境」去生活的現代。這形成了一個頗可憂慮的事實：就是在都市的生活環境裡，讀詩的讀者顯得越來越少，而人類的生活又偏越來越向都市的環境發展。一種來自物質文明的「外動力」越來越將人類源自詩的聯想所產生之「內動力」趨於虛弱，形成大多數人只存在於絕對的物慾與享受之間，「詩」則難免要像神那樣寂寞了。一本詩集在百萬人口的都市中出版，能像一座可抓住百把人進去的教堂已不錯了，至於現代繪畫的情形則有點不同，一開始雖也不被群眾接受，甚至謾罵，可是後來想不到它竟日漸被人們所喜愛了起來，並滲透入人們日常的生活中來——無論是建築物，室內佈置、廣告、日常用品、穿著等，均都接受了現代繪畫的影響；至於音樂也一樣比較能受到大眾的喜愛，縱然是百年前的古典音樂，只要在像樣的演奏會中，聽眾仍是成千成萬地客滿的，而達到表現、傳達與共享的高度效果。這理由我想它很簡單，就是因爲繪畫與音樂分別使用聲音形象與色彩做媒介物，能在直覺中產生直接的供應力，可不必從文字的意義世界下手，只要在人們實際的行動環境中，以一種連續性的可見的「出現」，便能在人們視聽的慣性中慢慢地形成某些適應以及喜愛，甚至使人們因有更多的了解而承認與信服。由此，可看見一件藝術品採用最接近人類生活的東西做爲傳達的媒介物，在事實上能吸引住人們的興趣，因爲這些被人類生命本能所熟悉的東西，能直接地擊入人類實際生活經驗的諸多層面，而使人類獲得眞實的驚喜與富足的興趣，至於因不能直接所產生的隔閡，像戴著手套握手總是缺乏一些貼切感與純性的，所以我認爲詩以文字爲媒介物雖較音樂與繪畫能保持住文藝世界中較清晰的思想之實體，但透過文字去把握藝術生命的純性，便正像是戴著手套握手，較其音樂與畫所使用的直接材料要來得間接了。基於藝術上所運用的材料效果，以及現代人的心勢活動已相連地要求偏向現實與必須兌現的世界之那一邊，使我因此產生了此項構想與預言：「在未來的日子裡我相信詩人除了用文字寫詩；

尚可把以文字寫成的詩，從印刷機上轉到攝影機上來，再以具體的色彩形象與聲音製作成詩的可見的場景，傳入人們普遍的共享世界中來；甚至詩人一開始便可順著詩思的發展，而直接採用色彩形象與聲音製作成實際的場景來透視出詩的美感世界（詩境）來。這也就是說「詩」既已是一種存在，而表現與傳達其存在的方法，在這項新的構想中已發現三種情形，如果這三種情形，在未來均成爲被運用的事實，則詩創作世界以及人類精神所活動的詩境中，不但在交通與傳達上，將因此好轉與繁榮起來，而且也極可能爲詩增加了一個創作的新境。

在這一新境中，我確信它能吸引更多的人進來欣賞，詩也不再是越來越像是屬於極少數人的私產了，理由是詩既然用了那種能直接激動人類生命本能的具體材料做爲媒介物，則這些材料透過詩人實際的觀察與經驗而製作成那推入人類眞實視聽中的現實可見之場景，顯然是具有那種迫著人接受的或強或弱的勢能。而且，在現代的藝術思潮中，一個創作者雖仍可將人類的心靈透過藝術作品，引向頓悟中的空靈之境，而獲得精神上一種集中與專一的滿足。可是經過深入的觀察與透視，把握住對一切所產生的眞實視聽，以直接推向你的可見的東西，精確地對準你實際生活中的諸多經驗層面擊進去，連續地驚動一切去交出它們存在的眞位且顯示出它們在詩中活動的美感性，這種帶有蒙太奇效果的展現性的傳眞表現，對於一個生活越來越偏於行動與現實性的現代人該是多麼親切、生活且有實感與吸力。上面已說過，這種吸力，在使詩從少數人的專享，推廣向多數人的共享確是非常重要的。否則這一代人他們可不須接受詩的影響仍生活他們的，我如此說並不是親就與迎合（因爲材料的親就，並不等於藝術的降低，任何一個偉大的藝術家均能在創作中，具有改變材料的感性的不凡能力），而是具有對創作的更深一層的體認的：由於這代人生活的繁複豐富以及各方面智識的呈現，大大地開發了人類內內外外的無限境界，一個詩人能抓住那些接近人類眞實視聽的材料，去引燃那透過經驗與觀察所看見的無限地展視的內視世界，使之從顯形的實際場景中，形成爲那緊緊扣住人類行動環境中的詩境，它該多麼生動且流露實趣（上面已說過）——這種直接卡入人類行動環境中來的語境，在未來採用聲音形象與色彩做爲傳達的材料，借攝影做爲製作實際場景之傳達工具，已是很可能與可預見的事。同時這種要求，我們料想得到隨著現代人類生存的實境及其心勢活動的趨向，是逐漸驅使一個詩的創作者，去面對這種可能的。

最後仍須加以說明的兩點是：㈠這種卡入人類行動環境中以實際場景所製作成的詩境，使詩人難免要面臨了運用新傳達材料的能力問題，那就是如何在異於音樂與畫，而使那些透過內在視聽所再現的具體的聲音、形象與色彩，順著詩思的發展，進入情況中去工作出一種確實充滿了詩意的場景來。這也就是說一個詩人對於這些被運用的新材料必須具有直覺上的判視力與敏銳的純感經驗，同時這一純感經驗又必須在潛意識中與人類行動環境中的存在經驗有著相呼應性的關聯。此樣方能使詩思透過新的傳達材料與藝術處理的層次，而創造出那有著可見場景的詩境；㈡像這種詩境的製作、傳播與保存是必須經實地設想與採用電影製作法，方能將形象，聲音與色彩組合成連續的實際場景所透視的詩境，拍攝下來，並使「詩」在眞實視聽的感受過程中完成。這也就是說一首詩的發表，可用攝影（電視方法）方法傳達給讀者，也許有人會覺得不太方便，讀一首詩或一本詩集要到電影院或其他的放映室去，可是我覺得在人類電子工業不斷發達的未來，每一個家庭中在若干年後持有一架小型放映機，確有可能像是擁有一具照相機那麼容易，當詩人將詩製作成一捲一捲可無數次拷貝（像詩集一本一本可無限地印刷與保存）的影片，既可在電影院或其它可放映的場地公開發表，也可個人躲在家中將它發表給自己或幾位朋友們欣賞，只要電開關一捺，詩的美感世界，便連續地從銀幕上所產生的具體美妙動人且富實趣的視聽中，直接向你展現了。這種想法，如果在未來能成爲事實的話，則詩在人類生存的世界中，很可能也由不景氣轉爲佳運；而且更值得注意的，是詩也將因此擁有它藝術上的純感世界；同時由於詩卡入人類生活中的行動環境，產生出人類精神活動的一個可見的實境，因而更使「詩」成爲人類生活中的一種「眞實」，像這樣，它的確是值得詩人們在以文字寫詩之餘，去探究與實驗的。因爲做一個詩的創作者，能尋求著一切有助於開發與增建詩的遼闊世界的諸多可能性，總是一項訴諸於創造智慧上的嚴肅的工作。（初稿五十九年十月）

## 第二部份：以詩眼觀看「圖象詩」幾個不同的創作形態與境域

㈠是最早也是在創作中最常見的「圖象詩」，那是將一首詩所有的詩句，直接排成同詩主題形象相似的可見的形象，所構成的「圖象詩」，像詩人寫「山」、寫「鏡子」、寫「樹」，便將詩排列成「山」、「鏡子」與「樹」的樣子；這是在以往乃至目前國內外詩壇常見到的「圖象詩」；它的確帶給讀者在習慣品賞詩的過程中，多出一些閱讀上的視覺滿足，以及來自內在與外在、無形與有形世界相對視對照中的某些妙趣，顯有其創作上的藝術效益；但畢竟仍難免存在有某些制限性與缺失，那就是將詩只機械排成「山」外在可見的表象，確無法眞正表現詩人在詩中所隱藏的那座有思想意涵的「山」；同時去看詩句排列成刻板圖案般有限的形象畫面，眞倒不如去看米羅的畫與亨利摩爾的造型藝術，來得有看頭與得到視覺的滿足感。可見將詩製作成這樣的「圖象詩」，是較缺乏充份的能言性與思考的內延力，因而便非那麼理想與被看好。

如詩作「山」

山
山山
山山山
山山山山

山山山山山
山山山山山山
山山山山山山山
山山山山山山山山
山山山山山山山
山山山山山山
山山山山山
山山山山
山山山
山山
山

㈡是詩與圖象或圖畫扯上關係，彼此在相關照中所合成與並存的「圖象詩」，它是緣自詩中有畫、畫中有詩的意念，使詩只能想見的意象，形成畫中同詩的意涵有關的可見的圖象；這一創作的藝術行為，雖有它某些適當性與可為性，但仍存在有它的制約性。那就是詩與畫都各有其不受牽制的自由去向，無論是用一首詩來表達一幅畫，或用一幅畫來表達一首詩，都是彼此不能確實達到彼此的要求，都無法做到充份理想與絕對的程度，留下漏洞與不完滿性是可見的。然而盡量往它的極致去做較精彩的表現，它很可能也是可讀與令人喜愛的詩。

如下面依幾何圖象所寫的與圖象並存的詩。

*1.* 曲線

S

它彎彎曲曲
把河流、山、天空、海浪的輪廓、
美女腰部、臀部與乳房的輪廓、
以及風雲鳥的行程，全部彎進來。

*2.* 長方形

活著　是名片一張
　　一路亮眼
死後　是棺材一具
　　一片陰暗

㈢在觀念中，特別強調與凸現詩思本身所建構的圖象造型，除文字排列出具象徵性的形態沒有任何圖象參與。這種訴諸於觀念性思維、透過抽象而具體呈現於「心」眼中的「圖象詩」，應也是獨樹一格、偏向內在知性思考的「圖象詩」，有其可看、可讀與可思性。

*1.*如林亨泰的〈風景〉：

防風林　的
外邊　還有
防風林　的
外邊　還有
防風林　的
外邊　還有
然而海　以及波的羅列
然而海　以及波的羅列

*2.*如林燿德的〈世界大觀〉：

W・W・I　　W・W・II　　W・W・III
噠　　轟　　光
噠　　轟　　更強的光
噠　　轟
死亡　粉碎

死亡　　粉碎
死亡　　粉碎

(四)是詩學季刊此期發表其中有一部份異於上述三種型態而具思想特異功能以及內視力與深見的「圖象詩」——它一方面將上列第一種「圖象詩」外在可見的說明的象，向內轉化成具形而上與象徵性的思想中的象，便顯然更富意涵與耐看耐思了；另一方面他也打破第二種「圖象詩」在表態所構成藝術雙面、雙向相對應對照與相互動的特定活動模式，而跨進多面體乃至N度全面開放的「超以象外」的觀視空間；同時他除了補救第三種「圖象詩」在「圖象」形體上的不足，並更進一步使其內涵世界有革新有拓展以及更精銳深化與新穎化，這多少給「圖象詩」創作有發展的前景做了力證。

*1.* 如紀小樣的〈鐘錶系列〉（因篇幅，只舉其中一首）

沒有指針的錶

在你看錶的瞬間，時間已然死亡

*2.* 如蕭蕭的〈台灣風情〉（因篇幅，只舉其中一首）

飄飄飄飄飄飄飄飄飄飄飄飄飄飄飄飄飄飄飄飄
飄飄飄飄飄飄飄飄飄飄飄飄飄飄飄飄飄飄飄飄
飄飄飄飄飄飄飄飄飄飄飄飄飄飄飄飄飄飄飄飄
飄飄飄飄飄飄飄飄飄飄飄飄飄飄飄飄飄飄飄飄
飄飄飄飄飄飄飄飄飄飄飄飄飄飄飄飄飄飄飄飄
遠親只能透過電子媒體敦親近鄰不承認是近鄰
卡哇依的 Kitty 貓沒有嘴巴卻一直說 Hello Hello
飆飆飆飆飆飆飆飆飆飆飆飆飆飆飆飆飆飆飆飆
飆飆飆飆飆飆飆飆飆飆飆飆飆飆飆飆飆飆飆飆
飆飆飆飆飆飆飆飆飆飆飆飆飆飆飆飆飆飆飆飆
飆飆飆飆飆飆飆飆飆飆飆飆飆飆飆飆飆飆飆飆
飆飆飆飆飆飆飆飆飆飆飆飆飆飆飆飆飆飆飆飆

在巡視上述四種不同創作形態的「圖象詩」之後，現在來看我三十年前構想以「電影鏡頭」寫的更自由開闊的「圖象詩」，究竟是如何去寫呢？記得當時我同郭榮助與文友談到這個話題，總是特別舉這個例子：就譬如要表現「寂」這個主題時，首先將鏡頭對準炎夏正午日正當中時刻的天空，並停在那裡幾秒鐘不動，直至天空完全進入午睡狀態……

之後將鏡頭沿著無聲無影的「空闊」移動過去，停留在山頂寺廟那一直刺痛「寧靜」的塔尖上，守望著無邊無際的「空茫」……

之後，將鏡頭移動到廟裡來，沿著靜默無言的廊柱、空靜的殿堂、滑過打坐和尙他空得較天空還空的光頭，沒有任何聲息，除了敲進「空茫」的木魚聲，將「鏡頭」帶到山谷底，去照泉水滴進荒涼的聲音、樹影睡進「深沉」的聲音、林鳥叫空整座山的聲音……

之後，將鏡頭沿著那直頂住天空的塔尖照出去，並緩緩移動、把遠方那朵白雲，終於開放成那朵在「美」中發出巨響的孤「寂」。

如果上面所陳述的，因創作過程，也是以「圖象」爲主軸，故將它也視爲廣義的「圖象詩」，應該沒有問題；但整個看來，因它除了較前四者多出動的畫面與聲音效果以及創作中更具機動性、自由性、多元化……等，是否在指稱它「圖象詩」的同時，進一步將之命名爲「電影詩？」

綜觀以上對「圖象詩」的探究與追索，我們可肯定的說：「圖象詩」與從「圖象詩」中凸現的「電影詩」，在詩廣闊的創作世界中，都確有其存在的活動空間與藝術的表現舞台，但要它在發展中成爲詩的一股主流，那就不那麼容易了。

（發表於二〇〇〇耶誕號，藍星詩學第八期）

【附註】

註一　可參閱《藝術家》雜誌二〇七期。

註二　〈詩的預言〉發表在《一九七一藍星年刊》增訂本。

# 詩眼看高行健抽象水墨畫

——諾貝爾文學獎得主高行健的繪畫符號同他的文字符號一樣，具有世界級藝術家的精神思想威力。

詩眼對高行健水墨抽象畫進行360度掃描，留給我特別的觀感與深刻的印象是——從第一張畫到最後一張畫，可說是單一「黑色」的一次驚目的全程旅程；也是視覺世界一次具深度、高貴、豪華的色彩旅行，由於黑色是衆色之后，其他的顏色便因它而失色全都退下去。

「黑色」在一般畫家的筆下，往往都只是缺乏生機的墨色；只是「封閉」的「黑色」世界；只是黑色的巫婆，成不了光耀的衆色之后；但在高行健筆下的「黑色」，卻是高思維、高質感的哲思、詩思與深厚的生命力所滲透與流動成一個具永恒性的「透明」世界，能確實的將衆色之后——「黑色」看進高貴且光耀的視境與畫境。

從超越目視的靈視——「詩眼」來看，高行健輕描淡寫的「黑色」至爲厚重，但卻又像雲般帶著天空與大地悠游景都……，甚至將大自然、宇宙時空與整個世界都輕飄到渾然與無限的「迷茫」之境；而且又「深遠」得可將「迷茫」碰響出那是所有哲學家與科學家都一直在打聽的生命存在的回聲。

他濃重的「黑色」，不是沉睡的黑夜，而是亮開來的無限視野，透明如鏡，直視入一切存在與活動的深層與底層世界，而隨時都會驚動到大自然的「山底」、「海底」以及人的「心底」所潛藏在幽暗中的那些緊抓住玄想神思不放的生之奧秘。於此，我們甚至可意會到他是能到『大陽背後去把世界點亮』的藝術家。

的確，在他濃淡水墨流動的畫面上，即使「第一自然」生存空間的藍天、碧海、青山、綠水與「第二自然」都市的高樓大廈文明景觀……等這些肉目可見的景象都不見了，但它們卻都被高行健內化與深化到內心「第三自然」的靈視世界，而化解與轉化成爲「超以象外」並溢流著哲思詩思與生命象徵意涵的無限存在。

即使第一自然的風、雲鳥及第二自然的人造飛機與太空船都不見了，但在高行健畫境所展開內心「第三自然」的靈視世界中，天空、太空與宇宙茫茫的時空仍在飛，飛到萬籟俱寂，到處都是無聲的交響；當整個視境，進入忘視、忘聽、忘形、忘我之際，一個無所不在的存在世界，便在畫中無限的展開出去，在這樣空闊無邊的視野上，此刻如果我們還想看到花，那已非開在第一自然原野上的花，也非開在第二自然都市廠房裡的塑膠花與網路上的虛擬花，而是高行健的生命、精神、思想與心靈「種」進無限深遠的茫茫時空，在靈視中開放與昇華的一朵朵絕美的「圓渾」、「禪」以及人存在於浩瀚宇宙中無窮無盡的「鄉愁」，耐視耐思且不凋。因而可見高行健畫中的視境，顯然在無形中超越了「目視」的「常識」視境，也超越「腦視」偏向科學思維的「知識」視境，進入更高的思想層次，去建構一個較「常識」與「知識」更高明更自由廣闊的「心視」所「悟知」的視境；同時也可見他是打開肉眼、腦眼心眼乃至潛意識的眼睛、觀念的眼睛、想像的眼睛、回憶的眼睛、夢幻的眼睛——等所有眼睛的視力，來看生命與世界，來營建他特別具深度與廣度的視境與畫境；因而他來去自如富質感的水墨與線條在透過抽象與超現實、象徵等藝術表現，所創造的畫面與造型世界，都不但是要我們的眼睛去看，而且要我們的眼睛不停去想，想到山窮水盡，雲深不知處的那種存不存在之境。

寫到此我不能不說，高行健不但是一個純粹、眞實與執著的藝術家，而且是具有原創力、獨創性與生命潛力的「思想型」藝術家；他的畫筆，沿著高度的心智以及敏悟的直覺、直觀與直感，觸動到大自然的心、宇宙的心、茫茫時空的心，也導使我們在他的畫中、瞥視到人與萬物不斷向存在的終極點與前進中的永恒世界探索、所映顯的奇幻的生命景象與情境，而感動不已，並覺得他繪畫世界施放出的思想力與視感能量是強大與具震撼性的；更值得一提與特別重視的，是在他「黑色」水墨中所展開的視覺空間與畫境，深具西方藝術大師杜庫寧(W. DE KOONING)、羅斯科(M. ROTHKO)與索拉斯(SOULAGES)等人緣自「西方知性思維與機械文明動力」，在「黑色」油彩中，所展現的高強的精神實力、重力與張力；但三位大師卻缺乏高行健緣自「東方感悟與靈思靈動」在「黑色」水墨中所流動出來的那種具有轉化、昇華與無限超越的形而上精神力量；同樣的，他具有中國傳統水墨畫大師的神思妙悟，能於「天人合一與虛實之間」，營造「心物觀照」的無限精神境界，也有大師們「筆墨所未到靈氣空中行」的功力技巧；但他們卻沒有像高行健勇於引進西方藝術大師在創作中偏向理知性的思考力，來在畫中更變與凸現視覺空間新的存在架構與活動形勢，而對傳統水墨畫有所突破與新的創建，譬如他畫中的「空白」，除「空」來東方畫的空靈之意，也「白」來西方畫知性的「光」景；又如他不可思議的在中國水墨畫中，大膽放進西方的十字架造型符號來象徵他「個人聖經」的精神指標……都明顯是在破除東西方繪畫思考的界線與模式，拿到「上帝」的通行證，在無限的視境中，將東西方繪畫精神思想的兩座高山，溶合與渾和成另一座新的高峰，聳立在人類的「眼球」上，出現奇蹟，令人嘆爲觀止。

**【附註】**

高行健之所以能獲諾貝爾文學獎，是因爲他確實具有三大重要條件：大的才華、大的智慧思想與大的藝術功力；而這三大條件，除使他成爲世界級的大作家，同時也使他成爲世界級的大畫家。此文是高行健在亞洲藝術中心特展我爲他展出的畫冊寫的序文略做修正。

# 向世界藝術大師布朗庫斯致敬

## ——以詩眼閱讀他的巨作「空間的鳥」

他在「空間的鳥」這件作品中，採用金屬材質，表現出金屬本然的「金碧輝煌」面，斷然排除世俗的金色，那便不但使色面、色感、色向……均往「高潔度」與「超視性」的色境流動，而且流來已非物的金屬體而是「生命」的「金碧輝煌」的美的色感、色相；同時那不斷被「美」刷亮的「純度」與「質感」，是從「金屬」中響亮出來。

台北市美術館此次舉辦大師布朗庫斯(BRUNCUSIP)的作品展，規模雖不大，但確是一次「迷你型」的高質感的至爲精美的精品展。

此次特別以他的「空間的鳥」這件名揚全球的曠世之作，當做「指標性」甚至「示範性」的展出，造成相當的震撼與轟動，令我站在那裡，久久不能離去，眼睛直被一種純粹來自「美」的力量吸引住……。

的確，我們面對這件作品，便近乎是面對「完美」與「永恆」；所謂「完美」，如果字典無法說清楚，便只好來看此件作品怎麼說；所謂「永恆」，如果不知道它長成什麼樣子，也只好來看這件作品；在越看越美而美到停不下來時，便美來「永恆」的樣子。

的確，這件作品是在展出「單純中的單純」、「絕對中的絕對」之美的作品，是一件由精粹、精純、精緻、精確、精密、精深、精美……等所精製的絕精、絕美的絕世之作，此刻，如果我們認爲藝術是將一切存在、推上「美」的顚峰世界，而成爲那種進入宇宙之中，之後的無限且永遠的美的眞實的存在，則這件作品是做到的；如果我們認爲藝術是爲人類在科學、哲學、政治、歷史乃至宗教等所有學問之外，創造了一門更爲迷人的「美」的生命的學問，則這件作品也做到了；如果我們發覺除了死亡，對人類威脅性最大的是「美」，則這件作品，便是在確認這個可靠的事實，因爲從它作品中的那些媒體、材質與造型符號背後，所爆發的威力，已是來自精神與思想世界具爆炸性的原子能與核能；如果我們認爲只有藝術能將生命與一切在超越的「美」中，穿越錯綜複雜的文明文化現實社會層面，回到「絕對」「單純」與「原本」的世界，則此件作品，更是顯示出它可見與可信服的強大無比的主導力量，也讓我們的眼睛確實看清最美的「單純」「絕對」與「原本」的形象。

從以上我一連串在直觀、直感、直悟中，對布氏這件作品幾乎是採取一面倒的全面的讚美，那絕非是憑空的想像，的確是因潛藏在那件作品深層世界中的那些美得只能由自己去說的「美」，被詩眼驚視到不能不引發的鳴響與共震。

如果我們覺得不少知名藝術家，他們並沒有像布朗庫斯的內心與生命那樣確實「到位」並徹底的從「繁複紛雜」中昇越與渾化到「絕對」「單純」與「原本」的生命之境，而只在形態上仿冒布氏的「單純」、「原本」與「絕對」，那顯然是沒有實質內涵，是浮面化與空乏無力的，是在製造美的藝術標本；相反的，布氏創造的是美的藝術生命；因而，也成爲生命的另一個造物主；我們不說他超凡與偉大，也不成了！事實上構成他在藝術生命超凡與偉大的另一股力量，是來自他作爲創作者，掌握與提昇媒體材質在運作中高強的「純度」與「質感」，效果是奇特驚人的；是一般藝術家乃至不少大藝術家也望塵莫及的，如他在「空間的鳥」這件作品中，採用金屬材質，表現出金屬本然的「金碧輝煌」面，斷然排除世俗的金色，那便不但使色面、色感、色向……均往「高潔度」與「超視性」的色境流動，而且流來已非物的金屬體而是「生命」的「金碧輝煌」的美的色感、色相；同時那不斷被「美」刷亮的「純度」與「質感」，因是從「金屬」中響亮出來，此刻如果我們用裝有聽覺的「詩眼」來看，就會聽見作品的「純度」與「質感」，都在發出生命響亮的音波，而不像仿冒作品所表現的「純度」與「質感」，是麻痺與瘖啞的。如果我們進一步的追索下去，那許多無論是仿冒布氏的「單純」「絕對」或是仿冒亨利摩爾的「渾厚」與加克美蒂的「空瘦」……等作品，那都往往只是一堆有形態美的金屬或石頭木料，並沒有確實內化與轉化昇華成有質感美的動人的生命體；而布氏在作品中從「金屬」擠壓與提昇出帶有生命氣息的精粹十足的「純度」與「質感」，便不但使作品看來有如質美且堅又純的玉中之璞——精光內斂圓滑潤麗，讓看的眼睛也變得明亮與高貴；而且若深一層忘時、忘地、忘我的看下去，這件超越現實、歷史、文化與一切而存在於「絕對」、「單純」與「原本」中的作品，顯然已進入「外歸造化、中得心源」的渾化之境，並在生命時空中，開放成一朵出神入化的「禪」、一朵純一的「完美」，一朵前進中的「永恆」，給全人類的眼睛直看到永遠；此刻，我們來談古、今、中、外，談東西方文化、談現代、後現代、後後現代之後的新的現代、談具象、抽象、超現實……等這些，都的確是不那麼重要了；重要的是整個視覺世界的景象，在他內心的「美」的焚化爐中，已熔化與渾化成藝術永不熄滅的「美」的光能，並且永遠亮開人類生命思想與智慧在「美」中活動的無限視聽世界；同時也在作品中，向世人宣告「美是一切、美是永恆」的藝術豐功偉業已確實完成，還要多說什麼呢？

當然，使「空間的鳥」這件作品，能有如此偉大與曠世的表現成果，尚是因布氏較許多造型藝術家具有更卓越非凡的「數位」性的造型與轉型的創造能力；他非但能跨越具象、抽象、超現實與想像等所有的視覺活動區域，去追獵諸多無形與有形的景物形象，而且具有詩眼的「超視力」，能看到其中最精采與奇特的，並進一步、轉型與重造（下文會詳加說明），不像許多造型藝術家，內心既沒有精彩的看見，能見度與視力又不太好，於是能抓到的視象，不是偏向平庸、低俗化，便是淪爲浮面化、空洞化，甚至僵化，在那一大堆材料中，擠不出任何強有力與耐視的生命「質感」「形感」；而布氏的「空間的鳥」，正相反，以量小的材料，便能內壓與凝聚出如此具有高密度、高強度與高純度的「質感」，於反向讓「質感」來施放出視覺巨大無比且無限的「量感」，可見大師創作思想的力道以及技巧功力的精深精湛與高超，是超出想像與不可類比的。

緊接著下來，將焦點移到他「數位」性的造型表現威力與他轉型重建的優勢面來看與加以說明——

首先在「空間的鳥」中，布氏覺知並抓住鳥與天空（空間）是飛在一起，成爲「一體性」的存在觀念。同時，因鳥是靠翅膀飛的，而靠「羽毛」構成的翅膀，在飛時，它銳利的邊沿與尖端，切割與穿越那也帶有生命氣息與感覺的天空，便自然留下一條可見且流露著生命象徵性的想像光道，這對布氏創作這件作品的潛在意向與展開廣闊的視境，是重要且具引發力的；也因此導使他在視覺的美感經驗中，策動同鳥的「羽毛」有「同形性」的其他形象，來爲完美的造型世界共襄盛舉，於是，在不可能變成可能中，導使那將天空飛起來的飛機「螺旋槳」，那將天空向上昇起的綠野「葉片」，那將天空亮開來的「閃電」，甚至那將天空磨亮擊亮的「武士劍」等存在的不同實體、實力，都「形似」的聚合過來，經解構、通連與重整以及透過極簡(MINIMAL)神奇的統化與提昇力，便都「數位」體的同化與轉型到以鳥的那支「羽毛」爲主體的純一的生命存在造型中，並讓整個空間只留下那支羽毛，在天空裡，描寫著萬物生命在看不見終點、起點的永不止境的飛行；除了在動中也飛，在靜下來也飛，天空與鳥還能做什麼呢？千萬的眼睛一面看、一面問，「空間的鳥」，它就是什麼也不說，只管飛，帶著自由與廣闊在飛，飛往無限，能說的，都由「美」去說，能見到的，只是大師布朗庫斯如何示範與奇蹟般將世界與一切準確的放入那獨一無二的「單純」、「絕對」與「原本」的位置，給「完美」與「永恆」看。於此，我們能不從這件作品中，覺識到「藝術確是人類生命與一切存在的最珍貴且高貴的內容，甚至是時空的核心與視通萬里的神之目」，並轉過頭來，對大師布朗庫斯他具指標性與典範性的藝術生命形象，表以至高的崇敬?!

本文在台北市立美術館館刊91期（二〇〇一年八月）發表
嗣在菲華商報副刊（二〇〇一年十一月一日）發表

# 心靈訪問記（續稿一）

除了坦誠與眞實
人類將失去可持信的線索——羅門

我帶著另一個我，坐上「理想」號專車，到詩人與藝術家們居住與優閒生活的「第三自然」園區，來進行這次的專題訪談。

未開始談之前，他先說一些開場白的話：「你半世紀來，幾乎將整個生命投給詩與藝術，除獲得不少重要的獎、接受評論與研究的文章超出百萬字，出版多冊評論你的書；並獲得國內外名學者與評論家在文章中指稱為：重量級詩人、大師級詩人、現代詩的守護神、都市詩的宗師、都市詩之父、戰爭詩的巨擘、詩人中的詩人……同時也在中國現代詩與現代文學發展史中，從創作實踐經驗，提出一己具獨創性的美學理念——『第三自然螺旋型架構世界』也獲得多位學者與評論家的稱許。此外，你更果敢地在華盛頓DC舉辦的『21世紀世界文學會議』發表的論文中，說出相當特殊與具創意的驚人之言：『詩人與藝術家幫助人類在哲學、科學、政治、乃至宗教……等所有的學問之外，創造了一門美的生命的學問：政治與科學所不能達到的全面眞理，只有在詩與藝術無限超越的「美」中來發現；詩與藝術應是人類世界最佳的導航者；也是建構天國與天堂最好的建材……。詩人與藝術家最了解眞正的自由，便也因此能拿到上帝的通行證與信用卡……』你這些話，不但獲得與會者的重視，而且也充份表明你確是切實且澈底地抓住詩與藝術存在於人類世界中終極與永恒的價值，有自己深入的見解與存在航向，不致於空忙一場……」他說完，便開始這次的專訪訪談。

**他問：**「後現代」現象反映在生存與創作層面的正負面情況，究竟如何？請你說出你特別的看法。

**我答：**你開場白對我做的觀感性述說，那也許是我半世紀來努力的一些成果，但仍需要努力與接受歷史公正的檢證；至於「後現代」現象這一重要的課題，我還是將它放在我內心「第三自然螺旋型世界」的玻璃鏡房來看，如果只對準正面的光亮面，背後當然便是暗面，出現盲點。所以必須以螺旋型360度「旋轉」的角度來看，方能獲得全面的看見。如此「後現代」現象的正負面或可找到較確實的答案——

先認眞的從思考較高的層面來看，我認爲：

(1)「後現代」的解構與多元化，若是將「現代」當太陽擊破，使太陽所有的碎片，變成無數分解的太陽，且連成新秩序的太陽系，則是正面的表現；若解構的「現代」，不是太陽，是隨便抓來的玻璃瓶，擊破後，當然是無數紊亂的玻璃碎片，一堆等著掃除的垃圾，那當然是不好的負面表現。

(2)「後現代」所站的「現在」位置，如果是「前・後」都在走的「現在」，也就是說在走中「現在」，它的腳是踩著「過去」與「未來」，那便走來「前進中的永恒」，也是有歷史感與前瞻觀的不斷創新的「現代」，如此，則「後現代」便出現存在的正面意義；若「後現代」只片面抓住這一刻新潮與流行的「現在」，而「過去」完全被割離與埋葬，「未來」也不去管，則「後現代」便患上「短視症」，相連受困在眼前封閉的「現在」，成爲殺害人類美好記憶與想像世界的兇手，而出現存在的負面盲點是可見的。

(3)「後現代」去中心，使所有的存在，都是自由的中心，用意是好的，且有開創性；但這些各自存在的中心，若任其自由，沒有新的無形的中心出現，它們如何互動在有秩序的存在導向中？當只有自由的「演繹」出去，沒有新的「歸納」過來，此刻不但會出現亂象，也使人類思想活動的「演繹」與「歸納」兩部機器有一部停工，造成失衡現象。例如後現代詩與後現代藝術，於去中心採取多元「拚湊(COLLAGE)」的創作時，若過程中不經過「環境藝術(ENVIROVNMENT ART)」彼此互動的整體檢驗，使之統合在新的無形的中心導向上，結果形成不協調與散亂的堆置在一起，那就是大家都在說的所謂垃圾「裝置藝術(INTALLATION ART)」與讀不下去的亂詩與僞詩。

(4)「後現代」去權威，沒有絕對。這雖也有其適當性與存在的正面效益，由於權威與絕對，有時確會誤導人存在失去繼續探討的自由空間，有礙進步發展；但如果完全沒有值得衆人信賴的「權威」與「絕對」時，形成誰都對，誰都是老大，誰都是上帝，根本沒有所謂對錯與眞理；則目前「後現代」社會現實面與藝文空間呈現的價值失衡與亂象，是否都與此有關呢？

(5)「後現代」創作採用「平塗」、去「深度」與「極高點」的作法，雖獲得多面多向、大幅度散佈與揮灑的幅面與空間，但「平塗」如果眞的是去深度與極高點，那很可能是看山時不看山頂，看海時看不見海底的深沉奧秘，因而使「平塗」形似可見的薄面玻璃板，致使「後現代」詩在「平塗」式的平面書寫中，誤進詩與散文糾纏不清身份不明的灰色地帶，那時，再來談時，如何談呢？談不下去，或許只能用「文類解構」一詞來做解說。

接著換用較有趣的類比話語來戲說：

・如果「後現代」以解構多元共處、製作的「牛雜麵」，不是那麼的美味可口時，我想讀者仍不妨去吃「現代詩」特別講究質純味美的清眞「黃牛肉麵」。

・如果「後現代」與「後現代詩」的解構多元共處意念，是在「茶」中加料，製成花樣多、品牌包裝新穎的所謂泡沫紅茶、檸檬紅茶、橘茶、花茶、罐裝的各種涼茶……等，有其「爽」口的新口感，相對於此，「現代詩」則是專注的從品茶的角度去特別泡飲味道純一的凍頂或龍井，享受另一種品味。

・如果「後現代」生存現象與「後現代」，詩的解構多元共處，是一大群人不搭調搭腔的擠在通鋪的被窩裡打鼾，或者是隨便煮在一起的大鍋菜，或者是混雜亂拼在一起又不鮮美的拼盤，不分好壞湊在一起，那我相信許多人還是會想去睡「現代詩」以現代存在思想所開設的單人豪華套房，去吃「現代詩」以現代存在思想所精製的高級鮑魚套餐。

**他問：**聽過你對「後現代」現象這一話題，從嚴肅與有趣的兩方面來談論之後，我感覺其中有深入也有淺出，有開放性的觀察，也有精要的切入，且留下相當值得重視的談論與探討的思考空間，最後你是否對這個專題訪談還有類似結論的話要說。

**我答：**是的，我想還是站在我內心「第三自然螺旋型世界」的螺旋塔上，以360度快速的掃瞄，對「後現代」現象與「後現代創作」，精要的說出我心中具關鍵性的簡短看法與觀感——我覺得人存在於「後現代」與未來，最大的危險，是相信沒有「絕對的眞理」這一似是而非的流行語，所引發的；此話，等於是將人與世界最後推入是非不明甚至不講理的錯誤境地，也近似是將人與世界推入沒有紅綠燈的黃燈地帶，你搶我奪，東撞西碰，亂成一團，造成生存空間的連環車禍，滿目瘡痍。至於「後現代詩」圖解構與顚覆「現代詩」，那是必須確實有超過「現代詩」的存在實力，方能眞正的進行解構與顚覆，並且在解構後的「後現代詩」確潛流有「現代詩」相關連的思想力源與軌跡，不是憑空而來與沒有「前後」的存在物。否則，在我「第三自然螺旋型」世界，旋轉向前推進的流程中，會出現存在的「斷線」與「偏離」現象，失去「歷史」後援力所不斷累積與繼續擁有的「深遠」與「博大」感，因而成不了「美」的壯觀的思想「博覽會」，只能流爲思想「地攤形」的熱鬧、流行、新潮與叫賣的「大賣場」，導使人存在世界飄浮在輕薄的美麗表層而失去向內在深層世界探視的深見。

**他問：**此次訪談，你的立足點，一直是站在你「第三自然螺旋型世界」的基點上來談。我在最後便想請你扼要來論述一下這個理念重要的精神思想以及你自己與別人對它的看法與評價。

**我答：**首先我來談這個理念，當然不能細談。較詳盡的論述，都收進一九八九年由師大學苑出版公司出版我的「詩眼看世界」的論文集中。現在我只能談其中特別具有指標性與我認爲較精要的部份：「由於人類的思想空間，形如一透明的玻璃鏡房，「思想」走進去，前面明，背面暗；暗面就是思想的盲點，「第三自然」的螺旋型架構，採取360度旋轉與變化的視點，盡力克服背後的盲點，讓多向度多元化的開放世界，都能以確實可爲的傑出性與卓越性進入美的展望與永恆的注視；並使一切存在都從有約束的框架中，解放到全然的自由裡來，呈現出更爲新穎可觀與無限的「美」的存在。詩人與藝術家，便就是站在這座「第三自然」世界的「螺旋塔」上，拿到上帝的通行證，進入全然自由與理想的創作世界。如此看來，「第三自然螺旋型架構」世界，也已是世界上所有詩人與藝術家創作生命永遠的家。的確，如果人類只活在「第一自然」與人爲的「第二自然」等兩個外在的現實世界中，去指認與說明所面對的一切，而沒有進一步，將之轉化與昇華進入超越外在現實的內心「第三自然」無限世界，去發現一個更富足與新穎的「美」的存在，則所有的詩人與藝術家，都勢必因此失業與無事可做了。

至於對它的評價，我不能自己來說，更不能說它有多好，我只能說它的確是中國新詩與新文學發展史中，屬於我個人從創作實踐經驗中所提出的（較大陸學者公本所提山同中有異的「第三自然」早十一年）一個具有自己獨倡性的創作美學理念；我也一直以這一理念來看人與世界以及從事詩與藝術創作，並以它做爲測探、瞭望與評寫國內外不少名畫家、名作家創作思想世界的X光透視鏡與窗口；同時也以它建築我整個「燈屋」的生活藝文空間……。於此，倒是有海內外多位教授學者：如蔡源煌、陳鵬翔、戴維楊、潘麗珠、徐學、任洪淵、周偉民、朱微、古遠清，以及評論家與作家：如林燿德、孟樊、杜十三、公劉、劉湛秋、劉登翰與古濟堂……等都曾在論評我的文章中說一些正面的話與看法，尤其是徐學教授在《藍星詩學》第三期說的：

> 羅門提出著名的「第三自然」詩觀，將心靈世界、自然世界、器物世界三足鼎立，正是藝術創造主體及其精神結晶那種獨立自足、雄視百代本質的極度褒揚……讀羅門的詩論，我的腦裡會時時浮現中國現代史上學者蔡元培的身影，他在美學見解上與羅門有近似之處……羅門那無限容納『美』的「第三自然」可以說是呼應著世紀

初子民先生的設想，並將之發揚光大了。

這段話，確給我不少激勵。

**他問：**這次專題訪談，是否就在此結束？

**我答：**就談到上吧，下次可以談一些較實際與勁爆性的話題。

我們離開訪談的「第三自然」園區，換坐公共巴士，經過一直嘈雜與塞車的街市，回到住著「第三自然」的「燈屋」，我習慣的將全裸的自我，舒躺在貝多芬與莫扎特的音樂噴泉中，看自由它也放鬆休閒的樣子。

（發表於二〇〇一端午號，藍星詩學第十期）

# 心靈訪問記（續稿二）

——讓來自藝術心靈深層世界的
「眞摯」與「眞實」，留在它原來的
「眞摯」與「眞實」中

我與我的另一個我，再度遠離現實社會的「現象面」，到我透視一切眞實存在的「佈心第三自然」藝術園區，進行另一次專訪，此次訪談的話題，是我與文壇奇才林燿德的十年交往。

**他問：**你是什麼時候認識台灣奇才林燿德的？

**我答：**大概是在七十四年初（一九八五年），他在大華晚報寫〈火焚乾坤獵——讀羅門詩空奏鳴曲〉評我那首長詩開始認識的，那時，他已是個大學畢業生，從他的文章中，我不但發現他是一個有能力進入詩與藝術創作深層世界去探索的作家，而且我嗅到他個人的才情、才思與才智，是特殊且傑出非凡的，他文學的思維空間與內心的感應磁場，都廣闊、多向度、深入，而且敏銳與具衝擊力，眞是我心目中少見的奇才，由於我過去曾說過，能不能成爲好的作家，就像打籃球，一個上籃動作，便可看出他是不是打球的料子。林燿德這篇文章，就是指標性的閃著才華的亮光，經過我「第三自然」360度巡守「傑出性」與「卓越性」的「螺旋塔」，而被發現的，他確是一個道道地地的天才作家；同時也自然成爲我多年來堅守詩與藝術純粹性的創作世界中，有通話聯線的青年文友。接著他不但是我文學世界的近鄰，而且他住在溫州街，離我「燈屋」只有三分鐘遠，我們也是近鄰，有見面談詩論藝的機會。就這樣，多年來，他與他心儀的鄭明娳教授，便也成了我與蓉子可以說是談得來的燈屋文友。

**他問：**的確，如你所說，你一眼就看出他是才情、才思、才智高人一等具有創作前景的天才作家，這看法，在他多年後，無論在評論、詩、小說、散文乃至戲劇的各方面創作，都有傑出的表現與獲得海內外文壇的特別重視與評價，可做最好的證明。現在我接著想問的是你認識林燿德是在一九八五年之後而他是否在你認識他之前，他早就在學生時代，因讀你的詩與相關論文便認識你且有深刻的印象？

**我答：**我想是的，由於我在六十年代、相連出版《第九日的底流》、《死亡之塔》詩集與《現代人的悲劇精神與現代詩人》、《心靈訪問記》、《長期受著審判的人》三本論文集……這幾本書，曾也是當時被認爲較具前衛（就大陸說的「先鋒」）思想與新創性作品，我想受到像林燿德這樣愛文學的年輕人的喜愛與對我有深刻的印象與好感，應是很自然的。這些好感與偏愛，可從他日後寫給我懇切的信與後來寫的「羅門論」一書中看到。

**他問：**你認爲他不但是在文學上同你能深談的近鄰，而且是你「燈屋」生活的近鄰。「燈屋」一直被視爲是你詩化的藝文生活空間，不少傑出的詩人作家來過，住在附近的林燿德，當然也常來，他對在「燈屋」交往的觀感如何？

**我答：**由於「燈屋」是採用包活斯觀念以繪畫、雕塑與建築等視覺力量，所整合的一件藝術作品——一首可看見的詩。當前最具前衛意識的著名藝術家——大道藝術館館家張永村曾將「燈屋」說是台灣後現代裝置藝術的先驅（提前創作近卅年），林燿德因也喜愛藝術，從事藝術的設計，便也自然喜歡「燈屋」的藝術氣氛，並在「燈屋」談詩論藝，他有時也帶同他談得來的文友來（像詩人簡政珍）。有一次藍星詩刊在「燈屋」舉行多位寫稿的傑出詩人與藍星仝人談話會，我也特別邀請他參加，因爲他能談出別人往往觸及不到的問題……這些從他較早寫給我的信提到燈屋的心情，可看到彼此在「文學」與「燈屋」相交往的雙向情感流向，是流向誠摯的記憶的，他信中說：

『羅門大師：很想念您及夫人。十月初結訓後一回台北，首先要探望您們，燈屋，就好比是年輕一代的導航器啊！

鄭明娳老師來信說近日碰到夫人，說夫人氣色精神皆好，德心中很高興，相信大師同夫人一般也健康自得，獻上無盡的敬愛與祝福！

晚燿德敬呈（一九八五）八五、八、十二』

現在重讀此信，一切仍歷歷在目，時間會過去，而記憶會回來。

**他問：**的確如此，在大致談你與林燿德最初認識的一些情形之後，現在接著我想問你，鄭明娳教授最近在九〇年六月一八八期《文訊》發表的文章中提到「你是世界上第一位全力肯定林燿德創作才華的人」，「同期也是林燿德永遠心存感激的人」，你如何來看與回應鄭教授的話？

**我答：**我肯定林燿德非凡的才華，在開始訪談，就已特別指出。的確，在他的詩創作不被重視甚至遭排斥的期間，我發現他確實是具有才智以及創作潛力與思想爆發力的年青作家，他的傑出性與卓越性，是驚人的，我便站在愛護才華與藝術的立場，先後寫了四篇評論他的文章，包括爲他《一九九〇》詩選寫的長序，特別宣揚他光芒四射的創作生命世界；尤其是在他去世，文建會爲他辦的追思研討會，我寫那篇被鄭明娳教授認爲是最能探視林燿德的論文，更是對林燿德的創作世界，幾乎是做了全面性探究與有所肯定。於此，我願坦誠的透露一些實情，林燿德生前曾不止一次對我說，他一生中，感激與敬慕的人，除了我，還有鄭明娳與張漢良兩位教授，我想他說的都是內心的話，因兩位教授對他創作上的支持與愛護確是夠大與夠多的；至於我也是盡力的鼓勵他，爲他著想，記得一九八八年剛解嚴，港大教授黃德偉安排我首航到大陸多所著名大學巡迴演講，蓉子因有事，不能同去，我特別向黃教授推介林燿德，希望能與他一起去，於近一個月在大陸廈門大學、廣州中山、暨南大學、上海復旦大學、華東師範大學與北京大學……等多所大學的巡迴演講與座談中，我們的表現，雖不能說是震撼，但回到香港接受黃德偉教授的晚宴，據他從大陸獲得的消息，我們此行非常成功，尤其是在北京大學那場講演，我們受到的重視可從他們在張貼海報上寫「歡迎台灣詩壇大師——羅門與台灣詩壇北島——林耀德」看到；再加上他報考研究所失敗，我懇請黃教授能設法幫忙他進港大，但因他讀的是法律非英語系，故無法達成，但這也可看出對他的關心與愛護，我總覺得像他這樣特別有天份又聰敏的年輕人？應更進一步在學術上深造……這些事，我想應也是助長他內心「永遠對我感激」的一些因素。當然在感激中，他對我數十年將整個生命專誠投注給詩與藝術的執著精神以及我創作思想世界給他相當的影響與啓發，是難免也對我有那份眞實誠摯的敬重，這可從他一連串寫給我的信中看到，現抽出他多次來信的一些感人的段落——

『羅門大師：甚思念您，其永遠感激您的提攜和照顧，德一生一世以大師為宗法！有關大師玉照採用在草根封面之事，刻正與白靈接洽中，若技術上沒有問題，當可擇期推出，請大師放心……

耀德敬呈　八五年七月』

『羅門大師：

這幾天讀您"第九日的底流"、"死亡之塔"諸詩，幾可背誦，內心受到的撞擊實在不可言說，以往讀這些作品感受並未如此之深，可見您的作品是一種向世界與人類生命內在本質的無限性層遞突穿的"生命體"，他們得自您的能量是永遠不會消滅的，所有的讀者也基於自我的能力。而在作品間找到自己存在的位置。

我深深地被您的詩作所感動、所震懾了……

燿德 八五、十、廿一日夜』

『羅門大師，接到您廿一日來函，激動不已，我們心靈的迴路已完全地接通了！

讀"隱形的椅子"：

「一看那隻空椅子
竟成了天空
人去 星在」

讀得流淚，那文字中透露出存在的神聖，詩人的孤寂與懷抱，以及大思想、大禪悟，大師，您已經是一個宇宙包容者了！全人類都在找的那張椅子，就在您的座下，不，您甚至化身那張椅，負載著全地球生命的"精神鄉愁"！

獻上對您及夫人的想盼

燿德'85.11.2』

『羅門大師：

重讀三島由紀夫的「F104」，那令人驚震的「人的存在」，透過金屬機體與肉身的融合而彰顯了。想到您乘飛機時，望出機窗的感受，更超越了三島的理智，那是一種龐大無邊的精神磁場，我在其中見到了人類與文明在自然的氛邪中呈獻的偉大感與磅礴感。

前後兩封信都已接到。大師的喻示，德會牢記在心。……這些日子對海的感觸很深，慢慢地我也在您的感召下，抓住了宇宙本源的原力。

獻上最殷切的思念，並恭請

大師暨夫人

玉體康泰

晚耀德恭呈'85.11.10』

『羅大師：

近日我苦讀西方十九世紀重要思想家的作品，就是希望能把「世界心靈的彰顯——初論羅門詩中的心靈與死亡」這篇文章寫好。這篇文字可能估計超過前一篇的字數，也比上一篇花下了更多更大的心血，您應該可以理解，耀德對羅大師的一份心意，我一生所將致力的，是將羅門偉大的思想和胸襟傳播給世人，因為，在這個時态，您所從事的是一種救贖工作，整個人類都期待著您的出現，我所做的不過是一種促使您的力量更加張大的觸媒工作而已。

"羅門研究"會努力地做下去，用我所有的心血！請您了解。……………

耀德'86元月5日』

『羅門大師：傾接您的來鴻，對於您的訓示，德已謹記在心，請大師放心，年輕一代必能在大師的感召下淬勵奮發，為中國現代詩壇貢獻心力。

對於都市詩，德仍積極整理資料中，西方自波特萊爾至歐文德，都市詩一直是一重要系統，中國都市詩之出發則自羅門大師始，可謂開山祖師。然而如何以最適切的中性語言，襯托出您偉大之所在，確實須要謹慎落筆……

耀德筆

八五、九、二』

『羅門大師……

常常把大師給我的信拿出來反覆地吟誦，感到字字珠璣，幾可背讀，心中感到大師與晚輩在精神上的聯繫，猶如親子一般，那深刻無已的思念，實在是難加表達，正想做一詩贈大師，心中的懷想，大師必當可以理會。願大師及夫人平安愉快，並盼得大師繼續賜教，盼覆。恭請　道安

晚耀德敬呈

八五、九、十九』

『羅門大師：

今晚，長鑫所照的大師玉照將在羅老師家討論優劣。大師的智慧和風采實在說來，在中國是不做第二人想，如果拍得不好，只怪我們手拙了。等定稿後，再沖洗一份

面呈大師……

燿德敬呈

八五年五月廿五日』

『羅門大師：纔接到您的來信，知道那篇拙稿您已收到，寫得不好，下一篇，要著手的是您透過對死亡、時空以及自我存在來追蹤「人」的詩作，預備以更充裕的時間和準備，以及更大的篇幅來處理這些廿世紀最偉大的詩歌傑作。一旦進入您宇宙般的胸臆，便不可自拔地喜愛這些足以讓一切歷史失色的巨構，並且在這些巨柱中成熟、茁壯。……

燿德敬呈85.10.22』

（「註」以上信件，年份均以公元年號）

從以上信函的那許多珍貴段落中，除了使我此刻讀它格外的感動與覺得相當慶慰，我想鄭明娳教授在文章中說林燿德對我心存永遠的感激，確是至爲眞實的；而且林燿德親口對我說，這一生，除了我，他不可能爲任何一位台灣詩人或作家寫一本專書，而他一九九一年寫「羅門論」一書後，又於一九九三年赴大陸出席海南大學舉辦我與蓉子文學世界學術研討會，並發表引起在場人士重視的論文〈羅門思想與後現代〉；更令我感懷的，是一九九五年（他病逝的前一年），健康已不如前，因紀念我與蓉子結婚四十年，他不但參與策劃與設計我們十二本系列書的出版，並爲我與蓉子籌辦出書發表會，同時在發表會上撰寫給我高評價的論文〈山河天眼裡世界法目中——羅門詩作中的自然〉，論文中，更毫不顧忌的指稱我為「大師」。如此看來，他同我交往近十年，到最後一年，他已名揚海內外文壇的時刻，離去前，仍一直如此的對我有所敬重，我想那的確是像鄭明娳教授在一八八期《文訊》雜誌發表的文章中所說的「林燿德是個性情中人，擁有文人的偏愛氣質……」。

**他問：**從以上你抽樣談到與林燿德交往十年來相關與相互動的一些具體事情以及他一封封來信中所說的那些眞摯感人的話，可看出林燿德確是「對你永遠心存感激的人」，同時，也是對你特別偏好與敬重的前輩作家；同樣的，你對林燿德傑出非凡的才情與創作世界，也是給予超乎常情的極高的評價與肯定，這都是可見的事情。接著我想問你一個頗嚴肅的問題，有人說：「林燿德在生前是一直抬頭，用『仰視』的目光來看你，其實，他已超越你……」於此，你的看法如何？

**我答：**在藝術世界裡，將林燿德對我的尊敬，說是只一直抬頭「仰視」來看我，事實上對林燿德對我與藝術世界都不太妥當，也並非如此；在林燿德生前，我不只一次向他說，在藝術世界，只有心理沒有「生理」年齡的差距，我與他相處，無論談詩論藝，從未擺出長輩姿態，都是平起平坐，忘年的坦談，有時還會彼此爭辯，我看中的，是他創作才華與思想都顯比許多知名作家都高，因此我雖是他敬慕的長輩，但我與他曾構想擬出數十關於詩與藝術以及人類存在的重大問題來談，但採取的不是訪談而是對談方式，可見情形並非那樣。這可從林燿德的來信予以證實——

『羅大師：

接信甚喜，願我們的「對話錄」能夠給現代詩壇精神上的重大啓示。我也開始做籌備的工作。希望能夠伴隨大師進入一高層次的精神世界中，在那裡，大師與我會將世界中最透剔晶瑩的寶玉從靈魂的深井中挖掘出來。

這個現實世界，有太多傷害創作的障礙存在，這一切尤待大師帶領我去突破。祝

道安　代候夫人好

燿德

八六元月六日』

至於說林燿德已超越我，他能青出於藍，應也是我的榮幸與值得高興的事，就是像大畫家塞尚與畢卡索、大造型藝術家米羅與阿爾普，他們之間也存在有「青出於藍」的情形，可見那是很自然的事。而且我在寫林燿德《一九九〇》詩集的序言中，所說的那段話，就特別指出林燿德創作世界的超越性——

在他詩的心象地圖上，都市、田園、大自然、太空、歷史、文化、藝術、哲學、科技智識、宗教、人文、人道、人性、戰爭、生存、死亡、上帝、永恆……等意識形態與思考境域，所展開的多向性想像空間，以及視詩為主控力，帶動「散文」、「小說」「戲劇」、「電影」乃至「論說」與「造型藝術」……等不同藝術表現的形態與體質，

所展現的多樣化技巧功能，便交加複合與彼此造勢，成爲他詩演出的至爲特殊的大舞台，殊非一般詩人乃至不少「有名」的詩人所能經營。

在他這本詩集中的許多作品，尤其是那幾首氣勢浩蕩。架構龐大的長詩，如〈馬拉美〉、〈韓鮑〉、〈巴德〉、〈巴博拉夫斯基〉……等，都已建立他個人至爲可觀而且能從過往詩風中脫穎而出的嶄新創作園區，呈現出不同於前輩詩人以往所寫下的〈白玉苦瓜〉、〈第九日的底流〉、〈石室之死亡〉、〈深淵〉、〈孤峰頂〉、〈延陵季子掛劍〉、〈愁渡〉等長詩的體質與風貌。

雖然我確認林燿德創作的前衛性、新創力以及動用的思維空間與林燿德包裝技巧，都使作品進入新的場域呈示後現代的新風貌；看來，不但對我也是對整個詩壇的一種「超越」表現；但在激賞林燿德之餘，我仍保留有言談空間，由於後現代創作世界出現同以往有斷層、跳離成爲不同體系各自併存的特殊存在，便往往的確很難去指認存在於不同時空場域與形態的「A型傑出」與「B型卓越」，誰超越誰，於此可用一些實情來說明——譬如杜甫李白寫的古詩同東西方當代詩人寫的「現代」「後現代」詩，要說誰超越誰，確是相當困難；又詩人周夢蝶他一直站在同「現代」與「後現代」沒有必然關聯的〈孤峰頂〉上從事有異於後現代詩的創作，也具有其傑出的存在與獨特的表現；接著尙可舉一個實例：

記得有一次我與林燿德到菲律賓文藝班去講詩，我對他說：「麥堅利堡」已有十一位詩人寫，我建議他也來寫一首，他率直的說，那麼多人寫，一個比一個……，只有我那首令人與神都感動，並表示即使他來寫也不見得能……。後來他一直沒有寫，但他同樣以戰爭為主題；透過高度的知性與智性思考，換一個角度，以近似後現代符號詩的手法寫了一首非常精彩也備受評論家重視的戰爭詩〈世界大戰〉

W・W・I　　W・W・II　　W・W・III
噠　　轟　　光
噠　　轟　　更強的光
噠　　轟
死亡　　粉碎
死亡　　粉碎
死亡　　粉碎

面對林燿德傑出非凡的〈世界大戰〉與感動人近四十年而且單首詩獲得評介最多的〈麥堅利堡〉，說它們誰超越誰，豈不等於將打法不同的「籃球」與「足球」放在那裡做比較嗎？其實應該關心的是它們在不同的打法中，是否都分別達到令人矚目的最好打法與結果。這也就是說，當它們都進入不同境域的「超越」存在時，便很難有所謂誰超越誰的情形。於此，我想將林燿德在去世的前幾個月，有一次同我在紫滕盧茶藝館深談，所談到的那些相關內容，概要的寫出來，或許有助於談「超越」的話題，不致於攏統化與簡單化。

首先，在大致談話中，林燿德對我的創作世界，確一直存在著有他重視與著迷的那些特殊與不會過去的東西——那是來自他談到我以下的那些作品時，都至爲認可與給予高的肯定。如〈麥堅利堡〉詩中所表現的「超過偉大，是人類對偉大已感到茫然」的詩境、〈第九日的底流〉詩，流入「前進中的永恆」（後來並使一個研究生的心靈向上，花兩年時間研究我，獲得碩士學位）、〈時空奏鳴曲——遙望廣九鐵路〉詩中的「整條鐵軌鞭過天空／聲聲回響／陣陣痛……／車走後／路也不知在那裡上下車」、〈曠野〉詩中的「帶遙遠入寧靜」、〈三萬呎高空……〉詩中的「世界空在那裡，太空船能運回多少天空／多少渺茫……」、〈流浪人〉詩中的「他帶著自己的影子在走／一顆星也在很遠裡帶著天空在走」、〈傘〉詩中的「將自己握成傘把／只有天空是傘／雨在傘裡落／傘外無雨」的是何樣孤寂謊謬的世界、〈大峽谷〉將人與宇宙大自然建構成宏偉的大壁畫、尤其是〈窗〉詩中的「猛力一推／竟被反鎖在走不出去的透明裡」所形成不知從那裡來的大困境，將全人類與世界全都鎖進去、以及〈天地線是宇宙最後一根弦〉詩中的天地線，竟是人類「與永恆拔河」唯一能用的一條繩子……。此外，我較早打開「都市詩」的一連串特殊開鎖聲……〈都市之死〉〈都市！你要到那裡去〉……等這些緣自我內心深層世界、所碰擊出那帶「超越」性存在且屬於我個人獨特的創作生命的光波與音波，都的確是林燿德在交談中（或在論文中）所特別看中與關注以及激引他重視的著眼點。

至於林燿德，在那次交談中，我也特別的對他說：在我近四十餘年對台灣詩壇的觀察中，詩人從田園轉型到都市文明偏向「認知力」的現代生存空間，他應是偏向以「腦」高明的知性、智力與覺識寫詩最具代表性而且傑出非凡的詩人；同時是具有前衛性、新創力與思想深廣度的詩人；也是在「現代」與「後現代」的存在時空架構中，抓住詩至爲機智與理知性的萬能鑰匙的高明解碼者與開鎖人；此外，他更是一座架在「現代」與「後現代」創作世界的特別引衆人注目的「林燿德大橋」，讓批評家王浩威從正面的角度看，便自然發現林燿德的「後現代」詩風，仍不能同「現代」詩一刀兩斷，是事實。然而，「斷」與「不斷」，都可能有與沒有好的表現；而林燿德永遠是抓住無論出現在那裡的「傑出性」與「卓越性」。再就是林燿德的詩，在大家觀感中，較偏向高解度的知性思維，相對於溫潤的感性抒情的詩，難免有點冷與不那麼討好習慣傳統抒情詩的讀者，我也曾試探的對他說，若能在「腦」與「心」的兩地之間，架造起一條「通化街」，或者情形會有些改變，可是由於他越來越偏於高強與絕對的知性思攷創作意念，並不一定要接受我的想法。其實接不接受，他的創作生命，在我看來，都一樣是站在傑出非凡「不可類比」的位置，有自己個人獨創性的創作品牌，並成爲台灣「現代」與「後現代」詩壇重要且具指標性的頂尖人物。

如此看來，我與林燿德在開放的時空中，在一己特殊的創作境域，各自在詩中完成自己在不同形態的超越存在中，非都同在一條直線上，此刻若採取「並列」取代「超越」的看法，似較妥切，也較符合後現代多元「價值觀」的終端企求與多向度的展望。談到此，我想特別將林燿德在離世前的一些日子裡，有一次通話，我以詩象徵性的「幾何圖形」、對他說的那些有意趣的形象語言，來爲他在藝術的創作世界，塑造一個突出、奇特與充滿想像且卓越的文學生命形象。

首先我以「直線」造型對他說——他將自己的名字林耀德的「耀」字，非要改爲「火」字旁，變成林「燿」德，便是蓄意要將自己的生命變成不斷向前燃燒的一條不可擋的猛烈「火線」，凡是經過的一切景物與世界，都一一著火，發出巨響；同時我也對他說，當有一天，這條強調火力的「火線」，燒到流動著太陽的熱力與月的光流的「天地線」時，他會不會將「火」字旁的「燿」字，改回「光」字旁，他想而不答；其實改與不改，在「火」中燃燒的林燿德世界，永遠是文藝世界不會熄滅的高溫「燃燒體」。而他也有所感的回應我的話，認爲我的〈麥堅利堡〉、〈第九日的底流〉、〈窗〉以及〈天地線是宇宙最後的一根弦〉……等「同永恆拔河」的詩作，就是走動在「天地線」上的作品。

接著我以『三角形』的幾何造型對他說——由於他有一次曾特別認眞的對我說，在他心目中，除了我，尚提到兩位是他較重視的詩人，一個是被他讚稱爲「後現代」的旗艦——羅青他持有林燿德所嚮往的航往創作「新大陸」的航海圖；同時也是我與林燿德都認爲是台灣詩壇極端機智、靈巧與思想變化多端的前衛詩人，顯然有著林燿德特別重視的一面，便自然形成「三角形」左邊的一邊；另一個是「超現實」出高招、稱絕詩壇的洛夫，林燿德雖對洛夫仍跳不出中國山水文化與存在思想的自我性以致未能正面撞擊「現代」與「後現代」都市生存的新思維空間，有些微詞，認爲不夠前衛，但洛夫「詩思」與「表現技巧」的非凡，仍是我與林燿德所特別重視的一面——便也形成「三角形」右邊一邊；至於我也有他特別重視的一面——形成「三角形」的底邊的一邊，那便是基於我數十年來從「第三自然」的心靈世界，以詩永不停止的去追索「前進中的永恆」的精神思想以及林燿德寫的「羅門論」一書與他信中寫給我的那些對我至爲敬重的誠摯的感言……等這些所形成的。而林燿德自己便是有意將自己站在由上述的三邊所構成的那個形如「山」的具有象徵性的『三角形』之頂，來展開他廣闊可觀、獨特且雄視文壇的創作遠景，來凸現他被視爲文壇奇才的英姿，而被我多年來巡視在「第三自然」螺旋塔上的詩眼所看到。

當林燿德在通話中，被我的形象語言，直推上創作的「三角形」之頂，他也在對談中坦誠的說出他心中令我感到意外也感動的話，他說在一生中，他有兩個父親；一個是養他長大的家庭父親，一個是我——他文學生命的父親，此刻，我的感動與欣慰是同他的成就成正比的，縱然，他那麼年輕便離世，但卻留下一個美麗的絕響給文壇與歷史聽；縱然在不同境域中，他有不能超越羅青、洛夫與我所擁有的不同他的屬於個別的獨特存在；同樣的，他也擁有不是我與羅青、洛夫乃至其他詩人能超越的屬於「林燿德」的獨特的存在；如此，他便也確實存在不同於別人的優越、卓越與超越的獨特存在，成爲台灣詩壇文壇歷史性的重要作家。談到此，已談得夠多，我想順便將林燿德的文章中說的相關兩段話，在最後做爲訪談的部份有關的參攷。

後現代主義者譏笑現代主義爲「刺蝟」，眼睛只能看到一個方向，他們又自比爲「狐狸」，可以同時注意不同的方位。不過眼觀八方的狐狸常常因爲咬不著刺蝟而餓死，就算咬著了也往往痛斃當場。後起的浪潮不見得必然高過前驅的浪鋒；能夠堅持自我理念的詩人羅門是永不過時的。」（見〈羅門蓉子文學世界學術研討會論文集〉P165文史哲出版社一九九四年）。

羅門，做爲一個具備現代思想與前衛創新傾向的重要詩人與詩論家，在五〇年代以降臺灣詩壇形成一家之言，他的發展軌跡隨著自己的思想與詩風、以及整個文化環境的變遷而顯現出來。在多次有關潮流、技巧以及詩人內在生命本質的論爭中，羅門始終能夠提出獨到的見解，包括了創作的形式、與古典詩的關係、各種主義流派的反思，他的洞見維護了詩的純粹性……。做爲「現代思想」象徵的「羅門思想」，亦即其「第三自然螺旋型架構」是進化史觀的、追求「行進中的永恆」的形上學架構的，而且也自有一套體文思慎的創作生命學。（見〈羅門蓉子文學世界學術研討會論文集〉文史哲出版社一九九四年）

訪談完畢，我發現我的手仍一直放在貝多芬「第九交響樂」的那本聖經上。

# 心靈訪問記（續稿三）

## ——當詩人都不願說眞話，「社會」又常說謊；便只好讓「眞實」它自己去說了

我再度同我另一個我前往老地方——「第三自然」藝術園區去進行訪談，一路上他說除非鐘停了，訪談會隨時進行下去。

此次他要訪問的，大多是存在於事實中，能就事論事不難回答的話題。

他問：你對目前相當受評論界注目的評論家孟樊在研討會寫長達七萬字的論文，其中談到台灣十大詩人部分，他舉出先後四次評選出現不同入選的名單，你看後有何感想，以及談談你對大詩人的界定與看法。

我答：孟樊在論文中舉出四次評選十大詩人，經查明是由下面四次不同的評選者來評定——

第一次是由張漢良教授以及詩人張默、辛鬱、管管、菩提等五人小組在六十八年（一九七九）所編選的《中國當代十大詩人選集》選出。

第二次是於四年後，由向陽、游喚、蕭蕭、苦苓、林文義、劉克襄……等所共組的《陽

光小集》詩刊發起函請詩壇年青知名詩人於七十一（一九八二）年票選出的中國當代十大詩人。

第三次是次年由大陸名詩人流沙河在七十二（一九八三）年編的《台灣詩人十二家》一書中，多加選兩大詩人。

第四次是最近由孟樊個人於九〇（二〇〇一）年十月廿日在世新大學舉辦的研討會發表論文中評定的台灣當代十大詩人。

從六八年（一九七九）到九〇年（二〇〇一）的二十三年間，經過四次評選的台灣當代十大詩人，我與余光中、楊牧、洛夫與商禽等五位四次都選上，對我創作近半個世紀來說，應是一個帶有激勵與慶慰的回音。

至於大詩人的界定，我認爲他的創作生命似應該接受下面相關的驗證：

⑴他應該是一個確具有才華、智慧以及「大」思想與「大」心境的作家，因他是「大詩人」而非只是具有相當創作思想能力與水準的好作家。

⑵他應該是一個在創作上，能同時擁有高層次的思想內涵力與美學理念的作家，並能表現出當代創作的前衛性與創新的精神。

⑶他應在作品的「質」與「量」雙方面，均具有確實豐厚與相當可觀的成果，方能顯現出「大詩人」應有的夠大的實力與格局。

⑷他應該建立起一己獨特的創作理念、思想體系、風格以及具有啓導的影響力。

⑸他應該有不少作品，確可達到世界水準能超越時空，進入人類心靈深處引起永久的震撼力與感動，並呈現出具永恆性的存在實力。

⑹他應該對創作具有專一與投入的敬業精神，有經得起長時間考驗的創作心路歷程，並持之以恆，不中途退卻，以流露出對創作始終執著嚮往近乎宗教性的虔敬情懷與誠摯高貴的文學品格。

他問：你提出「大詩人」的看法，相當具體而且要求也相當高，近乎是一面對照的鏡子，請問你同其他被選爲十大詩人，是否都接近這樣的標準？

我答：你問的，都應由評選人與其他有識之士來做認定與判斷，至於入選人應不便也不宜自己來回答的，我覺得最好是讓「事實」去求證，讓「眞實」去說。

他問：你在論文與談話中，不止一次將「詩」與「藝術」的價值地位，往「偉大」與「永恆」的方向看，看得如此高，但有不少詩人對你的看法有意見，甚至認爲寫詩只是個人的興趣，沒有什麼了不起，你的看法如何？

我答：存在是自由的選擇，在我內心「第三自然」開放的視野上，我們看到許多不同的「花」在開放，許多不同的「鳥」在飛……它們都存在於不同的形態與景況中，各有其存在的位置與動向；而在我看來，詩如果只是繞著賦比興寫成一首好詩的界域裡；詩畢竟只是將詩人創作的興趣世界，在喜悅與滿意中擊亮，其作用與效能，當然並不見得有那麼崇高；可是當「詩」的存在，已事實上被視爲是人與世界以及文學與所有藝術邁向「美」的顛峰世界與「前進中的永恆」之境的主導力量；被視爲是在科學、哲學、政治、經濟歷史、乃至宗教……等所有的學問之外，替人類創造了一門「美」的生命的學問；被視爲是人類各種創造智慧最佳的激化力與爆發點；被視爲是神與愛恩斯坦前往聖地與奇蹟手中提的探照燈；甚至被視爲打開上帝天堂的鑰匙……則「詩」的存在地位，便的確高得能高到「偉大」甚至高到「永恆」與「完美」那裡去，是故孔子便也認爲詩是天地之心。

他問：目前兩岸出版的各種詩選包括年度詩選，種類相當多，你對詩選的看法如何？

我答：在未表示我的看法之前，我想提出有助於言談的三點：

◉第一點是我在華盛頓舉行的國際文學會議上曾晤見的諾貝爾獎獲主沃克特(W. WALCOTT)，他接受奚蜜訪問，問他對詩選的看法，他回答說「詩選本本不同，有的時候，詩選編者有個人的意圖……」（見聯合文學 2001 年出版沃克特詩選《海的聖像學》書內奚蜜的訪問稿）。沃克特回答的最後一句有玄機的話，便是高明的透露編詩選的存疑性。因編者個人的意圖，很明顯隱藏有主觀的因素及好惡與私見，極可能影響編詩選的動向乃至公正性。

◉第二點是文筆犀利、批判力強並引詩壇相當注意的年青詩評家陳去非，他對這些年來的台灣年度詩選，在《台灣詩學》三四期發表〈關起門來選詩〉的文章中，表示極度的不滿與嚴厲批評，以及詩壇上也有部份人對年度詩選的公正性與品質有意見。

◉第三點是一位擔任年度詩選的編輯委員，在討論詩選的公開場合，曾賣瓜說瓜甜的說「年度詩選」一直是「非常客觀與公正的」。

從以上三點看來，詩選確難免或多或少存在有它信賴度、準確度與客觀公正的問題；尤其是當編者若存有小圈子觀念，甚至鄉愿、勢利帶有個人恩怨，則不但傷損詩選的本身，也傷害詩與藝術的尊嚴，便更爲不是了。是故我認爲理想的詩選，應是由確實有能力又公正的人來編。確實有能力，是指他確實對作品有高度的內視力、透視力、判視力與多方面高明的藝術審美能力；至於確實的公正，是作品放第一、人情私心與其他因素放一邊，更不能有意的排斥「卓越」與「優秀」。能如此，我相信無論是年度詩選或是其他的任何詩選，都會以較爲公正、理想、有信賴度、有水準與好的品質呈現，是可見的。

他問：爾雅出版的一套《世紀詩選》，一向做學問與論事都格外嚴謹的詩人陳慧樺教授，在《創世紀》發表的論文中，提到這套書似不該漏選曾是《中國當代十大詩人》的余光中與羅門，同時對以「世紀」兩字爲書名，也有意見，你有何看法？

我答：陳教授對《世紀詩選》人選，提出他個人的看法，我願說出一些有助於對事情釋疑的話。其實爾雅出版的這套書，最早的構想，原是以《台灣現代詩經典》名稱，由出版家兼畫廊主持人也是我熟識的藝友張文宗出資，由蕭蕭策劃出版，人選中有我與余光中，光中因版權，未提供作品選；其他詩人均已陸續將詩選編好交稿，出資人並爲這一歷史性的詩出版事宜，宴請這套書的詩人吃飯，表示慎重；可是半年下來，由於張先生經營的事業有衰退情形，財源發生問題，便中斷下來，否則，也不會有爾雅這套書。至於我的詩選稿仍留在李先生那邊；還好，他送了一件他創作的精貴銅雕給我做紀念；我也將那本規定在二〇〇頁左右的詩選，擴大到近五〇〇頁，定名《半世紀詩選》爲迎接2000年由文史哲一九九九年十二月卅一日出版。即使蕭蕭後來在二〇〇〇年五月間由爾雅出的這套書，本他以往對我的重視，我也沒有詩選讓他去選。至於書的名稱，我覺得用「精選」比較適合。這我也曾建議蕭蕭將《台灣現代詩經典》的「經典」兩字，最好改爲「精選」。後改由爾雅出版的《廿世紀詩選》，參選詩人，也有些更動，如新加入的席慕容，據說是銷路最佳的詩人。無論如何蕭蕭編這套書是相當用心的。

他問：在不久前，你曾同幾個文藝人士說出瘂弦三十多年停筆不寫詩的謎底。可否在這次訪談中也順便談談。

我答：如果要談，當然要採取認眞坦誠的態度，要說眞話，因爲大家都是詩人。的確，瘂弦三十多年前寫出「深淵」一詩，便顯示他確是具有創作力的傑出詩人；但爲什麼後來會停筆？而且一停，便是三十多年；一個畫家怎能三十多年不畫一幅畫，同樣的，一個詩人，怎能三十多年不寫一首詩？瘂弦停筆三十多年不寫詩，已是衆人皆知的事實。有不少人跟著說：『瘂弦不寫，是見好就收』；『瘂弦不寫，是他已經有所完成』。這些爲瘂弦三十多年不寫詩所做的解讀，所說的這些美麗的節詞，眞是一路上「害」了瘂弦，像是爲瘂弦詩創作生命長眠安息，所唸的祝詞。

如果說過世的覃子豪先生「已有所完成」，尚合邏輯與合理；但瘂弦是三十多年，仍張目活著，而停筆不寫一首詩，很明顯是放棄三十多年他本應該在詩創作中有更多甚至更好的完成，而他沒有去完成。

至於說瘂弦「見好就收」，便是更有問題，甚至是一句未經思考的瞎話。試問三十多年前同他一樣寫好詩而且在三十多年後仍有進境的詩人，是否在當時也同瘂弦「見好就收」呢？事實上，像洛夫三十多年後，滿頭白髮，達七十餘歲高齡，仍寫出他長達三千行的《漂木》。

其實，我們可不必用上面那些強有力的理由，來道破凡是說瘂弦停筆三十多年是因他「見好就收」與「已有所完成」，都是不確實的話，都是有意爲瘂弦美容與護膚的話。此刻，只要看八十八年二月廿二聯合報「讀書人」版的〈春天已經上路〉一文，報導瘂弦將重新出發寫詩的消息，便可由瘂弦親自來說出他停筆絕不是在「見好就收」與「已有所完成」；而的確是還有好的在前面，不能收，還有未完成的，拼老命也要完成。既是如此，那麼瘂弦卅多年前停筆，不寫一首詩，確實的原因與謎底，究竟在哪呢？還是交給明銳的詩眼把它徹底的透視出來！

存在是一種選擇，瘂弦停筆三十多年不寫詩，確是他現實的「心」不讓「詩」有機會進來。每天睡覺八小時，繁重的編務，海內外文藝界人士在親疏往來層面上的互動關係，現實性的利害考量，業務性的謀略——譬如將「聯副」當做打燈光的「舞台」，誰出台，該打哪一種光度的燈光，都因人而異，都須花心思；都難免產生對待作家不夠公平客觀的心態，甚至有打壓異己的行爲……這些都是相連使他被「現實」性的非「詩」的思考世界圍困，而不讓他和具超越性的「詩」接近與見面；再就是在忙迫的編務之外，他還要策劃聯副各種寫作專題與舉辦繁重的文藝活動以及例行的公關應酬……等，的確也找不到理想的詩間，去看那住在同「心」已不夠親近的「詩」。於是，久而久之，三十多年下來，不寫一首詩也就習慣了，這也是很自然的事；瘂弦既選擇與熱鬧繁忙的「現實」同居，便也勢必同「詩」分居；而瘂弦能否與「詩」再月圓花好，那就等著看吧！至少他背棄詩創作三十多年，確已是做爲敬業詩人的一項缺失，如何來做補牆工作，確是一種至爲嚴肅的思考。可是距他的〈春天已經上路〉快兩年多，還是沒有看見他上路，相當可惜！

談到此，應該告一個段落，暫停下來，把上面所談的，都交給「眞實」去查看，我放開手，便坐在「燈屋」裡，喝杯咖啡，聽聽音樂，看看畫……等待下一次的訪談。

# 回應一篇圖罵人出名的文章

我發表只有一句的短詩「天地線是宇宙最後的一根弦」，向明在十八期《台灣詩學季刊》說此詩值得「鼓勵」，當我在廿一期《台灣詩學季刊》也「鼓勵」他寫一句的短詩以及長詩，彼此在文章中，沒有一個罵人的字。眞是萬想不到向明忽然「向暗」「向黑」在廿二期製造語言與謠言無理罵人、抹黑別人，這是做爲詩人非常不道德的行爲範例，基於無理的事情「對著我來」時，我一向有「爲理而辯」的習慣，於是我便不能不也被動來一一把向明無理罵人的部份予以駁斥。

(1)向明製造語言要「脫國王的新衣」，而我一向只是就事論事較喜歡說眞話的人，既非「國王」哪裡來的「新衣」，向明在文章中，爲證明別人不懂他自己是眞懂後現代主義的行家，便臨時去請教年輕人與到圖書館去抓一些後現代主義的零碎片語來作證，我建議向明還是暗暗地去脫自己的「內褲」。

(2)向明造謠說我只寫外國的「大峽谷」，提外國的名人貝多芬、亨利摩爾、夢特里安，而不寫台灣的風土，中國的名人，說這種不實的瞎話，在強調本土文化的當前，的確是向暗、向黑不向明的抹黑別人，明明他有我《羅門創作大系》的「自然詩」專集，我在「阿里山之旅」詩中，寫過阿里山，在「溪頭遊」詩中，寫過溪頭，在「南方之旅」詩中，寫過南台灣的景色，在「多夢的夏綠蒂農莊」詩中寫台灣美麗的翡翠灣，還有幾位朋友包括張漢良教授看到此詩，曾駛車往訪想在那裡購屋……再就是四十多年來，我長年居住台北寫了一本獲得佳評的都市詩選，詩人陳大爲也因研究它獲得碩士學位，都是在寫台北都市文明的經驗感受與體認。說到提中外名人的名字，我不但在「上昇的河流中」歌頌偉大的詩人屈原，在其他詩中曾提過王維、杜甫、李白、柳宗元、陶淵明與八大等中國名人，甚至還寫一首詩稱讚仍活著是我尊敬、名揚國際其畫被故宮收藏的台灣本土大藝術家林壽宇，可見我做爲詩人，是以開放的心，去讚說地球上所有卓越美好的人與風景，由此可見向明不但是顚倒是非的人，而且是心胸狹窄缺乏做爲一個眞正的現代詩人應有的世界觀與開放的視野。

(3)向明造謠言，說我宣揚「大峽谷奏鳴曲」是「曠古」之作，事實上我從來沒有把自己任何一首詩（別人說的我管不了）自稱是「曠古」或「偉大」之作，在中國社會最忌「樹高招風」的情形下，這種謠言，顯是在樹上故意加上「招風」一段，那是不道德的行爲。

(4)向明一再向外放話，說他在編八年藍星詩刊，三次提出不想編，意思是說別人強迫他受苦受委曲的去編八年藍星，虧他能說出這樣口是心非的謊話，我雖是社長，但「藍星」是同仁大家出力編的刊物，一向是自由「輪編」，誰編誰負全責，任何人都不過問，誰不想編便交給別人，不要說提三次，提一次就夠了，譬如藍星詩刊由九歌出版、經發行人余光中與部份同仁在商談中決定第一期由我編，因重新出發，我以硬邊藝術(HARD EDGE)與夢特里安空間觀念設計版面，希望編得比過去獲得藝術佳評的「藍星年刊」好，但不知何故，九歌付印前未按規定給我看版樣，結果不知是誰的主意書出來很差，根本完全不像我編的，當時我又忙，便乘機決定不編了，非常自由，向明如果不想編，尚有余光中、張健、敻虹、王憲陽與蓉子必要時爲了藍星與詩壇多一個好詩刊，我也會不計較未按協約給我看版面的事考慮抽空再接編，可見迫他受苦受累，編八年藍星的是對他有好處的自己，不必將事情往暗處推。

(5)向明在文章中好像語重心長的勸詩人不要太在乎「名」。事實上，他非並如此，當他獲得鍾鼎文主持那種格調的機構頒發博士學位，除在自己編的藍星刊登巨幅照片，並向海內外宣揚發佈消息，此外尚在晚年以七十歲的高齡特別以「傳眞」方式自告奮勇去競選文藝協會的理事，結果落選，他不甘休，又選，此次終於選上成爲理事長綠蒂領導下的一位文協理事。再就是像國內外大大小小的各種會，別人多是選擇性，他幾乎有請必到，四處穿梭，有時還要拿退休金去開自己都感到沒有多大意義的會，這種會顯然同寫詩無關，只同「名」有關。

(6)向明不舉證就隨便說「羅門無理取鬧」，其實向明憑空說這話，方是「無理取鬧」，究竟在這許多年來，我是「無理取鬧」，還是看到不合理的事，看不過去，便被動據理辯正與說眞話？這應是由「事實」與大家而非由向明來說的，同時向明也必須認明「無理取鬧」與「爲理爭辯」是不同的，正如「儒雅、與人爲善」絕非「不說眞話、表面親和的勢利與鄉愿之徒」。

(7)向明說我的「大峽谷」詩在台灣看不到，又說錯了，明明此詩是八十二年九月完稿，因詩太長，藍星停刊，發表困難，便只好收入由文史哲出版社八十二年度內出版我的「誰能買下這條天地線」詩集中（這首詩曾寄給「香港文學」發表）出書也是發表。

(8)至於我在藍星發表的「從第三自然螺旋型架構看後現代情況」一文，後發覺有些地方須加強、刪正與潤飾使之完妥與順暢些，並整個看一遍，覺得尚可將題目改成更合適的「從第三自然螺旋形架構對後現代的省思」，定稿後，希望在詩學季刊完妥的重登一次，在情理上應尚說得過去，而且這篇論文屬探索生命思想的文章，向明怎能無知的罵是「垃圾」與「廢棄物」，再就是向明寫的詩文也有過一稿兩登，何況我的論文還是經過某些刪改與修正。是故像向明只能寫「新詩50問」那號思想層面的論文，能狂妄罵我那篇曾在華盛頓DC舉行的世界文學會議發表並收進大會論文集的論文是「垃圾」與「廢棄物」？更不應該的是把發表我論文的詩學季刊罵是我「後院的垃圾箱」，那豈不是在罵詩學季刊，又在罵主編是收垃圾不懂文章內容的主編，其實向明將我修正後定稿在詩學季刊發表後收入「羅門創作大系」論文集也曾獲得海內外不少知名作家有過好評的這篇論文，罵是「垃圾」與「廢棄物」，便可見向明的嘴臉是向「暗」的蓄意罵人。

從以上一連串以事實事理駁斥向明並非光明正大甚至有些地方朝「向暗」與「向黑」的方向以不當言詞與謠言來「抹黑」別人過後，下面是更嚴肅來回應他談我的兩首長短詩。

## 先談〈天地線是宇宙最後的一根弦〉——

談到詩，他也似乎「向暗」不「向明」，譬如他只看見我六十年代的創作，而看不見我七十年代到九十年代之間寫的「窗」、「傘」、「咖啡廳」以及從「海」到「觀海」到「曠野」到「大峽谷」的創作過程；更視而不見我八十年代的「時空奏鳴曲」，被名評論家李瑞騰教授說是「一九八四年的一聲巨響」，詩人評論家林燿德寫了一萬多字佳評的文章，並說此詩是引發他開始寫詩評論的動機，後寫了「羅門論」專書，向明他眞該明一明了，不要老躲在「暗處」瞎說。

首先看向明先後談我以一個意象寫只有一句的短詩「天地線是宇宙最後的一根弦」。爲辯證問題，有必要將其他兩位詩人對這首詩的觀感提一下：一位是台灣十位詩人訪韓時都有印象的韓國傑出現代詩人洪潤基對此詩有好評，並寫成書法相贈；一位是國內進入台灣戰後二十人詩選兼寫詩論的名詩人陳義芝認爲「這詩是一個絕唱」。

至於向明在前一篇文章中也說此詩值得「鼓勵」，但當我在文章中也鼓勵他寫只有一句的短詩時，他向明忽然「向暗」，在後一篇文章中不但莫名其妙的罵出上面一大堆的話，而且改口批評這首意象詩，進不了龐德意象世界的大門，豈不是在罵這首詩與前後矛盾嗎？像這樣用兩張嘴談詩，怎能擔任年度詩選編委？如果向明以爲意象詩中，不能有「形容詞」，我不以爲然；或許形容詞在詩中較危險，對詩質有殺傷力，但如果能成功提昇與高明運用形容詞的質量，去向內拓展詩思詩境更深廣的實體空間，有何不妥，這是涉及詩人對語境與詩境探視的能見度問題，是否敢出險召。

若不用形容詞，此詩便寫成「天地線是一根弦」，只在指出那個美妙、奇妙、玄妙的純粹的視象。

若加上形容詞「宇宙的」，詩便寫成了「天地線是宇宙的一根弦」，因而可將詩思推入有宇宙空間感以及有思想地標與哲思性的詩境。

若加上形容詞「宇宙最後的」，詩便寫成「天地線是宇宙最後的一根弦」，則詩思在喚醒終極存在的實覺、實知、實感，應是更多面，更深入、更豐富與可觀的——的確當所有的弦線與祖父、曾祖父的心弦都被鐘齒咬斷，只留下宇宙最後的一根弦，「最後」兩字便的確是緊要的字，迫著時空在「終極」發出莫明的回聲與無限悠遠的鄉愁，如果不是「最後」而還有其他的弦，便顯示不出關鍵性的重要，如果這「最後的」都看不到了，那麼茫茫的「時空」到哪裡去找扶手？而向明竟沒有看出來，既然沒有對詩思具體的內層與深層世界，做進一步、再進一步、更進一步探索的體察與覺識的能力，如何去看詩與評詩以及擔任年度詩選編委？

再就是向明說「天地線」這個意象在我許多首不同的詩中出現過，認爲相當的重覆，我並不這樣認爲，這可能也是對創作者的一種考驗，如果在不同的詩中都能完成不同的意圖，並非不可以；正像雞肉可用來做出同雞肉有關的許多美味不同的菜。

**接著談〈大峽谷的奏鳴曲〉：**

向明將〈大峽谷奏鳴曲〉整首詩罵說是「蚯蚓」，像這樣評詩的德性與不正的心態，竟也是年度詩選的編委，現在來看另外兩位詩評家對此詩的觀感：

名詩評家林燿德說：

「〈大峽谷奏鳴曲〉可說是繼羅門八〇年代完成〈時空奏鳴曲〉之後又一重量級的巨製……

將〈大峽谷〉視爲羅門在九〇年代前期的扛鼎之作，以及他在自然主題方面各種經營的集中展現，是絲毫沒有錯誤的。〈大峽谷〉全詩分爲九節，第一節就以壓迫性的視覺意象迎接了讀者……，一氣呵成的綿長詩行映襯出大峽谷磅礡的形勢……更重要的是那「三條線」的強調：「牽著鳥翅與機翅在飛的那條線」再度詮解了大自然的不可征服性：「從萬里長城揮出來」的「另一條線」指出人類文明與歷史（這是延伸出平面都市之外的「第二自然」）的悠遠傳承；而「從茫茫的天地間飄出來」的「第三條線」（詩人心靈的轉義）則是「第三自然」的神奇映象，這三條線在羅門親履大峽谷之刻全部在霎時感悟而出（「握在你手中」、「三條最長的鞭子」），包含了一切宇宙萬有的三軸線在此詩中遂成爲一個凸顯的重點，呼應了第九節的大統化、大通悟……

「前進中的永恆」一直是羅門念茲在茲的思想目的，在〈大峽谷奏鳴曲〉的曲式中也成爲化身萬千、寄託於三軸線的主旋律。雖然筆者不敢斷言這首詩在羅門的自然主題中是最後的力作，但是卻已建立了一個完整的思維體系，讓人想到王維的詩句：「山河天眼裡，世界法身中。」相融無數歲月，一古一今，兩個詩人在超越時空、超越流派的大境界中竟然終究在「前進中的永恆」中相會相通，這正是詩所以之爲詩的暢快。（見文史哲出版社出版《從詩中走過來》論文集林燿德寫的那篇）」。

詩論家龍彼德來信說：「《大峽谷奏鳴曲》讀過了，很有氣魄，想像力奇詭而豐美，確實是使東西方交融、三個自然交錯理論的體現。除了時空、國界、文化與學術流派外，似乎還可加進點宗教。」

他們兩位的評語，雖不是「大峽谷奏鳴曲」詩的「龍骨」與「龍肉」，但向明閉上眼睛謾罵此詩是「蚯蚓」，便可見他向暗向黑的嘴臉。

更可笑的是向明一開始就錯了，這首詩根本不是後現代主義的詩，只因詩的後記出現有後現代「解構」兩個字，他便臨時去請教別人與到圖書館去抓後現代主義的一些片語，來速成自己是後現代主義的行家，來指出這首詩沒有後現代主義詩所強調的「戲謔」與「顚覆」的特質，便罵這首詩不夠格稱爲後現代主義的詩，這種自導自演將褲子當上衣穿的批評，不可笑嗎？如果將向明說意象詩不能有形容詞，看做是只能在鳥籠裡看鳥；則他評「大峽谷奏鳴曲」這首詩，便是用別人的意見與到圖書館去抓一些材料來造一個不像樣的鳥籠，到天空去亂抓「大峽谷奏鳴曲」這隻根本不是後現代主義的鳥，抓不到，還自言自語說自己懂後現代主義。

事實上這首詩是依我的創作理念來寫的，基本上，我不是「來貨照收」、我有很強的自主性，去選用有利於我創作的東西，所以我只是「廣義」的採用後現代創作所慣用的「解構」，與「拼湊」以及另外加上環境藝術(ENVIRONMENTS ART)功能，來使解構後的多元存在能湊合又能相互動的共處在整體性的美感空間中，防範任意的拼湊，可能出現亂象。可見我一直是屬於我自己，不屬於任何有框限的流派與主義，而有自我的選擇，我不可能採取後現代主義詩所有的我不見得想要的東西，如它遊戲性的「戲謔」與任意式的「顛覆」，但我仍保持對存在應有的抉擇、批判與反諷的精神意識。

如此〈大峽谷奏鳴曲〉這首詩基本上是以世界觀開放的心境以及後現代藝術解構與拼湊的理念去寫一首打破時空、都市、田園、太空、國界、文化與藝術流派框限的屬於我個人創作風格的詩，但不是後現代主義的詩，這一創作構想與觀念，我想能在詩中找到相關的解讀與指證，基於篇幅我無法詳談與舉例說明，或許我可簡要的說一說。

〈大峽谷奏鳴曲〉這首詩，在目前所盛行「觀念藝術」的大環境中，是意圖在觀念與構想中，使它成爲一個詩的觀視台，建構在原本的空曠中，去觀看從我內心第三自然世界中所展開的那個有世界觀的人文活動空間與新地，同時也將它看成是聳立在宇宙間靜觀世界與一切存在的詩化的生命建築。此詩分九節，是以九個不同聚集在一起的觀視面相——就如九面鏡子在觀視著不同的生命景象，並以後現代創作「拼合」的結構形態，使之成爲多面相併存的共同存在體，說得較仔細些，便是透過大峽谷的自然形象畫面與造型以及諸多特殊的實境、眞境與奧境，以詩的廣角掃瞄鏡做特殊的取鏡以物象與事象做按紐，直接碰觸「心象」的內在世界去運作，於內外、虛實、形下形上、抽象具象、現實與超現實的對拉、交叉、轉換、跳躍、跨越……等的帶有暗示性的變化鏡中，展示出多面延伸的想像與思維網路，讓時空與人存在世界的狀態景況，都自由進入那帶有判視性的開放的視境，如此，「大峽谷奏鳴曲」這首詩也無形是建造在我內心「第三自然世界」中的一座詩的無限守望的「視境」，在觀看人與世界如何走向「前進中的永恆」，同時也可說是具體展現我「第三自然世界」特殊創作理論的一首觀念詩，有以詩在暗中實踐詩論之嫌。

至於向明說我不懂後現代創作的「解構」觀念，我雖不敢像向明說自己懂，但我有話要說，不知向明知不知道後現代創作的「解構」觀念是緣自建築藝術，例如將都市與田園的建築造型「解構」，使田園的瓦屋頂「拼湊」安裝在都市建築的樓頂，呈現新的建築型構。那麼請問在廿多年前還沒有後現代創作的話題，我已將我的「燈屋」以包浩斯(BAU HAUS)的觀點以及也已實際採取後現代創作的「解構」與「拼湊」觀念，使古今中外的物體，材質與所有的藝術主義都「解構」與「拼湊」成一件已顯有後現代創作風格的作品，也被一位對後現代藝術有研究的學者戴維揚教授確認。他說：「『燈屋』是現代多元共生綜合藝術的廟堂……燈屋具有一流的「裝置藝術」(Installation Art)以及萬流歸宗的「拼湊藝術」(Assamblage Art)加上主客交融的心靈契合，構成後現代綜合的「表演藝術」(Performing Art)的典範鮮例。」見文史哲出版的「燈屋・生活影像」）

可見在廿多年前我已用「燈屋」這件作品具體說出後現代創作的「解構」觀念。其實我也基於「後現代」思想給於各說各話的自由權利下，在文章與言談中也多次表示過自己對後現代創作的「解構」觀念的基本看法（不知向明除了去圖書館抄別人的意見，自己有沒有過意見）我認爲，它確在正面提供藝術創作更大且無限的功能性——使古、今、中、外等時空的界限解構、使田園都市、太空等生存環境的界限解構、使所有存在的物質、材料用具（包括電子網路）與一切事物的界限解構、使所有的藝術流派與主義的界限解構，也就是打破一切存在的有形與無形的框限，使一切存在於全然自由與開放的狀態中，讓世界上所有「美好」可用的一切，都不受限的自由進入創作者經過選擇、提昇與機動的創作思想網路，去在無所不能與極端的自由中，創造出多樣性與豐富度的作品，這也就是說後現代創作的解構觀念，在宏觀思想中，深一層的意義，是賦給創作者所使用的「媒體材料」以及「包裝」媒體材料的形式方法獲得全面的自由運用，使詩人與藝術家終於在內心「第三自然」無限開放的世界與創作中拿到「上帝」的通行證與信用卡，使藝術世界最後獲得應有的全面自由。

當然在後現代創作所持信「解構」這一高度功能性的觀念中，值得注意的，是有人將「太陽」解構，碎片仍閃著「太陽」光，有人將玻璃瓶解構，碎成滿地的閃爍；有人在後現代追逐「存在與變化」，像「舒跑」，喝完一路丟；有人在現代、後現代、後後現代的新的現代，將「存在與變化」看成「前進中的永恆」，顯然兩者有極大的差異性，仍有待創作者作明智的選擇……以上說的這些，只是我個人對後現代創作的「解構」觀念所持的一些概略的淺見，向明罵別人不懂，他一定除了抄書，跟著別人說，還應有自己更高明的意見。

此外向明在評「大峽谷奏鳴曲」尚有多處不妥之處，必須予以駁斥。

(A)因他將此詩污罵是「蚯蚓」，便自然也會看不見詩中具有生命存在意涵的三條線，而把它看成「蚯蚓」，爲辯證問題，有必要將三條線列出來說明：(1)一條是「大峽谷」——是大自然用「原始」劃下的一條線。(2)一條是「萬里長城」——是人佔據大自然，用「人的骨肉與血」揉成的三合土，在爭權奪利的現實世界，劃下人爲的一條線。(3)一條是「天地線」——是宇宙用「空茫」與「沉寂」，劃的一條似有似無亦眞亦幻的一條線。

這三條線在詩中出現，林燿德與向明的看法爲何發生那麼大的差距？向明不是內視力不足，便是向暗向黑視而不見。

(B)他說：「我們凡人在面對大自然任何巨大的鬼斧神工構建時，任何語言文字都是無能而渺小的。把大峽谷這種自然奇景比擬爲人間的任何事物都是一種褻瀆，一種不敬……」

向明這段話，我早在「飛在雲上三萬呎高空」的詩中表明過——就面對宇宙大自然無限壯觀的世界，畫筆與雕刀都要丟掉，而且眼睛要「跪下來」看，這應較向明在書本中仿製的觀點，對大自然的敬重更眞切與深切吧！而向明就是不去多面與進一步的思考，便也看不到兩個值得注意的方向——一個是人類可借重大自然偉大的生命力，在觀照中，去激發人類對生命存在獲得深一層的好的反思與覺知，另一個是做爲現代的藝術創作者，都應該明白一個基本的觀念，那便是我們雖寫和畫不過自然，但可表現自然，可表現人與自然的關係，因爲人也是存在於大自然龐大的生命結構中。

(C)他說我寫大峽谷是「狀物」，而我明明是已將「大峽谷」向內「轉化」成爲內心第三自然世界給予特殊存在的內涵力、所構建的新的生命形體以及我新的詩思活動場景。於此逼著我本不願而必須將隱藏在內心深處的話說出來，其實我寫〈觀海〉、〈曠野〉、〈山〉、乃至〈大峽谷奏鳴曲〉，都非狀物的詩，而是在寫經轉化進入我內心「第三自然」世界中，向無限時空投射與彰顯我的自我存在的心境，眞不知向明的眼睛又暗到那裡去。

(D)又向明在「大峽谷奏鳴曲」這首二百多行的長詩中找出「對仗排比」一些例子來說這首詩是老調的詩，而對這首詩大量用上具象抽象、象徵、超現實與白描……等跳躍、跨越、交叉、正射、側射、特寫、消隱的諸多轉換變化鏡，所顯映的多面藝術表現與詩思新地，卻不看不談，這種心態，能編公家詩選？

(E)向明認爲「大峽谷奏鳴曲」沒有像他敬仰的詩人古丁那樣有頭、中、尾「直線式」的正常結構形態，而我覺得「直線式」的結構形態並非唯一的形態，不一定能適用於在創作中不斷有多面發現的長詩。「大峽谷」詩是採取拼盤式結構——將能相脈動的詩思多面體，機動且自由的聚合在能共處共感的整體存在的大盤面內，像我過去的「第九日的底流」、「都市之死」、「時空奏鳴曲」乃至洛夫的「石室的死亡」……等。其實「大峽谷奏鳴曲」詩的首尾與中間的分面組合，都仍有內在相感通的感應連線，評論家林燿德也認爲詩中首段的「三條線」呼應出尾節（第九節）的大統化大通悟……絕非向明亂罵的「蚯蚓殘骸」，如果批評是這樣，字典裡罵人的字那麼多，向明的詩如何去接收？

(F)向明認爲風、雲、鳥、星星、天堂、摩天樓……等文字，好像用了就會虛無飄渺，所以他將我「鞋」詩中的詩句「樓梯口那雙鞋／竟是天窗裡的一朵雲」，便罵說連樓梯口的鞋，都變成虛無飄渺的「雲」，我的確懷疑他讀詩的悟性；一是因任何文字都可活用在高見度的功能上，二是如果向明想到自己那雙鞋運著自已到處忙開會、忙露面，以及從搖籃到墳墓到處爲生活奔波，再想到地球這條船每一秒鐘向茫茫的時空移動，每一個人從口袋拿出的名片來看，發覺地址都是錯的，這刻向明還會把詩中的「雲」字，看成「虛無飄沙」的東西嗎？而不頓悟與覺識到它是向你沉沉重重實實在在的說出全人類都在茫茫的宇宙時空中飄泊與流浪嗎？這是涉及詩人的內視力問題，像向明這樣評詩與擔任年度詩選編委，不慚愧嗎。

(G)向明說最好笑是羅門總是說「亨利摩爾的雕刀」，他認爲亨氏根本不用雕刀；這確是誰都知道現代雕塑家很少用雕刀，依此，「雕塑」兩字也有問題，只能統稱造型藝術，因爲亨氏的雕塑，雖用「塑」，但不用「雕」，也難免可笑。其實我詩中的雕刀，是較偏向思想層面的刻劃、所使用的材具，若聯想將之視爲靈視的雕刀，何況長期來「語言」使用的慣性，或許也沒有什麼好笑了。向明只是沒有什麼好說的，挑些不必要的話。

(H)至於沈奇給我肯定之餘，認爲我過於強調個人特殊的創作理念（指我第三自然螺旋型架構世界的創作理念），可能會出現觀念結石，這一點我已去信同沈先生討論。由於越來越

面對都市機械物質文明展開的物化空間，指符的「可見性」較意符的「可想性」大佔優勢，加上智識認知力、理知性的觀念思考、影像的迫視力、快速的變化場景所引發的特殊思維狀態與形勢，充塞當前都市生活的空間環境，使「抬頭明月」，跟著「低頭」便是發生車禍，這便自然使思想知性的迫近性，有縮減向內擴張的想像空間，而可能出現詩感結石的情形。這種情形，我確也盡力在「第三自然」的創作世界，尋求克服之道，那就是在「大峽谷奏鳴曲」詩中，驅使「內心的感力」與「知性的思緒」交會，溶合成仍具有想像強度與象徵性的「知感」詩境——這詩境若想像力與心感變弱，則詩感結石，便會浮現，反之便不會，無論如何沈奇的話，是有對談空間與值得珍視的。

寫到此，我想對向明無論是無理罵人抹黑別人或是談詩的不當之處，可說是已依事實事理都一一毫不遺漏的予以回應、駁斥與說明，如果在最後還有一些話要說，那便是：

我是被動寫這篇回應的文章，讓事實與事理說話，而向明只因彼此說「鼓勵」的話，不夠確定，便在純正的詩刊上，造謠抹黑別人、無理罵人，我必須再一次說，那不是詩人能做的事，那是不道德的行爲。

事後也有人對我說，其實向明寫此篇文章有三個原因：

一個是他能罵我多次被選爲「十大詩人」，自己可出名。

一個是他潛意識中認爲我看不起他，而要出氣。

一個是周邊有些對我存有私見的人，在旁慫恿他。

但無論是基於任何不當的原因，我基於事理，也只好據理就事論事坦率的直說了！

附註：我特別要聲明的是向明提的「後現代主義」與「後現代的解構主義」，同我在「各說各話」中所說「後現代」與「後現代創作解構理念」，是不太相同的。因爲無論是現代主義、後現代主義乃至超現實主義、解構主義……等的「主義」兩字，我都一向不願意將自己自由開放的創作心靈入「主義」的「框」，我注意的是「現代」、「後現代」、「超現實」「解構」等的廣義與有自由度的存在精神意涵及其對人與創作有優質化的作用之處，來參與到「主義」框框之外的更寬廣更自由與有更多可能的創作思索空間，這是任何一位藝術家在無限自由的藝術世界於終極的創作思想中，難免會體察到的。如果將「主義」視爲是特定的私立花園；則沒有加上「主義」的「現代」、「後現代」、「超現實」、「解構」等便是開放可自由進出的公園。向明將我在公園裡的看法與說的話，指我是站在特定的私立花園裡說的，可見他把我說話的地方都搞錯了。

# 羅門研究檔案

## I 羅門簡歷

一九二八年生，海南省文昌縣人。

空軍飛行官校肄業，美國民航中心畢業，考試院舉辦民航高級技術員考試及格，曾任民航局高級技術員，民航業務發展研究員。

◉曾被名評論家在文章中指稱爲「重量級詩人」、「大師級詩人」、「現代詩的守護神」、「戰爭詩的巨擘」、「都市詩的宗師」、「都市詩的宗主」、「都市詩之父」以及「知性派的思想型詩人」與「眞正的詩人」……。半世紀來，詩與藝術佔據了他整個生命，他不但建立自己獨特的創作風格；也在中國新詩發展史上提倡個人特殊創作的藝術美學理念：「第三自然螺旋型架構創作世界」。

◉從事創作近半世紀，曾任藍星詩社社長、UPLI國際詩會榮譽會員、中國文協詩創作班主任、國家文藝獎評審委員、世界華文詩人協會會長、中國青年寫作協會値年常務監事、曾先後赴菲律賓、香港、泰國、馬來西亞、大陸與美國等地（或大學或文藝團體）發表有關詩的專題講演。

◉一九五八年獲藍星詩獎與中國詩聯會詩獎等兩項詩獎。

◉一九六六年同蓉子獲UPLI國際詩組織「傑出文學伉儷獎」由菲駐華大使劉德樂（R・LUTERIO）在台北菲駐華大使館頒菲總統金牌。

◉一九六七年「麥堅利堡」詩被UPLI國際詩組織譽為世界偉大之作，頒發菲總統金牌。

◉一九六九年同蓉子選派參加中國四人代表團，出席菲舉行第一屆世界詩人大會，仝獲大會「傑出文學伉儷獎」，頒發菲總統大綬勳章。

◉一九六七年在美國奧克立荷馬州民航中心研習，獲州長頒發「榮譽公民狀」。

◉一九七六年同蓉子應邀以貴賓參加美舉行的第三屆世界詩人大會，仝獲大會特別獎與接受加冕。

◉一九七八年獲文復會「鼓吹中興」文化榮譽獎。

◉一九八七年獲教育部「詩教獎」。

◉一九八八年獲中國時報推薦詩獎。

◉一九九一年獲中山文藝獎。

◉一九九二年同蓉子仝獲愛荷華大學國際作家工作室（IWP）榮譽研究員證書。

◉一九九五年獲美國傳記學術中心頒發二十世紀世界五〇〇位具有影響力的領導人證書。

◉一九九七年三度赴美，先後參加華盛頓時報基金會與國際文化基金會在華頓DC舉行的「廿一世紀亞洲國際文學會議」、「廿一世紀西方國際文學會議」、「廿一世紀世界和平文學會議」等三個國際文學會議。並分別晤見沃克特(WALCOOT)與索恩克(SOYINKA)兩位諾貝爾獎獲主。

◉名列英文版「中華民國年鑑名人錄」、「世界名人錄」、「世界名詩人辭典」及中文版「大美百科全書」。

◉出版有詩集十六種，論文集七種、羅門創作大系書十種，羅門、蓉子系列書八種。並在臺灣與大陸北京大學兩地分別舉辦羅門蓉子系列書研討會。

◉作品選入英、法、德、瑞典、南斯拉夫、羅馬尼亞、日、韓……等外文詩選與中文版「中國當代十大詩人選集」……等一百餘種詩選集。

◉作品接受國內外著名學人、評論家及詩人評介文章超過一百萬字，已出版十二本（包括合論羅門蓉子）評論羅門作品的專書。

◉評論羅門作品，國立臺灣大學教授名批評家蔡源煌博士獲「金筆獎」。國立臺灣師範大學教授戴維揚博士獲一九九五年國科會學術研究獎金。

◉研究羅門詩世界，詩人陳大爲與張艾弓兩位研究生分別獲得碩士學位。

◉羅門作品碑刻入臺北新生公園（一九八二年）、臺北動物園（一九八八年）、彰化市區廣場（一九九二年）、及彰化火車站廣場（一九九六年）。

◉羅門除寫詩，尚寫詩論與藝評，有「臺灣阿波里奈爾」之稱。

## Ⅱ 羅門創作鑑賞會・研討會與展示會

◉羅門著作《羅門詩選》與《整個世界停止呼吸在起跑線上》兩書曾於一九八八年與一九八九年分別列入中國青年寫作協會策劃之第一屆與第二屆文學鑑賞研習營當做研習與討論課程。

◉一九九三年八月六日到十一日海南省海南大學舉辦「羅門蓉子文學世界」學術研討會，請有來自美國、臺灣、港澳、星馬與大陸各地等學者詩人作家五十餘人；提出研究羅門蓉子創作世界論文近三十篇，後由文史哲出版社出版論文集，是一次具規模與有成果的海外個別作家學術研討會。

◉一九九四年七月四川大學中文系、四川省作協、四川文藝出版社、四川企業文化促進會……等在成都市合辦的「羅門詩選百首賞析」出書發表會，到有學者教授名詩人作家數十人；羅門蓉子並在會上與在四川大學中文系發表講演。

◉一九九五年五月間文史哲出版社耗資百萬出版羅門蓉子文學創作系列書十二冊，紀念兩人結婚四十週年；同時並由青協舉辦（文建會、文復會贊助）兩人系列書出版發表會，分別由林水福與余光中二位教授主持，有海內外知名學者與詩人近數十人與會。

◉一九九五年北京中國社會科學出版社首次破例出版羅門蓉子文學系列書八冊，並在十二月間由北京大學文學研究所、清華大學中文系、海南大學、中國藝術研究院文化研究所、中國社會科學出版社、《詩探索》編輯部與海南日報等七個單位共同協辦，在北京大學首次召開的個別作家羅門蓉子系列書出版發表討論會，由謝冕教授主持，有名學者、詩人作家等數十人出席，會後羅門與蓉子接著在該校公開演講與接受專訪。並由大陸長江文藝出版社出討論會論文集《燕園詩旅》。

◉羅門的「死亡之塔」長詩於一九七〇年被當時最具前衛觀念的圖圖畫會做爲展出主題，以「詩」、「繪畫」、「雕塑」、「電影」（幻燈）」、「音樂」、「現代舞」、「劇」等多元媒體共同展出，是當時臺灣首次具革命性的綜合藝術表現。

◉羅門被UPLI國際詩人組織譽爲近代偉大之作獲菲總統金牌的「麥堅利堡」一詩，於一九九〇年八月間，由寶象文化公司公共電視拍攝小組專程飛往菲律賓馬尼拉「麥堅利堡」現場，製作羅門「麥堅利堡」詩電視專輯；羅門並在現場朗誦該詩，後在公共電視節目中播出。

◉一九八一年與蓉子參加由名雕塑家楊英風、光電科學家胡錦標博士、張榮森博士等舉辦的第一屆國際雷射藝術景觀展，以羅門的「觀海」與蓉子的「一朵青蓮」等詩，配合音樂與雷射多元媒體聯合演出，也是國內藝術與科學結合的首屆科藝演出。

◉一九九九年十二月廿五日，大道(MUSEUM OF DADAO)藝術館開館展，首次展出羅門蓉子「燈屋」生活藝術造型空間的影像與兩人半世紀創作的全部著作及成果；後贈由該館收藏。

◉在邁進千禧年，也是庚寅年元宵節前後（國曆二月十一至三月四日），由國立文學館與文化資產保存研究中心特別策劃，爲詩人伉儷羅門、蓉子舉辦了一次詩與燈屋特展，命名爲「詩光、藝術、燈光三重奏」。爲一場創作成果結合生活環境（燈屋）的大型綜合展覽，展出羅門、蓉子兩　近半世紀所創作的詩集、詩選、詩論集以及批評家學者們對他們作品的評論集；重要的藝文資料、書信與手稿等近千種，展後部份重要著作與藝文資料由該館典藏。

## Ⅱ　羅門著作

### ◎詩集

1. 曙光（藍星詩社，一九五八年五月）
2. 第九日的底流（藍星詩社，一九六三年五月）
3. 死亡之塔（藍星詩社，一九六九年六月）
4. 日月集（英文版，與蓉子合著／美亞出版社，一九六九年六月）
5. 羅門自選集（黎明文化公司，一九八一年）
6. 曠野（時報文化出版公司，一九八四年）
7. 羅門詩選（洪範書店，一九八四年）
8. 隱形的椅子（抽頁裝訂本，一九七六年）

9.日月的行蹤（抽頁裝訂本，一九八四年）
10.整個世界停止呼吸在起線上（光復書局，一九八八年四月）
11.有一條永遠的路（尚書文化出版社，一九九〇年）
12.太陽與月亮（大陸花城出版社，一九九二年）
13.羅門詩選（大陸友誼出版社，一九九三年七月）
14.誰能買下這條天地線（文史哲出版社，一九九三年十二月）
15.在詩中飛行（羅門半世紀詩選）（文史哲出版社，一九九九年十二月）
16.羅門精品（人民文學出版社，二〇〇一年）
17.全人類都在流浪（文史哲出版社，二〇〇二年一月）

**◉論文集**

1.現代人的悲劇精神與現代詩人（藍星詩社，一九六四年）
2.心靈訪問記（純文學出版社，一九六九年十一月）
3.長期受著審判的人（環宇出版社，一九七四年二月）
4.時空的回聲（德華出版社，一九八二年一月）
5.詩眼看世界（師大書苑出版社，一九八九年）
6.長期受著審判的人（增訂本，環宇出版社，一九九九年再版）

7. 存在終極價值的追索（文史哲出版社，二〇〇〇年一月一日）

8. 創作心靈的探索與透視（文史哲出版社二〇〇二年五月）

## ◉散文

羅門散文精選（文史哲出版社，一九九三年十二月）

## ◉「羅門創作大系」十卷（文史哲出版社出版，一九九五年）

〈卷一〉戰爭詩

〈卷二〉都市詩

〈卷三〉自然詩

〈卷四〉自我・時空・死亡詩

〈卷五〉素描與抒情詩

〈卷六〉題外詩

〈卷七〉「麥利堅堡」詩特輯

〈卷八〉羅門論文集

〈卷九〉論視覺藝術

〈卷十〉燈屋・生活影像

**◉「羅門・蓉子文學創作系列」八册（中國社會科學出版社，一九九五年）**

1. 羅門短詩選
2. 羅門長詩選
3. 羅門論文集
4. 羅門論
5. 蓉子詩選
6. 蓉子散文選
7. 蓉子論
8. 日月的雙軌——論羅門蓉子（周偉民・唐玲玲教授合著）

**◉「羅門蓉子論」書目十七種**

1. 日月的雙軌——羅門蓉子合論（周偉民・唐玲玲教授合著，文史哲出版社，一九九一年）
2. 羅門論（詩人評論家林燿德著，師大書苑出版，一九九一年）
3. 羅門天下（蔡源煌、張漢良、鄭明娳教授、林燿德等著，文史哲出版社，一九九一年）
4. 羅門蓉子文學世界學術研討會論文集（文史哲出版社，一九九四年）

5. 羅門詩一百首賞析（朱徽教授著，文史哲出版社，一九九四年）
6. 羅門詩鑑賞（作家王彤主編，香港文化出版社出版，一九九五年）
7. 永遠的青鳥——蓉子詩作評論集（評論家蕭蕭主編，文史哲出版社，一九九五年）
8. 蓉子論（余光中、鍾玲、鄭明娳、張健、林綠等教授著，中國社會科學出版社出版，一九五五年）
9. 羅門論（蔡源煌教授等編著，中國社會科學出版社出版，一九九五年）
10. 從詩中走過來——論羅門・蓉子（謝冕教授等著，文史哲出版社，一九九七年）
11. 從詩想走過來——論羅門・蓉子（張肇祺教授著，文史哲出版社，一九九七年）
12. 存在的斷層掃瞄——羅門都市詩論（陳大爲碩士著，文史哲出版社，一九九八年）
13. 蓉子詩賞析（古遠清教授著，文史哲出版社，一九九八年）
14. 青鳥的蹤跡——蓉子詩歌精選賞析（朱徽教授著，爾雅出版社，一九九八年）
15. 羅門論（張艾弓碩士論文，文史哲出版社，一九九八年）
16. 心靈世界的回響——羅門詩作評論集（龍彼德、張健教授等著，文史哲出版社，二〇〇〇年十月）
17. 燕園詩旅——羅門蓉子詩歌藝術論（長江文藝出版社，二〇〇〇年四月）

⊙**作品選入外文選集**

**英文版**

1. 中國新詩選集 New Chinese Poetry（余光中教授編譯，一九六〇年）
2. 中國現代詩選集 Modern Chinese Poetry（葉維廉博士編譯，一九七〇年）
3. 臺灣現代詩選集 Modern Verse from Taiwan（榮之穎編譯，一九七一年）
4. 當代中國文學選集 An Anthology of Contemporary Chinese Poetry（國立編譯館編譯，一九七五年）
5. 亞洲新聲 Voices of Modern Asia（美國圖書公司出版，一九七一年）
6. 世界詩選 World Anthology（美國 Delora Memorial Fund 基金會出版，一九八〇年）
7. 當代中國詩人評論集 Essays on Comtemporary Chinese Poetry（林明暉博士 Dr. Julia C. Lin 著，一九八五年）
8. 臺灣現代詩選 Modern Chinese Poetry from Taiwan（張錯博士編譯，一九八七年）
9. 一九九〇世界詩選(World Poetry 1990) Editor. Dr. Krishna Srinivas India.
10. 中國現代詩選 Anthology of Modern Chinese Poetry.（奚密博士編譯，一九九二年）
11. 台灣現代詩選 AN ANTHOLOGY OF MODERN CHINES POETRY（馬悅然、奚密、向陽編譯，哥林比亞大學出版，二〇〇〇年）

**法文版**

1. 中國當代新詩選集 La Ktesie Chinoise（胡品清教授編譯，一九六三年）

**德文版**

1.台灣詩選 MODERNE TAIWANESISCHE LYRIK（廖天祺教授 RUHR UNIVERSITAT 出版，二〇〇〇年）

**瑞典文詩選**

1.臺灣九位詩人詩選集（NIO ROSTER FRAN TAIWAN 馬悅然教授編著，一九九九年）

**南斯拉夫版**

1.南斯拉夫詩選(Anotologija Savemene Kineske) Filip Visnjic Beograd（一九九四年）

**羅馬尼亞版**

1. Antol Gie De Pooezie Chineza Contemporana（一九九六年）

**日文版**

1.華麗島詩選集（日本若樹書房編選，一九七一年）
2.臺灣詩選（世界現代詩文庫土曜美術社出版，一九八六年）

**韓文版**

1.廿世紀世界詩選（韓籍李昌培博士編譯，一九七二年）
2.世界文學選集——中國詩部分（韓籍許世旭博士編譯，一九七二年）
3.中國現代文學史（韓籍尹永春博士編譯，一九七四年）
4.中國現代代表詩人五人選（湖西文學特輯，韓國湖西文會編選，一九八七年）

# 羅門從詩中走來獲得的『最』

台灣現代詩人第一首處女作，『最』先用紅字在詩刊上發表的，是羅門在紀弦先生主編的《現代詩》所發表的〈加力布露斯〉。

①古・今・中・外，夫婦同是詩人又是寫詩**最**久的，應是寫詩將近半個世紀的羅門與蓉子；曾於一九七四年接受印度世界詩學會(WORLD POETRY SOCIETY)頒贈「東亞傑出的中國勃朗寧夫婦(AS OUTSTANDING BROWNING CHINESE COUPLE OF EAST ASIA)的榮譽獎狀；而他倆較勃朗寧夫婦寫詩的年月還久。

②**最**早獲得國際詩獎的台灣現代詩人，是羅門蓉子一九六六年獲菲UPLI國際詩組織的「傑出文學伉儷獎」(DISTINGUISHED LITERATRY COUPLE OF CHINA)，由菲駐華大使劉德樂(R LEUTERIO)在台北菲大使館頒發菲總統金牌。

③**最**早出席國際詩人會議的台灣現代詩人，是羅門蓉子於一九七〇年應大會主席特函邀請、經中國新詩聯誼會理監事通過爲四人正式代表，出席在菲律賓召開的第一屆世界詩人大會；並仝獲大會頒贈的菲總統大綬獎章。

④以菲律賓馬尼拉著名的美國軍人公墓「麥堅利堡」爲寫詩題材的十二位海內外知名詩人中，

羅門寫的「麥堅利堡」，除被UPLI國際詩人組織一九六七年譽爲世界的偉大之作，頒發菲總統金牌與被寶象文化公司拍製成公共電視播出，也是十二位詩人中被評介的文章與獲得佳評最多者。

⑤最早將現代詩發表與碑刻在台灣土地上的詩人，是羅門一九八二年以〈花之手〉「推開天空與大地」一詩，配合名雕塑家何恆雄教授的雕塑、共同樹立在台北市新生公園。

⑥台灣最早舉辦藝術與科學結合的首屆科藝展，是羅門蓉子一九八一年參加名雕塑家楊英風、光電科學家胡錦標與張榮森博士等人在圓山大飯店舉辦的「第一屆國際雷射藝術景觀展」；其中有羅門的〈觀海〉與蓉子的〈一朵青蓮〉等詩配合音樂、圖象與雷射光多元媒體綜合演出；羅門並爲此次活動，在中國時報（九月十四日）藝術版以〈中國雷射藝術啓航了〉寫有關的論談文章。

⑦羅門近三百行的長詩〈死亡之塔〉，於一九七〇年被當時具前衛觀念(AVANGARDISM)的圖圖畫會當做展出主題思想，在台北市「精工社」藝廊，以「詩」、「繪畫」、「雕塑」造型、「電影」（幻燈）」、「音樂」、「現代舞」、「劇」等七種多元媒體共同展出；是當時台灣最早結合詩與媒體最多的一次最具革命性的綜合藝術表現；同時極具特色的，是在這件展出的大作品中，所有參展的作者都破例的沒有寫上名字。

⑧一九八八年兩岸解嚴，最先往大陸多所著名大學進行詩與藝術巡迴演講的台灣詩人，是羅門與林燿德，在近一個月中，分別赴北京大學、復旦大學、上海戲劇學院、華東師範大學、

中山大學、暨南大學、廈門大學、海南大學以及同當地的文聯、作協與社會科學院等藝文團體進行文藝座談。

⑨北京大學**最**先舉辦台灣個別作家文學創作研討會，是一九九五年為配合北京社會科學出版社出版《羅門蓉子創作系列》八本書，協同清華大學、海南大學、中國藝術研究院中國文化研究所、中國社會科學出版社、《詩探索》與海南日報等七個學術文化團體所共同在北京大學舉行的「羅門蓉子文學創作系列」研討會。會後，羅門蓉子並在北大演講、接受訪問，同時由大陸長江文藝出版社出版研討會論文集《燕園之旅》。

⑩海內外華人詩人作家，被評介出版的專書，**最**多的，是羅門；已出版十二種（包括五種合論羅門蓉子）。

⑪台灣詩壇一年內出書**最**多的詩人，是羅門蓉子。那是一九九五年，紀念他們結婚四十週年，由文史哲出版社耗資百萬出版「羅門蓉子文學創作系列書十二冊」、北京社會科學出版社出版「羅門蓉子文學系列書」八冊，共二十冊並分別在台北與北京大學開出書研討會。

⑫**最**早在台灣出現的後現代裝置藝術(INSTALLATION ART)，是羅門與蓉子在許多年前，以一己「第三自然螺旋型架構」藝術理念所創造的詩化藝文生活造型空間——「燈屋」，較西方裝置藝術流入台灣早三十年，大道藝術館(MUSEUM OF DADAO)館長張永村於開館展，展出「燈屋」造型空間圖象時，在說明文字中，特別指出「『燈屋』是台灣裝置藝術的始祖。」

⑬在台灣現代詩與現代視覺藝術幾十年來共同努力之路上，一直保持彼此互動與關注時間最長又仍一直在寫詩的詩人是羅門。台灣現代藝術導師李仲生在生前與名畫家陳正雄，都曾公開說羅門是台灣的阿波里奈爾；眼睛蛇畫派(COBRA)名評論家也是法國著名詩人龍貝特(LAMBERT)兩度來台，都曾到「燈屋」，有一回他相當有趣但至爲友好與有感的說：他是法國的羅門，羅門是台灣的龍貝特。他說的話，那是基於彼此都專誠的將整個生命投給詩與藝術。

⑭自一九七九年到二〇〇一年的二十三年間，經過四個時期、由海內外不同評選者所選出的「台灣十大詩人」，羅門四次都入選，是入選最多次的五位詩人中的一位。

⑮台灣現代詩人中，最專業的詩人，是羅門；他辭掉航空好的工作，離任期還有十六年，便申請提前退休，全是爲了更自由更純粹與專注的去過詩人與藝術的生活。從詩人評論家蕭蕭一九八一年六月廿四日在台灣日報爲詩人節特輯寫的〈詩人與詩風〉一文，論及羅門說的那段話可見。蕭蕭說：「在臺灣，眞正的詩人恐怕只有一個，那就是羅門。爲什麼說羅門才是眞正的詩人呢？有三個原因：第一，近數年來，羅門退休後，除了寫詩與詩評，不事任何行業，生活優遊，其他詩人都是業餘寫作。第二，羅門心中只信仰詩，與詩有關的活動，他才樂於討論，參與。第三，羅門眞能從詩中得到快樂，他不牽掛任何事，全心投入詩的享受中，那樣著迷，無人可及。」

⑯從一九七〇到二〇〇〇年，三十年來，「在台灣」爲現代詩與藝術四處演講『最』多的詩

人，羅門是其中之一，包括全省的大專院校、島內島外的巡迴演講與各類型的文藝營以及美術館畫廊與地方文化社團如文化中心、獅子會、扶輪社、同濟會乃至較小的場所如「小木屋」、茶藝館、小型讀書會……等都是羅門爲詩與藝術四處演講的範圍。故常有些人戲稱羅門爲「羅蓋」、「心靈大學校長」、「教主」……

⑰兩岸詩壇，『**最**』早（也是唯一）具有個人獨創性詩創作美學理念的現代詩人，是羅門在七十年代所創造的「第三自然螺旋型架構世界」理念。

⑱在台灣現代詩人中，獲得批評家不同雅稱**最**多的詩人，是羅門。他曾在不同的評介文章中，被稱爲「重量級詩人」、「現代詩的守護神」、「戰爭詩的巨擘」、「都市詩之父」、「都市詩的宗師」、「知性派的思想型詩人」、「大師級詩人」、「眞正的詩人」、「詩人中的詩人」以及「台灣後現代裝置藝術的始祖」、「超度空間的守護神」。

國家圖書館出版品預行編目資料

創作心靈的探索與透視 / 羅門著. -- 初版. -- 臺北市：文史哲,民 91
面： 公分.--(文學叢刊;136)
ISBN 957-549-439-3 (平裝)

1.詩 － 作品評論

812.1 91009122

文學叢刊 ⑬⑥

# 創作心靈的探索與透視

著 者：羅 門
出版者：文史哲出版社
http://www.lapen.com.tw
登記證字號：行政院新聞局版臺業字五三三七號
發行人：彭正雄
發行所：文史哲出版社
印刷者：文史哲出版社
臺北市羅斯福路一段七十二巷四號
郵政劃撥帳號：一六一八〇一七五
電話886-2-23511028・傳真886-2-23965656

實價新臺幣四六〇元

中華民國九十一年(2002)四月十四日初版



ISBN 957-549-439-3